Johann Fizion

Cronica unnd gründliche Beschreibung des Heiligen Römischen Reichs

Statt Reuttlingen

Erster Anfang und Ursprung

Johann Fizion

Cronica unnd gründliche Beschreibung des Heiligen Römischen Reichs Statt Reuttlingen
Erster Anfang und Ursprung

ISBN/EAN: 9783743450936

Hergestellt in Europa, USA, Kanada, Australien, Japan

Cover: Foto ©ninafisch / pixelio.de

Manufactured and distributed by brebook publishing software (www.brebook.com)

Johann Fizion

Cronica unnd gründliche Beschreibung des Heiligen Römischen Reichs

Statt Reuttlingen

Verzeichniss

der

verehrlichen Subscribenten.

Berlin: Königliche Bibliothek.
    Friedrichs-Werder'sches Gymnasium.
Bonn: Herr Adolf Marcus.
Coblenz: Herr Dr. Longard, I. Justizrath und Advokat-Anwalt.
Damsdorf bei Striegau in Schlesien: Herr Freiherr Dr. Karl
    von Richthofen.
Darmstadt: Seine Grossherzogliche Hoheit, der Prinz Carl von
    Hessen.
Donaueschingen: Fürstl. Fürstenberg'sche Hofbibliothek.
Dresden: Seine Königliche Hoheit der Kronprinz von Sachsen.
Düsseldorf: Herr August Graf von Spee, Königl. Preussischer
    Kammerherr und Schlosshauptmann.
Elberfeld: Herr Dr. W. Crecelius.
Erlangen: Königl. Universitäts-Bibliothek.
Frankfurt a. M.: Herr Ernst Kelchner, Amanuensis der Stadt-
    bibliothek.
Göttingen: Akadem. Buchhandl. von Vandenhoeck & Ruprecht.
Halle: Königliche Universitäts-Bibliothek.
Hannover: Privat-Bibliothek Sr. Majestät des Königs von
    Hannover.
Heidelberg: Grossherzogl. Universitäts-Bibliothek.
Heilbronn: Herr Rector Finckh.
Karlsruhe: Grossherzogl. Badisches General-Landesarchiv.
Kiel: Königl. Universitäts-Bibliothek.
Klosterneuburg in Nieder-Oesterreich: Herr Florian Thaller,
    Stifts-Kanzlei-Director.
Königshofen bei Biberach: Herr Freiherr Wilhelm König von
    Königshofen.
Langenburg: Herr Oberamtsrichter Ankelen.

Leipzig: Herr F. A. Brockhaus' Sortiment und Antiquariat.
Mannheim: Herr Hofrath Dr. Seitz.
München: Seine Königliche Hoheit der Prinz Luitpold von
        Bayern.
        Königl. Hof- und Staats-Bibliothek.
        Herr Dr. Konrad Maurer, Prof. jur. ord.
Oxford: Herren J. H. und J. Parker.
Pforzheim: Pädagogium (Geschenk des Herrn Moriz Müller).
Pfullingen: Herr Julius Keller.
        Herren Gebrüder Laiblin.
Reichenbach O.-A. Göppingen: Herr Pfarrer Helbling.
Reutlingen:

Herr Aickelin, Gottlob.	Herr Fehleisen, Ph.
„ „ Hans.	„ Fetzer, Rechtsconsulent.
„ Ammer, Louis.	„ Finckh, Apotheker.
„ Ander, Friedr.	„ Finckh, Carl.
„ v. Autenrieth, Reg.-Dir.	„ „ Christian, jr.
„ Bantlin, Dr.	„ „ Conr., Gem.-R.
„ „ G. D.	„ „ Dr.
„ „ J. M.	„ „ Georg.
„ Bardtenschlager, G.	„ „ Heinr., Gm.-R.
„ Bauer, Medicinalr. Dr.	„ „ Jacob.
„ Baur, Fr., Rechtscons.	„ „ Theodor.
„ „ Friz, Wagmstr.	„ „ Sixt.
„ Beck, Dekan.	„ Fischer, Eduard.
„ „ J. Jac., Antiquar.	Frau „ Fritz, Wtwe.
„ „ Peter.	Herr Fleischhauer, Noa.
„ Benz, Rechtsconsulent.	„ Fritzgärtner, Lehrer.
„ Bild, G.	„ Fuchs, Wilh.
„ Braun, Aug.	„ Füssel, Reallehrer.
„ Brucklacher, Julius.	„ Gänsslen, Eduard.
„ Deusch, Kaufmann.	„ „ Johs.
„ Dorner, Louis.	„ Gaiser, Schullehrer.
„ Eisenlohr, Gebrüder.	„ Gayler, Victor.
„ Elmer, F.	„ Glok, Joh., Maler.
„ Elwert, G., Stadtpflege-	„ Gminder, Gem.-Rath.
buchhalter.	„ „ Johs.
„ „ Julius.	„ „ Wilh.
„ „ Theodor.	„ Göppinger, H.
„ Faber, Helfer.	„ „ Jb.
„ Fehleisen, Dr.	„ „ W.

Herr Grathwohl, Stadtschult-
    heiss.
„ Grötzinger, C. C.
„   „   Georg.
„   „   Philipp.
„ Grombach, L.
„ Gross, Gustav.
„ Haas, Kaufmann.
„ Haller, C.
„ Hammelei, J. M.
„ Hauff, A.
„ Haux, Cameralverw.
„   „   E.
„   „   G. A.
„ Hecht, Ernst.
„   „   J. G.
„ Helb, Jean.
„ Helbling, Gemeinde-R.
„   „   Reallehrer.
„ Heyd, Actuar.
„ Hofstetter, B.
„ Hörner, Oberamtmann.
Frau Hummel, Jac., Wtwe.
Herr   „   Johs., Saifens.
„ Kachel, W.
„ Kaiser, Bauinspector.
„ Kalchreuter, Oberhelfer.
„ Keim, Jos.
„ Keller, Karl.
„   „   P.
„ Kenngott, Adolf.
„   „   M., Gem.-R.
„ Kiess, G. F., Professor.
„ Kiferle, G.
„ Knapp, Benj.
„   „   G. Aug.
„   „   Wilhelm.
„ Kolb, Oberamtsgerichts-
    Actuar.
„ Konrad, Braumeister.
„ Krauss, Kath. Stadtpf.

Herr Kreuser, F.
„ Krimmel, Julius.
„ Kuhn, Stadtpfarrer.
„ Kurtz, Adam.
„   „   Carl.
„   „   G.
„   „   Peter.
„   „   Ph.
„ Laiblin, Gustav.
„ Lamparter, Dr.
„   „   Heinr.
„   „   Johs.
„ v. Landauer, Major.
„ Lang, Const.
„   „   Moriz.
„ Leuze, Reinh.
„ Lobmiller, G. A,
„ Lucas, Garteninspector.
„ Lumpp, Carl.
„ Mäcken, Conrad.
„ Maier, J. J., Gem.-R.
„ v. Maur, W.
„ Memminger, Friedrich,
    Hüttenschreiber.
„ Meyer, L., Rechtscons.
„ Müller, Louis.
„   „   Robert.
„ Oelhafen.
„ Oelschläger, Rector.
„ Palm, C. F., (2 Expl.)
„ Rall-Hofstetter.
„ Rümelin, Ad.
„ Rupp, Bauinspector.
„   „   David.
„ Rupp, Frdr.
„   „   Theophil (2 Ex.)
„ Rupp & Baur.
„ Schaal-Kurtz, G.
„ Schaeffer, A., Apotheker.
„ Schenk, Inspector.
„ Scheerer, Johs.

Herr Schill, Samuel.
  ,,   Schlayer, J. J.
  ,,   Schlegel, Lehrer.
  ,,   Schlierholz, Baurath.
  ,,   Schott zum Ochsen.
  ,,   Schradin, Frdr.
Der Schulfond.
Herr Schwarz, Umgelds-Com.
  ,,   Seitz, Musikdirector.
  ,,   Stumpp, Georg.
  ,,   Vogelweyd, Andr.
  ,,   Wagner, Andr.

Herr Wagner, G., Stadtpflegr.
  ,,   Walz, Schneidermeister.
  ,,   Weiblen, Wilh.
  ,,   Weidle, W.
  ,,   Werner, Gustav.
  ,,   Wick, Reallehrer.
  ,,   Wucherer, Kaufmann.
  ,,   Wurst, Bahnhofinspect.
  ,,   Zeller, Albert, prakt.
      Arzt.
  ,,   Zindel zum Lamm.
  ,,   Zwissler, Rathschreiber.

Riga: Herr J. Deubner.
Stettin: Bibliothek des Gymnasiums.
Stuttgart: Direction der Königlichen Handbibliothek.
      Herr Apotheker Christian A. Finckh.
Tübingen: Herr Dr. Ludwig Uhland.
      Königl. Universitätsbibliothek.
      Herr Prälat Dr. Roth.
      Herr Oberjustizrath Finckh.
Ulm: Herr Assessor Finckh.
Urach: Herr Oberamtsarzt Dr. Finckh.
Warthausen, Schloss: Herr Kammerherr Freiherr Richard
      König-Warthausen.
Weimar: Grossherzogliche Bibliothek.
Wien: Kaiserlich Königliche Hofbibliothek.
      Herr Dr. Theodor Georg von Karajan Custos der
      K. K. Hofbibliothek.
Zürich: Stadtbibliothek.

Cronica

Unnd

Grindtliche beschreibung

des

Hailigen Römischen Reichs Statt Reüttlingen

Erster Anfang, Und Ursprung.

Cronica

Unnd

Grindtliche beschreibung

des

Hailigen Römischen Reichs Statt Reüttlingen

Erster Anfang, Und Ursprung

Wie selbige Erstmals Aliss sie noch ein Dorff Von Graffen Uff Achel
einbewohnt Und besessen worden, Darnach Von selbigen Graffen
Uff die Herzogen in Schwaben gelangt Und Kommen, Und wie
sie Endlich von Kayser Friderich dem II. diss Namens, Und
Herzogen in Schwaben Erbaut, Und auss einem dorff zur
Statt gemacht Und erhaben worden.

———

Sampt Ausfiehrlicher Erzehlung der Beeden Gräflichen Unnd
fürstlichen geschlechtern so vom Stammhaus Achaln Und
Herzogthum Schwaben hörrierendt Und was sich darinen
begeben Und zuogetragen Von Etlich Hundert Jahren
Höro bis Uff Unsere Zeitt Und sonderlich wie sie ds.
Heilig Evangelium in höchster Gefahr Und grosser
standhafftigkeit Vor allen andern Stätten im
ganzen Römischen Reich bekandt Und
angenohmen.

———

Beschrieben durch
Johann Fizion
Bürgern Collaborator der Teitschen Schule alhie.

STUTTGART.
Verlagsbuchhandlung von Carl Mäcken.
1862.

„Schreibs mein kindern zur Wissenschafft"

J. Fizion.

Schnellpressendruck von I. C. Macken Sohn in Reutlingen.

Vorwort.

Der Folioband, welcher die hier vorliegende Chronik enthält, war im Besitze des Herrn Director von Camerer und wurde von diesem, laut eigenhändiger Zuschrift auf dem ersten Blatte, „dem verehrlichen Stadtrathe" „seiner Vaterstadt Reutlingen" überlassen, den 10ten September 1859.

Etwa das letzte Drittel des Bandes, aus neuerem Papier bestehend, ist noch unbeschrieben. Der ältere, beschriebene Theil enthält 490 paginirte Seiten, auf Papier. Davon füllt die Fizionische, hier abgedruckte Chronik 315 Seiten. Des Chronisten eigene, feste und deutliche Hand, in den bekannten, schon zum Schnörkel ansetzenden Zügen des beginnenden 17. Jahrhunderts, läuft bis zur letzten Zeile der 314. Seite (in unserem Drucke bis S. 293, Zeile 6 v. o.); der Rest ist von jüngerer und minder gewandter Hand ergänzt. Welche Umstände diese Unterbrechung herbeigeführt, vermögen wir nicht anzugeben, wie überhaupt die Nachrichten über unsern Fizion dürftig sind. In Reutlingen lebt der Name nicht mehr; er selbst spricht nur einmal, S. 49 unseres Druckes, von seiner Familie, und alles

was mir sonst über ihn in die Hände fiel, ist ein
Brief von Matthäus Beger im hiesigen Archiv (Lade 80,
Fasc. 9.), datirt 1653, wo die Worte sich finden:
„Über diss Alles hatt der Allweyse und Almechtige
Gott auch einen Eingriff in unser Schulwesen gethan.
Indem er nach seinem Allweysen Rath nnd Göttlichen
Willen. Durch den Zeitlichen todt Abgefordert hatt.
Meinen Lieben Herrn Vetter Johann Fizion. Teutschen
Schulmeistern Allhie. so denn 27. Januarij zu Erden
bestattet worden. Gott welle Ihm sampt allen in Gott
Verschiedenen eine fröhliche Ufferstehung Zum Ewigen
Leben Verleihen Amen.“

Aus diesen Worten erhellte nachträglich, dass die
Schreibung Fizion wohl richtiger ist als Fitzion
welche ich, durch das zweifelhafte Zeichen für z ver-
anlasst, in dem Drucke angewendet habe. Es ist übri-
gens bekannt, dass die Schriftsteller des 16. Jahr-
hunderts in ihren eigenen Namen oft die Schreibung
wechselten, wie das z. B. Luther gethan. —

Bei der Herausgabe einer Handschrift des 17. Jahr-
hunderts sich unbedingt an die damalige Rechtschrei-
bung zu halten, ist von wenig Werth, und von doppelt
wenigem in unserem Falle. Jene Rechtschreibung war
ja im Ganzen eine Unrechtschreibung, voll Laune, Will-
kür und sprachlicher Unkenntnis, wie es unsere heutige
vielfach noch ist. Vollends bei einem Bildungsgrade
welcher, wie der unseres Fizion, nicht über den da-
maligen „Teitschen Schulmeister“ hinausgieng, welcher,
trotz des „Collaborators“ mit dem Latein auf sehr ge-
spanntem Fusse steht, dürfen wir von Gesetz und Ein-
heit in diesem Gebiete nur wenig erwarten.

Eine solche künstlich herzustellen, sei es nach einer
Theorie des 17. Jahrhunderts, oder nach modernem
Sprachgebrauch, wäre gewiss verfehlt gewesen; denn
jene Unsicherheit, jene Willkür im Schreiben gehört so
gut zum Charakter des Chronisten und seiner Zeit,
als seine Sprache überhaupt, sein Reim und seine Satz-
fügung; und gewisse durchgehende Eigenthümlichkeiten
fehlen auch nicht, wie der Leser bald bemerken wird.
Ich habe also, mit Rücksicht auf den ohnedies meist
lokalen Leserkreis, nur so weit geändert und gebessert,
dass auch der minder Geübte nicht auf allzugrosse
Schwierigkeiten und Sonderbarkeiten stosse, wie z. B.
auf grosse Buchstaben in der Mitte der Wörter, auf
ungewöhnliche Abkürzungen, auf Wörter welche ver-
möge der Schreibung mit ganz andern ähnlich lauten-
den verwechselt werden könnten, und dergleichen. Alle
Mühe konnte und sollte dem Leser nicht erspart wer-
den; aber jeder wird bald bemerken wie er von Seite
zu Seite sich leichter hineinliest. Darum habe ich auch
im Fortgange der Handschrift immer weniger geändert,
und diesem wohlgemeinten Verfahren möge man es zu
gut halten, wenn einige Ungleichheit der Behandlung
durchschelnt. Beinahe ganz meine Zuthat ist die In-
terpunction, und auf sie wurde die meiste Sorgfalt ver-
wendet. Fizion selbst setzt eben nach jeder Zelle ein
Komma und hie und da einen Punkt, ohne alle Rück-
sicht auf Anfang Bau und Ende des Satzes. Wo
freilich, wie sehr häufig, gar kein Satz ist, wo ganze
Perioden ineinander hinüberfliessen, da war schwer zu
helfen und der Leser muss sich eben mit meinen Not-
behelfen begnügen. Auf das Erraten war ich über-

haupt manchmal angewiesen und manche Zeile, manches
einzelne Wort ist mir bis jetzt dunkel. Wo übrigens
im Drucke ganze Auslassungen sind, z. B. 5. 6. 31.
32. 42. 44., da sind sie auch in der Handschrift.

Was über die Art unseres Chronisten und über
sein Werk etwa weiteres gesagt werden könnte, das
mag der Leser aus dem Buche selbst erfahren.

Es wäre freilich zu wünschen, Fizion hätte weni-
ger aus andern Quellen geschöpft und uns seine eigenen
nächsten Anschauungen überliefert; doch auch so bleibt
den Nachkommen und seinen Mitbürgern besonders noch
manches Wertvolle, und auch zwischen diesen schein-
bar trockenen Zeilen werden sie, wenn nicht einen
höher gebildeten Geist, so doch einen braven ehren-
werten Reichsstädter der alten Zeit erkennen, einen
guten Patrioten, einen Eiferer für seine Stadt und
seinen Protestantismus, und hie und da sogar eine Art
von Humoristiker.

Zum bequemeren Gebrauche habe ich im Anhang
einige Register gegeben; ich bemerke aber zu dem
sprachlichen Index, dass dieser auf wissenschaftliche
Ordnung und Genauigkeit keinen Anspruch macht, son-
dern zunächst lediglich praktisch wirken soll. Wo
ich nicht ganz gewiss war, da steht das Fragezeichen
der Bescheidenheit. Mehreres was eigentlich in ein
ausführliches Sachregister gehörte, das der Raum aber
nicht zulässt, habe ich unter dem Sprachlichen unter-
gebracht; die eigentliche und nicht ganz geringe sprach-
liche Ausbeute aus Fizion muss für einen andern Ort
zurückgelegt werden.

Was aber an vorliegender Arbeit mangelhaft ist, das möge man mit nachsichtigem Sinne entschuldigen.

Reutlingen, den 11. März 1862.

Adolf Bacmeister.

Inhalt:

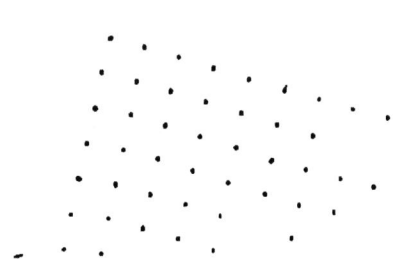

Familien-Namen.

———

Sprachliches.

Fizion schreibt meist in seiner heimischen Mundart und damit sind mir für seine schwäbischen Leser, welche wohl die Mehrzahl bilden werden, viele Bemerkungen erspart.

Manches Wort, das für das Auge fremd dasteht, erklärt sich, sobald es im schwäbischen Dialekte gesprochen wird. Dies findet sogleich seine Anwendung auf den Buchstaben:

a, welcher häufig mit o wechselt, manchmal aber auch althochdeutsche Form für neuhochdeutsches o ist (s. wa, kath).

a, häufig für a und ae (e) z. B. namlich für nemlich; erhaben für erheben.

ab, ob.

ab, herab von.

abher, herab.

ablassen, abfeuern, 213.

ableiben, ableben, sterben.

abschitten, abschütteln.

abstricken, abschneiden, abwenden.

Afect, 80.

ai, oft f. ei.

allbott, immer.

Allmuos, Almosen.

Anstand, Waffenstillstand.

angesigen, besiegen.

Aperell, April.

Aposteisslerey, Apostasie, Abfall.

artlich, hübsch.

Artzet, Arzt.

Artzney, Arzneikunst.

Aufenthalt, Unterhalt.

ausbringen, schlichten.

Ausgab, Angabe, Behauptung.

aushalten, frei halten.

aussetzen, ausspannen.

aw f. au.

b, zuweilen f. p; blindern, plündern.

Bantzer, Panzer.

b, oft nach m; umb f. um, — thumb, Samstag f. thum u. s. w.

Backhen? 109.

bar, offenbar, 181.

bastgen, meistern, 152.

bawlos, unbebaut.

be —, Vorsylbe; meist blos M.

beantworten, sich verantworten.

sich befahren, 205.

begeben, sich begeben.

begietten, begütigen.

Beilag, hinterlegtes Gut, 246.

Beifall, Zeugnis, 117.

belaidt, belegt? 190.

belaiten, geleiten.

beleiben, bleiben.

belitten, zusammengeläutet.

Bem, Bäume.

bereitt, bereits.

Bersich, Barsch, ein Fisch. 33.

beschaiden, verständig; mit Be-
schaid, mit Vernunft, Anstand.

sich beschamen, sich schämen.

beschehen, geschehen.

beschlagen, ausgerüstet, 211.

beschmissen, befleckt.

beschwört, beschworen.

beseit, beiseits.

Bestandt haben, Stand halten.

bestecken, umzingeln.

betauren, 292.

Biegel, Winkel.

Bihel, Hügel, Bühl.

Bildstock, Denkmal.

Bom, Baum.

Borkirch, Emporkirch.

Bracht, Pracht, Stolz, 247.

Brenckler, Schenkwirth (von
brenkel, hölzerne Kanne), 75.

bran, brannte.

brinnen, brennen.

Brunst, Brand.

bund, band.

Burgstell, Ruine.

Burgerhaus, 61.

Burst, Bursche.

butzen, säubern.

Carthanen, Kartaunen, 59.

ch, oft für h, sicht f. sieht, noh
f. noch u. s. w.

ck, nach n für g und k, lanck,
langk f. lang, danck f. Dank,
Rinckh f. Ring.

— cheit f. — chkeit; redlicheit
u. s. w.

contrafetet, abgebildet, 141.

Contrafactur, Conterfei.

d wechselt mit t und dt.

— d, dt, selten in III. per. plur.
althochdeutsch t.

dauss, daraus.

demmen, bewältigen.

denckte, dächte.

dest, desto.

Donderblitz, Wetterschlag.

Donstag, Dornstag, Donnerstag.

dratt, kühn, schnell, frech. 10. 245.

dulttig, geduldig.

Dunst, 239.

duss, draussen.

e für a in derdurch, Heimet.

e, oft für a und ö.

e, f. i (deng, Ding).

— e in ime, ine, kame u. s. w.
f. ihm, ihn, kam.

eben, ebenso, gleich.

Echantz, Echatz.

Eche, Echatz? 175.

Echthal, Echatzthal, 123.

ehhaft, wahrhaft, giltig.

ei für eu und äu.

ei in schrei, erschein u. s. w. für
  schrie, schien.

einbirdig? einig? 270.

einbiessen, geniessen? 70.

Einbuoss, Unterstützung? 207.

Einghör, Zubehör, 145.

einhaben, einnehmen, innehaben,
  208.

einfaslen, einsammeln, ernten, 99.

Eiss, Eisse, Eisen, 41. 64.

eisse, eisern.

— en, in Umstandswörtern, endt-
  lichen f. endlich.

— enlich, in ordenlich u. s. w. f.
  ordentlich.

sich enteyssern, sich enthalten, 81.

enttrungen, 266.

entschitten, befreien, 39.

— er in nacher, höreiner u. s. w.
  für nach, herein.

erboren, geboren.

erglasten, glänzen.

erhaben, erheben.

erschein, erschien.

erschiessen, helfen, nützen.

erseigern, versiegen machen, er-
  schöpfen.

erwagen, erwogen, 184.

erwegen, verwegen, wacker, 80;
  erfahren? 224.

essend Ding, Esswaaren, 62.

etwas, ziemlich, recht sehr.

eu in fleust, verleurt u. s. w. für
  fliesst, verliert.

eusse, eisern.

ew f. eu.

fast, fest, sehr, schnell.

fehr, fern.

sich feiren, müssig gehen? 40.

feren, fern.

ferers, ferner, 148.

fernst. ferner? 246.

Fession, Confession, 270.

Findt, Feind.

Fischwaid, 142.

flehnen, flüchten, 162. 198. 201.

Forcht, Furcht.

forne? 213.

freien, frei machen.

frewlich, fröhlich.

fuñf, fünf.

Fuoss halten, Stand halten, 214.

Furch, Fürch, Ackerfeld.

für, vor.

furtt, fort.

Furm, Form.

Furtt, Lauf des Flusses, 142.

g, für c, ck.

g, oft für die Vorsylbe ge —.

g zuweil. f. h; geflogen, geflohen.

gach, jäh, schnell, 189.

er gahn, er gönnt.

Gaissbihl, 93.

Gallgpronnen, Pumpbrunnen.

sich gebrauchen, 286.

Geest? f. Gerste? 143.

Gegne, Gegend.

Gefigel, Geflügel, 42.

gehren, gern, 127.

geitt, gibt.

gelait, gelegt.

geleich, gleich.

Geliger, Lage? 37.

Gemahel, Gemahlin.

podagrienisch, 291.

Pöfel, Pöbel.

Pompt, 228.

Por? bar? nur? 139.

Prass, 247, Prasserei.

rach, rächte.

Rech, Reh.

Rebwerk, Weinbau, Weinberge, 86.

Refenthal, 79.

resch, rasch.

Riegortt, Riebgarten.

rieren, 163, rächen?

ring, gering.

Rossmühle, 182.

Rörkast, Rohrbrunnen.

rüfft, rufft.

Rundel, Rundthurm, rondelle.

Runs, Wasserruns, Flus, Rinnsal.

Rust, Rüstung.

sam, wie, wie wenn, 267; zu-
sammen.

samenhaft, zusamen.

samentlich, sämmtlich.

sandt, sammt, 144.

satt, genug, völlig, 275.

Schanz, Zufall, Glück, la chance.

Scharr, Schaar.

scheichen, scheuen.

schenn, schön.

scheust, schiesst.

Schitz, Schüsse.

schlechts, gradaus, 98; schlicht,
gerade? 226.

schliefen, schlüpfen.

Schnabelwaid, Nahrung, Futter.

Schnellbruckh, Zugbrücke.

schon, schön.

schrey, schrie.

Schuanbach? Schönbuch? 238.

schuss, schoss.

schutten, schütteten.

Schutz, Schuss.

Schutzloch, Schiessscharte, 31.

Schwarm, Schwärmerei.

schweben, 245.

Segesa, Sense, 75.

selbs, selbst.

Siechenhauss, 97.

sitt, sittig, 82.

Söld, stipendia, 166.

Spen, Händel.

Spendhaus, 271.

Spendenamt, 86. 88.

Stab, Gerichtsbarkeit.

stahn, stehen; stat, steht.

stackt, steckte.

Steier, Hülfe.

steuren, stützen, 246.

stieren, stemmen, 45.

streissig, uneinig (Strauss), 269.

strieff, straßte? 166.

Stuck, Rock? Schleier? (mittel-
deutsch stüche), 221.

ein Stumm, Stumpf? Stumpen?
43.

Sturmblockh, Sturmbock.

sunckh, sank.

t wechelt mit d (Tach, Thonau).

Tagelfingen, Tailfingen, 127.

der Tauff, Taufstein, 47.

Tigelfeld, Tigerfeld, 124.

Tischlach, Tischtuch.

ein trab schenckhen? 251.

Traid, Getraide.

wūnttern, überwintern, 99.

erwuoch, erwachte, 172.

Würtzmühle, 102.

wurtt man zehlen, man zählte.

y oft f. i und j.

Yettabruckh.

zagt, verzagt.

zam, zusammen, 256.

Zarg, Bezirk.

Zeil, Reihe, Länge, Raum.

die Zelt, das Zelt, 38.

zertrannt, zertrennt.

Zil, Reihe, Menge, Grenze, Gebiet.

zug, zog.

Zugab, Beschuldigung? 262.

Zulag, Anklage, 187.

zwuo, zwo, zwei.

Verweisung auf die Seitenzahlen der Handschrift.

O bedeutet das Original, B die vorliegende Ausgabe. Die Seiten des Originals sind je von 3 zu 3 angegeben.

O	B	O	B	O	B	O	B
3	3	84 — 69		165—147		246—225	
6	5	87 — 72		168—149		249—227	
9	7	90 — 75		171—153		252—230	
12	9	93 — 78		174—155		255—233	
15	12	96 — 81		177—158		258—236	
18	14	99 — 83		180—161		261—239	
21	16	102 — 86		183—164		264—242	
24	19	105 — 89		186—167		267—245	
27	21	108 — 92		189—170		270—248	
30	23	111 — 95		192—173		273—251	
33	26	114 — 97		195—176		276—254	
36	28	117—100		198—179		279—257	
39	31	120—103		201—182		282—261	
42	33	123—106		204—184		285—264	
45	36	126—109		207—187		288—267	
48	39	129—112		210—190		291—268	
51	41	132—115		213—193		294—271	
54	44	135—118		216—196		297—275	
57	48	138—120		219—199		300—278	
60	50	141—123		222—202		303—281	
63	53	144—126		225—205		306—284	
66	57	147—129		228—208		309—287	
69 (fehlt)		150—132		231—210		312—290	
72	58	153—135		234—213		315—293	
75	61	156—138		237—216			
78	64	159—141		240—219			
81	67	162—144		243—222			

Zulob Gott in dem höchsten thron
Zu Lob Christo seim einigen Sohn,
Zu Lob Gott dem Heilligen Gaist,
Lob sey ganzer Dreyfaltigkeit,
Lob sey ietzt Und immer dar,
In Ewigkeit gesagt fürwar
Dem lieben Gott in's Himmelsthron,
Durch Christum seinem Lieben Sohn,
Für alles das er Unnss gegeben
Zu Uffenthaltung Unsers Lebens.
Sonderlich für sein Werdtes Wortt,
Den theiren Schatz Und edlen Horrt,
Sein Liebes Euangelium,
So ietzundt Leichtet Umb Und Umb,
Für fruchtbar Landt Und Unterschlauff,
Darzu für fromme Herrschafft auch,
Zu diser Zeitt in Unserm Lanndt,
Dar durch ein ieder in seim standt,
Kan Leben Und beleiben wel,
Darfür man billich danckhen soll
Dem Lieben Gott Und allen Den
Die solchs ersehen han von fern
Lob sey dem Edlen Embrico,
Seim Stamm Und ganzen gschlecht aldo
Welcher auss Weitt Und fernem Landt
Von Frankhreich hör ersehn zuhandt
Dise gelegenheit Unnd Erdt
So iez undt württ genanntt Württemberg,
Der Erst Fundator disses Lanndts
So seinen Namen macht bekanndt
Und bisshör also gheisen wird;
Sein Ankunft soll auch Werden brührt

In dieses Land Und fruchtbar Orth,
Wie ich es fand beschrieben dortt.
Vom ersten Graffen dieses Werks,
Der Prouinz Und Landts Württemberg.
Darinn auch' unser Statt bekannt;
Ligt, Reittling mein Vaterlandt,
Welche ich mir genommen für
Zu beschreiben hie mitt aller Zier,
Wie sie vor aller Zeit gestaltt,
Anfanngs nur Wenig heiser da,
Wie solchs geschah auch anders wa,
Bis sie endtlich hatt zugenommen,
Und zu einer Statt des Reichs ist kommen;
Wer sie anfangs erbawen hab,
Berechtiget mit eignem stab,
Gezehlt auch Unders Römisch Reich,
Da sie noch blühet Lobenreich
Neben viel andern Stetten guott,
Das Römisch Reich auch ziehren thutt;
Beschreiben auch ir Zugehör,
Mit aller Giegenheit ongfehr,
Was sich dorin hab zugetragen,
Von Krieg Unfall, auch anderm Schaden
Unnd wie sie endlich Gott erleucht,
Dass sie vor andern Stette's Reichs
Genommen an in einer Summ
Das heilig Euangelium,
Würit alles Ordentlich davon
Hierinen Warhafft meldung thon,
Sonderlich auch wie Wirttemberg
Sein erst ankunfft genommen, merk,
Mein feder Woll der Lieb Gott fiehron,
Zu schreiben was sich thutt gebihren
Dass solchs geraich zum Lob vilmehr,
Göttlicher Mayestät zu ehr,
Verhoff dardurch sein unverhaft,
Schreibs meinen Kindern zur Wissenschafft.

Vom Ersten Graffen dess Landts Württemberg auch Wie ds. Land sein Namen bekommen.

Ess ligt ein Landt Und Schöne Prouintz
Im schwabenlandt mit Ihrer Gräntz,
Ganz fruchtbar ist sie Ueberal,
Von Wein und Korn gantz herrlich gar,
Drin ligt ein Schloss Uff einem Berg,
Mitt Namen heist es Württemberg,
Von Canttstatt ligt es nitt weitt zwor,
Ist gstanden gar vil hundert Jor,
Am Neccar ligt sein Residentz,
In schönem Thal, fruchtbaren gräntz. —
Diss Schloss ward zu anfangs gebawen
Anno 600, solt mir trawen,
Und 23 Zahlen wurtt
Nach Christi Unseres Herren geburtt,
Das macht yetzunder Ungefahr
999 ig Jor,
Dass Dagobertus Magnus genannt,
Auss Frankreich könig wol bekandt,
Kam dass er bsehe die Herrschaft,
Im Schwabenland mitt Hereskrafft;
Ein Grosshoffmaister bracht er mit
Von Königlichem Stamm Und Sitt
Gebirtig, War der Teittschen alt,
Der Gotthier Unnd Mannigfalt,
Von guttem gschlecht, war Embricus
Genentt, welchen Dagobertus
Der könig hoch liebet Und Ehrt;
Disser vom könig hie begehrt
Die Residentz Unnd disen berg;
Dann dise Landtschafft du vermerckh
Der könig Damal Inngehabt
Und sie bestritten durch kriegsmacht;

Am Neccar hie im schwabenlandt,
Da wirtt der Berg, das Schloss bekandt.
Der König ihm Willfohret gleich,
Gab ihm vil freyheit auss Franckhreich
Mit disen Wortten die er merkt,
Der König sprach: dir wirtt der Bergk,
Also dass es auf disen tag
Haist Württemberg Wie ich dir sag, —
Dorauff diser Graff Embricus,
Die Wildnus flugs auss reitten luss,
Bawet gantz Lustig auff den Berg
Diss Schene hauss Unnd gantze werrokh,
Nach könig Dagobertti wortt,
Also genennet Und eingeben
Embrico noch in seinem Leben. —
Nun aber disser Embricus,
Der erst Bauman, sich Nennen luss
Ein Graffen des Schloss's Württemberg:
Das ist ein Amttmann, solches merckh,
Ueber die Nächst Umbligendt fleckh,
Die ihm vertraut der König keckh,
Damitt man disses schwabenlandt
Erhaltten köndt ins königs hanndt,
Biss endtlich nach Und nach die grāntzen
Wurden für eigenthum Provinzen
Dem Graffen Verkaufft all's Leben und leut,
letzt Graffen des Reichs Unser Zeit;
Wie dann diss Loblich herzogthumm,
Hat zugenomen Um Und Umb,
Bis so hoch gstigen ist der Zeitt,
Und zugenomen an Land Und Leitt,
Also dass heitstags Unbewegt
Das gantz Land seinen Namen tregt
Und wirtt geheisen Wirttemberg;
Von disem Schloss Und diesem Berg
Ist aller Graffen Und Fürsten alt
Das Stammhauss worden gleicher gstaltt;

Glickh hab das Württembergisch hauss,
Das Wachs Unnd braitt sich immer auss.

Von Erster gelegenheit des
Dorffs Ruttelinga genant.

In Württemberg fruchtbarer Gräntz
Hatt Reuttling ibre Residentz,
Zwischen Urach Und Tuwingen,
Ein Meil — — — spatium inn,
Zwischen — — — gemeldt,
Ligt — — — — — —
— — — — — — —

Ligt schnurrstracks oben unverhindert,
Von allen Higeln abgewandt,
Ligt in eim flachen Feld und Lanndt. —
Ver Zeitten wars ein Dörfflin klein,
Stunden ettlich heisser allein
In einem Grewlich dickhen Wald,
Von holtz Verwachsen gleicher gstalltt;
Dorin do wontten böse Buoben,
Die D'leitt bey tag Und Nacht Uff hueben,
Unnd braubten sie mit Ungestimm.
Wer bei inen für über gieng,
Daher man noch solch thatt der gsellen
In Unser Statt Probiren Wöllen,
Dass man ihr heisser noch bei tag
In Unser Statt hie finden mag;
Der gmain Mann dorvon sagt allein,
Das seyen Raubheisser gesein;
Jeder mag glauben was er will,
Doran ist nit gelegen Vil. —
Doch mehrt sich die beywohnung da,
Wuchs Zu eim Dörfflein nach Und nach,
Unnd raumbten Wegk den dickhen Wald,
Unnd Unanschlich grewlich Gstalltt,
Mit holtz Unnd knospen überzogen,

Dahör Tacitus nit Will Loben
Der alitten Teittschen Nation,
Welche hab ein Bauwen Himmelsthron,
Sey nichts dann Wälder, Bergk undt thal
Gott   —   —   —   —   —
—   —   —   —   —   —

Wie bschehen auch bey Unser Statt,
So Weitt anders ansehen hatt,
In Unserm Teittschen Landt so weitt,
Dann zu dessen Taciti Zeitt. —
Solten die alten Römer Zwor
Kommen, die so vil hundert Jor
Umb Unser Teitschland hand gestritten,
Verwundern wurden sich der Sitten,
Auch der Verenderung Teitschlands,
Weder Zu ihrer Zeitt bekandt. —
Dann da man Zehlet Ungefahr,
1030   Ein tausendt Und Uff dreissig Jor,
Noch Christi Unsers herren geburtt,
Uff diser Welt man Zehlen wurtt,
Zur Zeit Kaysser Conradt des ersten
So im Römischen Reich that herschen,
Wuchs Ruttling Zu eim grosen Dorff,
Also dz es sich Underwarff,
Zwayen Gebriedern War Verpflicht,
So Herren Und Graffen Nantten sich,
Von Acholm her, Negst bey der Statt
Ihr Schloss Uund sitz gelegen hatt. — ·
Die hatten bald ir Wohnung da,
Im Dorff genantt Ruttelinga,
Dann es zur selben Zeit so hiess
Und Rutteling sich Nennen lies;
Ihre heisser die sind noch Vorhanden,
Ganntz Stalne sie noch Uffrecht standen,
Bey Unser Pförrkürch wol bekandt,
Sindt letzt Under dem Burgerstandt;
Dann Achalm War Zur selben Zeit

Uebel Zerstertt stund ohn bawleitt;
Nun dise Zwen Brieder Zu handt,
Graffen von Acholm Wol bekandt
Wobnten albie im Landt zu schwaben
Und Woren damol Mächtig Graffen,
Mächtig und Reich gor ober uns,
Ueber den gantzen Echatzfluoss,
Unnd Uber selbige ganntze thal,
Bsassens die fleckhen Uberal. —
Dise Mächtige Graffen schon
Haben das Dorff Ruttling in g'hon,
Lang ober die 200. Jor,
Beherrscht Uand Bsessen immer dor,
Biss Endlich auch nach gsatz Uad brauch
Des Lieben Gotts die Graffen auch
Von diser Welltt abgschiden sind,
Und gstorben durch des toites grimm,
Menschlicher Natur schuld bezalt,
Der gantze Stamm der Graven alltt;
Der Liebe Gott ihn gnädig sey,
Ein fröwliche Urständ Verleib
Am jüngsten Tag irm ganzen Stammen,
Auch allen so von Achalm kamen. —
Was dise Graffen auch Voran
För Löbliche thatten gethan
Und sonders Ussgricht bei ihrem Leben
Auch Was sich Zu ir Zeitt begeben
Wirtt alles hernach fein beriehrt,
Wenn man die Achel beschreiben wirtt.

Dass Dorff Ruttlinga
Kompt an die Herzogen
von Schwaben.

Allss Nun dass Dorff Ruttlinga gutt
Kam Umb ihr haupt Vnd Gräfflich Bluot,
Stund ohne Obrigkeit für sich,

Haben sie Underthäniglich
Ergeben Und sich anerbotten
In Schutz Und schirm, ohn alles spotten,
Herzog Friedrich in schwabenlandt,
Uff Hohenstauffen Wol bekandt,
Eim Mächtigen Fürsten in schwaben,
Gantz Willig Undergeben haben;
Der Nam sie auff in seinen Schutz,
Betrachtet auch irn gmainen Nutz,
Er huob sie auch bald auss dem staub,
Solchs geschah, Du mir es gänzlich glaub,
Da man zehlett in der Weltt,
1240   1200 Unnd Vierzig, gezehlt
Nach der geburtt des herren Christ
Wie in der Cronic beschrieben ist. —
Friedrich von hohen Stamm Und Artt,
Zum Kaysser auch erwählet wardt,
Der Ander im Römischen Reich
Diss Namens, Regiert Mächtiglich;
Sein Anherr kaysser Friederich,
Barborosse thett Nennen sich,
Wor Mächtig auch ein Herr in schwaben,
Bei Schwäbischgmindt sein sitz that haben,
Uff hohenstauffen Nächst Dorbey,
Da haben sie gewohnet frey. —
Diser das Dorff Ruttlingen hatt,
Wie hernach auch soll werden gsagt,
Mit Mauren thirn Und thor Umfangen,
Zu einer Statt gemacht mit Prangen,
Wie sie ietzt stet Uff dissen tag,
Drumb ich dest fleissig achtung hab,
Uff disen Edlen Kaysser fromm,
Des kaysser Fridrichs Sohnes Sohn,
Unnd dessen ganntz geschlecht Und Stamm,
Wol wirdig das man sie voran
Beschreib, den Edlen Stammen werth.
Der hertzogen von schwaben, hört,

Welche Grosmächtig kayser waren,
Und zu ihrer Zeitt Vil erfahren,
Darumb weil diser kayser, wisst,
Unsers Schwabenlandts Vatter ist
Gewesen Vor etlich 100. Jor,
Auch Unser Statt ein kron fürwor,
Ihr Schöpfer Und Urheber allt;
Will sich gebüren solcher gstalltt
Dz man der theiren helden guott
Geschlecht Unnd Stammen Nambaffts muoth,
Erzehle Unnd beschreibe her,
Wie sie Regiert Unnd anders mehr,
Was sie für Unfal schmach Unnd schaden,
Von Päpsten Z'Rom Empfangen haben,
Biss Endlich sie vom Antichrist,
Gantz grimmig Und Türaniglich,
Vertilgt Und endtlich hingericht,
Der Letst diss Nams durch schwertt grewllch.

Erzehlung und Beschreibung Kayssers Friederichs der die Statt Reuttling erbawen sein gschlecht Und Stammen. Und wie Endlich der Schwäbisch Stamm vom Antichrist Zu Rom gäntzlich vertilgt worden.

Ess schreibet Johann Curion,
Und sebastian Brandt dorvon,
Dz kaysser Friderich der Artt,
So Barbarossa gnennet ward,
Der erst diss Namens hab Regiert
Alls ein Schwab's kayserthum gezlertt,
Alls man thott zehlen Ungevehr,
Eilff hundertt Zwey und fünffzig Jor,   1152
Nach Christi Unsere herren geburtt
In diser Weltt gezehlet wurtt,

Ein Anherr dises Kayssers dratt,
Der Reittlingen erbawen hatt,
Ein herzog auch in schwaben nun,
Und kaysser Conradts Brudters Sohn,
Ein kün ernst und gerechter Fürst,
Wie seine thatten thand bericht
Unnd sonderlichen dass er hab
Nit Leiden können alls ein schwab,
Das Unbill so das Grimmig thier,
Der Papst Wider in genommen für,
Des wegen er hefftiger Arlt
Gegen den Papst erbittertt wardt,
Der ihm dann auch sein Leben lang
Zusetzt biss ihn der todt bezwang. --
Im anfang seines Rogiments
Wurd Osterreich die selbig grentz
Gemacht zu einem herzogthumm. --
Von disem kaysser sag ich nun,
Wider ihn Bayern Rebellert,
Doch bald von im verjaget wirtt,
Gab Bayern Ottho Von Wittelsbach,
Und Uff ein andern Stamm sie bracht,
Hatt Lübeckh blagert Und gewonnen,
Den künig von Denmarck bezwungen,
Fridt Zuo begehren mitt vil sorgen. --
Maylandt War auch Unghorsam worden,
Unnd Understund sich mitt gewalltt,
Vil Stett an sich zu benckhen bald;
Aber der kaysser bald versampt
Ein herzug in Italiam,
Macht endtlich guotten Friden da;
Der Papst kundt das nit Leiden so,
Mit Meyland er bald Practicirt,
Auch andre Stett damit verführt
Die waren unter's kayssers Joch,
Machten ein bundt wider ihn doch,
Und dorzu Excumunicirt

Den kaysser Und von ihm abfuehrt
Die Stett die damals waren schon
Dem Reich Unnd kaysser zugethan,
Drauff diser kaysser mitt gewalltt,
Wider in Italiam fallt
Und disses Wor das Viertemal,
Dass er muost feindtlichen einfal
Ueben Wider sein eigen Reich,
Zerbrach darauff Maylaudt zugleich. —
Alls Unglickh ihm von Päpsten kam,
Dannoch nam er sich friedens an,
Sucht alle mittel was dann recht
Zu einem friden dienen möcht
Zwischen ihm Unnd dem Pabst voran;
Aber der Pabst kein Ruoh kundt haun,
Kundt Weder dulden oder leiden,
Den kaysser, Weniger haltten friden,
Gäntzlich Uss der Ursach allein
Dz er ihm Wollt Zu mächtig sein
Und nit ein raumen woltt der gstaltt
Alles Was den Päbsten gefalltt,
Darumb der Pabst on Underlass,
Ihm gross Unruoh macht Uber D'mass,
Biss endtlich diser kaysser fromm
Kein Ruoh empfandt, zog selbs gen Rom,
Verjagt den Pabst, nam ein die Statt,
Doch sich der Pabst Salvieret hatt,
Floh nach Venedig, War genannt
Alexander der dritt bekandt. —
Alls nun dem kaysser Uss der gfahr
Der Pabst entrann Unnd gewichen war,
Schickt er sein Sohn mitt heereskrafft
Noch Venedig, welcher Mannhafft,
Otho er hiess, thett vor der Zeit
Und ohne gheiss mitt ihn ein streitt;
Auss hitz Unnd Eifferiges muoths,
Wagt sich gar keckh dz Fürstlich Bluott,

Wurd mitt VII schiffen hindergangen
Unnd auch Zu letst im Streitt gefangen,
Je doch der Kaysser wie ich sag,
Nam Wenig forcht Und schreckhen drab,
Ruckt selbs hernach Venedig zuo,
Damit er seim Sohn hilffe thuo,
In grossem Grimm; Iedoch Unlanng,
Dz Vatter hertz ihn da bezwang,
Dz er abliess, damitt er recht
Sein Sohn Widerumb erledigen möcht,
Auch sah er wohl dz niendert frid
Bei'n Bäbsten so erhalten würd;
Deswegen Uff anstandt kam er
Nach Venedig, der Mächtig herr,
Thet friden Vou dem Pabst begehren
Damitt sein Sohn möcht ledig wern,
Deshalb der Edle Kaysser fromm
Ein solche Demmuott übet nun,
So Zuvor nie erhöret worden
Von keim Potentaten Uff Erden,
Er legt sich für die bestia,
Vor's Pabstes füessen nider da,
Vor Sannt Marykürchen Uff die Erdt;
Der hellisch Vatter Solchs begehrt,
Tratt ihm mitt füessen Uff den Halss
Und sprach: also Lauttet der Psalm,
Auff Lewen Und Trachen Wirstu gehn
Und Uff den Baslisken stehn,
Und Absolvirt ihn Zwor darauff;
Der Kaysser Annttwort wider drauff,
Dise Demmuoth erzeig er Petro,
Und nit dem Pabst Alexandro;
Et mihi et Petro, Wider sagt
Der Papst, Und noch einmal hintratt
Dem Frommen kaysser Uff der Erdt,
Der billig aller Ehren Werth,
Und Gott zu Ehren hatt gebotten,

Den dooh der Papst mitt hohn Und spotten,
Unehret Unnd mitt fuessen tritt,
Der hechsten gwallit Uff erden baitzt. —
Aber wie solch thatt zu achten sey,
Will ioh ein ieden Lassen frey
Richten; on Ursach die Päpst han
All dise krieg gerichtet an. —
Bald nach disem Vertrage kam
Dz kaysser Fridrich seinen Sohn
Heinricum Liess Zum Kaysser wehlen
Alls ein haupt dem Reich fürzustellen;
Anno 1180. ig Jor
Unnd Sechse auch die Jor Zol wor,
Alls diss gesohah im Römischen Reich;
Dorauff er ihm auch nam zugleich
Ein gmahl, die hiess Constantiamm,
Die tochter Rogeri genantt,
Des Königs in sicilia
Unnd Neapolis Tochter da,
Dor durch die beide königreich
Inverleibt dem Römischen Reich;
Gab ihm auch Italia ein
Das zu beherschen anstatt sein. —
Darauff Zog kaysser Friderich
Mitt Villen Fürsten Mächtiglich,
Und Andern herren Uss dem Reich
In Asien, mitt ihm Zugleich
Ein Mächtig Her auss Teitschem land,
Den Haiden Zu thun Widerstand,
Weil sie Jerusalem eingnomen
Und alles Landt daselbst herumben. —
Alls er ins hollig Laudt kam hin,
Mitt grosser müh nach kriegessinn,
Reiset Uff Sechsthalb hundert Meil
Von Teitschen Land an in der eil,
Biss er kam in Cicilia,
Welchs damal auch Verloren war,

Erobert Mächtig Stett und Land,
Bracht Umb Vil saracenen z'hand
Und Türkhen, dass der Suldan floh
In Sirien Unnd nit verzog,
Den Vesten Stetten selbs einwarff
Die Mauren da Vor groser forcht,
Diewell er gantz verzweifflet dran,
Dieselben nit erhalten kan,
Schickt sich Zur flucht in Egiptum,
Die well auch beede König fromm,
Franckhreich und Engellandt Zugegen;
Aber dz glickh thet sich bewegen,
Well kaysser Friderich so werth
Vor grosser hitz sich gab in Gfehrd
In Armenia in ein Bach,
Zu erküehlen sich mitt Ungemach;
Durch schnellheit's fluss's dorin versunckh,
Und Jämerlich dorin ertrunckh,
Der Fromme Koysser mitt gross klag
Der seinen, mitt trauren Und Zagen. —
Also hatt diser koysser fromm
Sein endt genomen, Welcher nun
In seinem Leben stetiglich
Mit Päpsten hatt gerissen sich
On Ursach Und gantz ohne schuld,
Und Lit's doch alles mit gedult;
Gott gnad Schwäbischem Stamm Und hauss,
Geb ihn die Ewig frewd Vorauss.

————

Heinricus Hertzog auch in Schwaben.
Ein Sohn Fridrici thuo ich sagen,
Des erst gemelten Kayssers fromm,
Der tratt ein in dz Koysserthumm,
Nach seines Vatters todt ins Reich,
Der 6. diss Namens, wor zugleich
Ein Vatter Kayssers Friderici,

Von dem hernach Wirtt gsagt allhie,
Des andern, Welcher Reittling hatt
Begabt Und gmacht Zu einer Statt. —
Hainrich Regiert Uff siben Jor
Dz Römisch Reich mitt groser gfahr,
Biss ers Zu Rueh Und friden bracht
Wider ihn satzten sich mitt macht,
Vil herren im Römischen Reich,
Die er doch alle dämpft zugleich,
Unnd kräfftiglich Zum ghorsam bracht,
Durch kriegesmacht mitt wehr Und waff —
Darzu so liess er seinen Sohn,
Der noch ein kind war jung Und schön,
Unnd Fridericus War genannt,
Zum kaysser welen Uff Bestandt
Noch zu der Zeitt in seinem Leben;
Dorüber muosten ihm auch geben
Die Chur Und Fürsten in dem Fall
Gutt Brieff Und Sigel Ueberal,
Damitt es stet Und Vest mög bleiben
Und keiner ihn vom Reich Vertreiben. --
Bald drauff da er letzt sterben solt,
Dz Reich auch Uebergeben wollt
Und dess Administration
Und Vurmundtschafft wegen seins Sohns
Seinem Bruder Philippo werth,
Solchs er vor seinem todt begehrt,
Trewlich Zu Pflegen, ihm Vertrawt
Dz gantze Reich auff ihn gebawt,
Dorauff In Warer Zuversicht
Auff Jesum Christ abgschiden ist;
Gott gnad Schwäbischem Stamm Und hauss
Geb' ihn die ewig frewd Vorauss,

Philiphus Barbarossae Sohn,
Und Kaysser Hainrichs Bruder nun
Zum Gubernator ward bestellt
Dos Römschen Reichs, dor Zu erwelt
Ein Vormundt Kaysser Hainrichs Sohn,
Des erst Verstorbnen kayssers nun,
Ein hoh geborner Fürst in schwaten,
Regiertt dz Reich, hatt schene gaaben
Fieng an Unnd tratt ins Regiment;
Nach Christ geburtt wie man noch findt

1198   1198. Jor,
Regiert Uff 10. Jor Ungfahr,
Hatt krieg Und Lermen aussgestanden
In Teitschland, dass nit kam Von handen
Die wahl von seines Bruoders Sohn,
Und Von ihm dorumb eilt er von
Italien in dz Teitsohlandt
Da ihm seins Bruoders todt bekandt;
Vermanet die Churfürsten all,
Dz sie ihm geben solten d'Wahl,
Zum Kaysser Wehlen in dem Reich,
Oder's Gubernament Zugleich
Ihm Lassen vor all andren Fürsten. —
Innocentium den Papst theit Dirsten
Nach Unruh die er bald erregt,
- Auss bitrem Neid dahin bewegt
Die Fürsten dz man gor nit solt
Philippum wehlen, dann er wollt
Ihn Weder wissen sehn noch heren,
Weil er nit thett nach seim Begehren
In Italia wie er solt,
Und der Papst Von ihm hoben wolt;
Drumb ihn auch Exoomunicirt,
Weil er in Welschland gubernirt;
In Summa, der Papst stoltz Und frech
War Spinnenfeindt dem gantzen geschlecht
Des Friderici hohgeboren,

'Thett ihm in seinem hertzen Zoren,
Sie Zu verstosen Von dem Reich
Keirt er kein tritt dorumb zugleich. —
Die Forsten griffen zu der Wahl,
Unnd kiesten Uff des Papsts Bevehl
Hertzog Berttold Von Zaeringen,
War reich, hört sonst nit vil von ihm
Des Lobens werth; Nun weil er sach,
Dass er Philippo wor zu Schwach,
Wollt er's Reich nit mit solchen Gfähren,
Sonder huld't ihm als seinem herren. —
Der Papst wor noch nit dran begnögt,
Mitt Ettlich Fürsten practicirt,
Als Braunschweig, Cöllen Und der Pfaltz
Dass sie ihm Wider Uff den halss
Ein Ander Keysser wehlen wollten,
Philippum ganntz Verstosen solten;
Und wehlten ein, Otho genanntt,
Hainrichs vertribnen Sohn Zu handt;
Vil Fürsten fielen ihm auch bey,
Dem Newen kaysser, jedoch frey
Erhielt Philipp dannoch dz Reich,
So Lang er Lebt, Zog drauff zugleich
Ins Elsass Unnd nam — — — ein,
Verjagt den Newen koysser 'nein
Von Speier bis in dz Sachsenlandt,
Zog drauff in Düringen zu hanndt
Zwang Böhem Und Düring dahin
Dz sie sich Underwarffen ihm,
Griff auch den Bischoff Z'Cöllen an,
Der ghorsamt Unnd nam friden an. —
Otho kam Wider in dz Reich,
Thett ettlich Schlacht mit ihm Zugleich,
Jedoch Philippus ihm obsigt,
Flichtig dz feld ihm Ueber gibt. —
Alls Nun Othonis theil ward schwach
Unnd Philipp bhielt dz Reich mit macht,

Da Namen Unnderhandlung für,
Die Fürsten s'Reichs in der Gebür,
Well Philipp freindtlich zu ihn hielt,
Man ihn auch durch kein gwalt noch güt,
Vom koysserthum nit kundt abdringen,
Bewarben sich in solchen Dingen,
Den Papst Und koysser Zu versöhnen;
Kam's Endtlich auch dahin mit ihnen,
Dz der Papst Philipp Absolvirt,
Dz Reich ihm auch solt bleiben fürd,
Unnd soll der Kaysser bei seim Leben
Othoni seine Tochter geben
Zu eim Ehlichen Gmahl voran;
Also es endtlich dahin kam,
Und word gutte freindtschafft errathen
Zwischen allen dreyen Potentaten. —
Hernach bald nach disem Vertrag,
Alls der Kaysser zu Bammberg Lag
Unnd seiner gsundtheit Pflegen wollt,
Man ihm ein ader schlagen solt
Wie dann auch das selbig mal geschah;
Der kaysser sich nichts Args versah
Gegen Niemands in der kammer sein,
Mitt seim Cantzler thett einig sein,
Unnd dem Truchsassen von Walttburg;
Otho von Wittelsbach mitt Sturm
Tratt in die kammer, alls er sicht
Dz der koysser alleinig ist,
Ganntz Unverwarnet Ueberalss,
Hawt er ein Wunden in den halss
Dem frommen koysser dass er bald
Ist todts Verblichen der gestallt;
Gott gnad Schwäbischem Stamm Unnd hauss,
Das Wachs Unnd mehr sich Ueberauss;
Die Ursach hab ich nitt gefunden,
Worumb er empfieng solche Wunden.

———

Fridrich der ander in dem Reich,
Diss Namens war ihm keiner gleich,
Ein Grossmächtig Hertzog in schwaben,
Zum Kaysserthumm auch wurd erhaben,
Von Fürsten s'Reichs dorzu erwohlt
Allss man 1200 hatt gezehlt,   1213
Unnd dreyzehne die Jorzal war,
Dz er wurd Uff geworffen gar,
Zum kaysser erwöhlt dergestalltt
Allss ein Schwab, Unnd vom geschlecht Urallt,
Vom koysserlichem Stamm enttsprungen
Und königlichem Blüt hürkommen;
Diss ist der Edle kaysser wert,
Dessen mir hierinen begehrt,
Der Unsser Vatterlandt Unnd Statt
Mitt Maur Unnd Thirn Umfangen hatt;
Ein grossmächtiger königs, wiss,
Siciliä Unnd Neapolis,
Wordt z'Aach gekröntt mitt groser würdt,
Hat 37. Jar Regiert,
Doch ist er auch Uff ettlich Jor
Enttsetzt Vom Papst vor seinem todt. —
Disen Loblichen kaysser fromm
Kan ich nit gnuogsamm Rühmen drumm,
Der mitt so Vil tugenten schon
Gezlehret Unnd war angethon,
Unnd hertzlich klagen mitt beschaid,
Weil die Päpst ihm so Vil herzlaid
Gemacht Und so hartt zugesetzt,
Dz gantz Reich wider ihn verhetzt,
Dz es wol zu erbarmen ist,
Die Untrew gross des Antichrists. —
Vil sprachen er auch glernet hett,
Deren vier er ganntz zierlich redt,
Nemlich Latein, Griechisch Unnd Teitsch
Und saraccenisch auch zugleich;
Vil gutter künsten bracht hürfür,

2*

Und Almagestum Ptolemäi
Erstlich aus Saracenischer sprach
Vertiren Lassen nach Unnd nach
In dz Latein auss Lieb Unnd gunst,
Anss Liecht gebracht die schöne kunst
Astronomia, da zuvor
Lang kein Mensch in Europa wor,
Der dise kunst gelernet hatt,
Im Römischen Reich in keiner Statt,
Wurd wider von ihm auffgebracht,
Und heiligstags noch hoch geacht. —
In Teitschland wider Otho kriegt,
Dorzu ihn auch der Papst antrib,
Gab ihm Zuletst auch solchen Lohn
Wie er sein Vorfahrn gethan:
Fiehrt ein krieg wider Brabant scharpff,
Dz selbig dem Reich Unterwarff,
Zog drauff nach Rom alls man ietzt zehlt
1220 1220 ig in der Wellt,
Ward von dem Papst Honorio
Empfangen Unnd gekrönntt aldo;
Zwen Graffen auch verjagen thet,
Weil selbe ihm ettliche Stett
Eingnomen Unnd dem Reich entzogen,
Sind flichtig zu dem Papst entflogen;
Derselbig nam sich Ihrer an,
Daher ihm alle feindtschafft kam
Vom Papst, dieweil er selbige sollt,
Nit widerumb einsetzen wollt;
Wurd vom Papst Excomunicirt,
Vil Untrew wider ihn er übt,
Doramb der koysser bald zuhanndt
Auss Welschland zog ins Teitsche landt,
Da man ietzt 22 ig zelt
Der mindern Zal; zu Würzburg helt
Ein Grossen Reichstag, du er nun
Auch Wehlen Liess sein Jungen Sohn,

Hainrich genannt, dz er zugleich
Mitt ihm Regiert dz Römisch Reich,
Wurd auch darauff gekront zu Aach;
Diser sein Sohn gar bald hernach
Wider den Vatter Rebeliert
Und ihm ettliche Stett entfiehrt
In Lombardey, macht einen Bundt
Wider den Vator, drumb ietzundt
Der koysser wider nach ihm griff,
So alls der Papst hatt angestifft,
Den Sohn wider den Vatter hetzt,
Also dz er ihn auch zuletzt
Ergriff Unnd gfenglich hielt zur straff,
Dorinen er auch todts enttschlafft. —
Hierzwischen ward Jerusalem
Unnd Auch dz heilig Land hierin,
Sampt andern VII Stetten verloren,
Vil Christen auch erwirget woren
Durch krieg Unnd grosse tyraney
Der Türckhen; dorumb kam hörbey
Nach Rom könig Johannes genannt
Von Jerusalem auss heilgem Landt,
Zuo suochen beim Papst hilff Unnd Ratth;
Diser bald hatt zuwegen bracht,
Dz Friderich wurdt Absolvirt
Vom Papst Unnd Ledig gsprochen wirtt;
Kam auch durch Underhandlung hin,
Dz könig Johanns tochter schön,
Dem koysser geben zu eim gmahl,
Damit er köndt in disem fal
Durch hilff Unnd Ratth sein königreich
Wider erobern drauff zugleich. —
Rüst sich Fridrich der kaysser guott
Und mit im vil Toitsch Fürstlichs Bluott,
Jerusalem Wider zu gewinnen
Mit sampt dem heilig Land derinon;
Die Jorzal wor dz selbig mol

1228. Jor,

Allss sie voun Teitschland zogen auss,
Ins hailig Landt, ein grosser hauff;
Kamen mitt glickh Und Sig wolan,
Verricht so vil dz der Soldan
Jerusalem Und Andre Stett
Dem König wider einghraumpt hett;
Wurd auch gekröntt zum könig drinn,
Deshalb Lies er Jerusalem
Bevestigen mitt aller macht;
Den Soldan auch dahin gebracht,
Genötigt dz er friden muost
Begehren zu einr straff Unnd buoss,
Und ein Vertrag Uff 10. Jur
Dittlich annam in der Gefohr. —
Solchs wurd dem Papst bald kund gethan
Vom kaysser, mitt Bitt dz er nun
Ihn Wider Absolviren wolt;
Dan diser Papst Gregori stoltz
Ihn auch verbanntt hatt mitt Verdruss
Von wegen ettlicher ansprüch
Vermeintlich an Siciliae
Des königreichs, du mich versteh,
Aber kein Bitt da nichts erschoss,
Der Papst gab ihm Auch disen stoss,
Dz er, weil er in Sirien war,
Vil Stett erregto zum abfal,
Des gleichen er auch zu sich Riss
Vil Stett im Reich Neapolis,
Dordurch der kaysser ward bewegt,
Dass er seine Erbländer rett'
Zog er druff in Siciliam,
Damitt es blib beim Rechten Stamm. —
Wie wol der Papst Untrewlich gnuog
An ihm gehandelt mit Unfuog,
Yedoch so sucht er bschaidenlich,
Der kaysser, ganntz demüttiglich,

Den Frid Unnd Absolution,
Erbott sich auch dorzu fortan,
Wann er wollt anderst Lodig werden
Von's Papstes Bann, auch dise bschwerden
Zu tragen, er sein königreich
Vom Papst empfahen Lehensweis;
Hierauff so wurd er Absolvirt
Und bald dorauff mitt Ungarn kriegt,
Erobert Wien, thett Brieff drum schreiben,
Sollt sein ein Reichstatt Und verbleiben,
Und Liess hernach auch seinen Sohn
Conradt zum kaysser wehlen nun. —
Bald aber Ueber ettlich Jor
Welschland aber Unruohig wor,
Und Sich Unfrid erzaigt dorin,
Der kaysser wider zog dahin,
Solloche Unruohzeitt zu stillen;
Aber's gieng nitt nach's Papstes willen;
Maylandt wollt von im fallen ab,
Sampt andre Stett, die schluog er hartt,
Des wegen sie ganntz ohne grundt
Mitt sampt dem Papst machten ein Bundt
Wider den kaysser un ursach,
Auss Lautter feindtschafft Neidt Unnd hass,
Dz er ihm wolt zu Mächtig seyn,
Dem Papst nit alles Raumen ein,
Und settigen sein Pracht Und Stoltz
In Welschland, wie der Papst gern woltt;
Dorumb er wider bannisiert
Wider den koysser erst berürt,
Erweckbet auch bald wider ihn
Venedig, brocht's Uff seinen sinn,
In Summa, Richt so vil Unruoh
An allen ortt dem kaysser zuo,
Dz er durch Offne schrifften sich
Verantwortet Worhafftiglich
Dz ihm hierinen z'vil gescheh

Vom Papst Unnd seim anbang, drum er
Abermal sucht demmietiglich
Vom Banne zu erledigen sich,
Unnd wider werden Absolvirt;
Aber da word kein gnad verspirt
Beim Papst, dorumb der kaysser auch
Sich wehren muost nach kriegesbrauch,
Weil ja kein gnad wor zu erlangen. —
Drauff hatt sich Unglickh angefangen,
In Welschland sehr grosse Unruoh,
Vom Papst ihm selbst gerichtet zuo,
Unnd theilet sich in Zwoy geschlecht
Welschlandt, die wurden guennett recht,
Die Wölff Unnd Gibeline guantt,
Dem Papst Unnd koysser zum Beystandt,
Also dz drauss zu beeder seitt
Erwuchs gross Unruoh krieg Unnd stroitt,
Ein solcher Lermen in welschlandt,
Von den Partheien Baide sampt,
Dz sie sich nit mehr liessen stillen,
Doch geschah Vil ohn' des kyssers willen,
Unnd wurdt der Papst also bedraugt,
Dz er zuletzt zu seim Undanndkh
Wider den koysser Creutz aussgab,
Zu Predigen mitt grosem schad,
Thet auch dorüber thoilen uss
Ablass ein grosen Ueberfluss,
Wider den frommen kaysser guott,
Als man den Unglaubigen thutt;
Welches den kaysser krencket sehr,
Thett ihm in seinem hertzen weh;
B'legert drauff Rom, zog wider ab,
Gewann Ravenn die selbig fahrt;
1245 Darnach Anno 1200. Jor
Unnd 45. die Jerzal wor,
Papst Inocentius der Viertt
Zu Lugdan ein Concill hielt,

Dorin entsetzt er Fridricum
Unbillig seines kaysserthums,
Unnd ward ein andrer an sein stell
Von Firsten zum koysser erwehltt,
Hainrich, mit einhelliger Stimm,
Der Landtgraff auss Thiringen,
Der Unser Statt mitt krieg auch plögt,
Wie hernach werden soll gesdgt;
Der word zulettst vor Ulm erschossen,
Und der Fromm koysser an ihm grooben. —
Weil er kriegt in Italia,
Bawt er ein Newe Statt alda,
Der koysser, so Viotorj gnanntt,
Dz im Vil geltt gieng von der handt;
Drumb liess er machen lidre Geltt,
Weil's ihm an Silber damal fehlt,
Damitt dz kriegsvolckh zu bezalen,
Versprach dabei auch yedes males,
So bald man Gelltt Zur handt brecht eben,
Gutt Silbermüntz dorfür zu geben,
Welchs er auch hielt mitt guttem Bstandt;
Weil aber kein hilff auss Teitschlandt
Mehr folgen wollt das krenckht ihn hartt,
Gantz schmertzlich auch bekümmert wardt
Wegen seins Sohns so wardt gefanngen
In disem krieg; dorauff unlangen
Auss Apollen abzogen ist
Unnd zeittlichs todts verschiden ist,
Villeicht mitt Gifft getödtet wart,
Wie ettlich schreiben, welscher Art;
Dann die hailigen Vätter z'Rom
Brauchen gar Vil disen Messkrom,
Wie disem koysser auch geschach;
Dorumb liessen sie gar nit Nach
Biss sie den Edlen Fürsten fromm
Durch ir Untrew Und List bracht Umb. —
Dz königreich Neapolis,

Dorzu dz kuysserthum, sag ich,
Fiel Uff sein Sohn Conradinom,
Den er zuvor liess wehlen nun
Zum koysser, wie vor ist gemelt,
Eh er Verschid Uss diser welt;
Gott gnad Schwäbischem Stamm Uund hauss,
Geb ihn die Ewig Frewd vorauss.

Volgt Hernacher des Letsten Hertzogen in Schwaben Kayssers Conradts Sohn Leben Und End Und wie Türannisch Und Un-Christlich er vom Antichrist zu Rom hingerichtet worden.

Conradt der 4. diss Namens sein,
Ins Römisch Reich tretten ein,
Nach seines Lieben Vatters todt,
Alls Man 1200. Zelet Hat
Unnd 50. ig Jor der zu wir haben,
Ein Fürst geboren auch auss schwaben;
Regiert nit Lang, gar wenig Zeitt;
Der Papst kam gleich mitt ihm in streitt
Und Excommuniciret ihn.
Der Landtgraff war gwehlt wider in,
Der ihne auch bei Franckfort schluog,
Auch von den Fürsten mit Unfuog
Verlassen War, zog er zugleich
In sein Erbliches königreich
Neapolis, da ist er gstorben,
Dorfür ein Ewigs Reich erworben;
Gott gnad Schwäbischem Stamm Und haus,
Geb ihn die Ewig frewd vorauss. —
Nun diser kaysser Conradt nun,
Der hatt verlassen einen Sohn,
Auch Conradt gnantt, sein Mootter wer
Ein hertzogin auss Bayern klör,

1250

Der word in seinem Landt zu schwaben
Geboren Und drin Ufferzogen. —
Alls der nach seines Vattern todt
Sein Königreich mitt guttem Ratth
Einnehmen woltt wie billig wardt;
Hörtt Wunder was der Papst zur fahrt,
Der hellisch trach Und Antichrist,
Wider ihn fürnam auss Neid Und gifft,
Damitt er möcht dz Schwäbisch geschlecht
Aussrotten Und vertilgen recht. —
Papst Clemens fordert Carolum
Auss Franckhreich, S'königs Bruoder drum,
Gen Neapolis In dz Reich;
Couradinus der hatt zugleich
Auch grose hilff auss schwabenlandt
Wider disen Carolum gnantt;
Sigt erstlich gwallttig wider ihn,
Aber zulettst kam es dahin,
Durch Untrew Unnd Verreterey,
Dz man Conradinum ohn scheu,
Untrewlich Unnd Verreterlich
Dorzu gantz Unbarmhertziglich
Gefangen Nahm, In gfengnus hartt
Gehalten Wurd der Fürst so zartt,
Auch endtlich durch des Papsts Untrew,
Uff sein angeben, ohne scheu,
Der Edle hochgeborne Fürst
Schandtlich ward mit dem schwertt gericht,
Dorumb dz Reich Neapolis
Auff die Frantzosen komen ist,
Auch dises Schwäbisch herzogthumb
Gäntzlich Umb Ihre herrschafft kompt;
Dann diser Conradt war der Lettst
Hertzog In Schwaben, des entsetzt
Der Papst ihn durch des todtes Pein,
Der Lieb Gott woll ihm gnedig sein. —
Wann einer hett ein Steinern hertz

So berlt alls Adamant ohn schertz,
Müsst's doch die grosse tiranney
Des Papsts ein solchs erwaichen frey,
Und zur Bormhertzigkeit bewegen
Des Papsts Greul so er thett Legen
An disen Edlen Fürsten guott
Und hochgebornen königs Bluott,
Der von so vil kaysserlichs geschlecht
Herkommen Unnd entsprossen recht,
Und soll so schändtlich von der Erden
Tyrennisch durchs schwertt hingricht werden,
Von der hellischen Pestia,
Vom Papst erwirget werden da;
Worlich dorauss erscheint zur Frist
Der Lebendige Antechrist
Gor eigentlich Lautter Unnd Pur
Alls ein Rechte Contrafactor. —
Die schrifften fein sind noch am tag
Darinn der fromme Fürst mitt klag
Die Sachen nach der Leng erzehlt,
Dz Unrecht so der Papst ihm betellt,
Und Unchristliche tiraney,
Und wider in geübet frey. —
Allso diss Stammbauss schwaben ist
Abkommen durch's Papsts trug Unnd List
Unnd abschewllicher Mörderey
Wider den Stammen ohne schew.
Gott gnad Schwäbischem Stamm Und hauss,
Geb ihn die Ewig frewd vorauss. —
Nun weil wir ietzundt hand gehörtt,
Wie der schwäbisch Stamm sey zerstertt,
Vertilget Unbarmhertziglich,
Der Letst diss Stamms durch schwert hingricht,
So wollen wir ietzund fahren fort
Uff Unserm Vornehmen, Wie dortt
Wir solches han da hinden glan,
Unnd yetzundt weitter zeigen an,

Was disses Stammens geschlecht Und ortt
Auss Schwaben Uns erzeiget hab
An Unser Statt für Müh Unnd fleiss,
Biss sie erbawt Unnd Bracht ans Reich;
Wer's wissen Will der merckhe auff,
Unnd gebe gutte Achtung drauff.

Aigentliche Beschreibung Und er Zehlung der Statt Reüttlingen, Wie dieselb von Kaysser Friderich dem 2. Und Hertzogen in Schwaben Erbawen Und Uss dem Dorff Ruttelinga ein Statt gmacht Und erbawen Worden.

Alss Nun dem Dorff Ruttelinga
Ihr Herrschafft gar abgstorben War
Unnd, wie vorgmelt, sich han ergeben
An hertzogen von Schwaben eben,
Der damalss Mechtig in dem Reich,
Römischer Kaysser auch zugleich,
Fridrich der 2. war genandt,
Mächtig in Schwaben war bekandt,
Ein König in Siciliae
Neapolis, Unnd Andern meh
Reichen verwandt Unnd beygethan,
Eins Grossmächtigen kayssers Sohn;
Dissem dz Dorff war zugestellt,
Die gelegenheit ihm wol gefellt,
Fieng an und liess aussreitten bald
Und Raumen wegb den dicken wald
Von holtz Unnd knospen Ueberzogen,
Unnd wohnten dorin lautter groben
Bauren Unnd Ungeschlachte Leitt. —
Damitt man's Dorff gar bald aussreitt,

Braucht man dorzu ein grose schar
Der Bauren, die aussreitten gar
Den Unlust Und alls knauppenwerck;
Die Echatz loff auch Ueberzwerch
Durchs Dorff Und brachte wenig nutz;
In Summa, man alls sauber butzt,
Hatten auch ein Sprichwortt Voran,
Die wercklent Unnd der Bauersmann,
Welches also gelauttet hatt:
Weil man Woltt bawen da ein Statt,
Nun last euch zum aussreitten lugen,
Die Statt muoss heisen Reittlingen;
Dann Was dran schafft, hacket Und Reitt,
Brauchten diss sprichwortt yeder Zeitt,
Daher der Nam Reittlingen komen,
Und vom aussreitten ist entsprungen,
Daher sie noch Uff disen tag
Haist Reittlingen nach gmeiner sag. —
Wie nun all Heckhen kamen weg
Unnd abgerumt Ruttlinger Fleckh,
Geselbert Unnd gebutzet ab
Von allem dz Verhindrung gab,
Die Wäld aussghawen wellt hinwegk,
Unnd aussgereitt mitt ständ Und stöckh,
Damitt man haben möcht mit fuog
Zu einer Statt Bawholtz genug,
Wurden die Wäld gebannet ein
In Berg Unnd thäler gross Und klein,
Dorumb es schene Felder gab,
Ein grossen Blatz, dass man darab
Möcht haben frucht Und fuotter gnuog
Für Vich Unnd Leitt mitt Nutz Unnd fuog. —
Also Butzt man zu Unser Statt
Ein gross Und schenen Weitten Blatz,
Mitt allem fleiss wurd zubereitt,
In einer fruchtbaren glegenheitt,
An einem Schönen wasserfluss,

Fischreiob Unnd fruchtbar Ueberuss. —
Alls Nun der Platz war zugericht,
Der kaysser gantz Vorsichtiglich
Ein schen bezürckh genommen ein
Zu einer Statt, doch nit zu kleyn,
Welcher in seinem Umbkreis ist
2000. Unnd 500. schritt,
Uff Ebnem schönen flachen feld,
Gäntzlichen ohn alls gsträuss Und wäld,
In einem schönen wisentbal,
An einem Wasserstrich herab,
Der blatz gar schen, der Länge nach
1500 Schritt gar nah,
So gegen Mittnacht sich thut strecken,
Die Breitt thut der auffgangg bedecken
Mitt seinem schönen hellen glantz,
Erleicht die Statt Uff ein mal gantz,
Die Weil es kan in disem fal
Verhindern weder Berg noch thal. —
Nun diss Bezürckh Wurd gfasset ein
Mit hohen mauren wie's soll seyn,
Von kisslingstein werck Uffgeführt,
Mit 36. ig thirn geziertt,
So in der Maur sind eingefast,
Machen die selbig starckh Unnd fast,
Ihr böh erstreckt sich auch dorzuo
Uff — — — gmainer schuoh;
Und ist die maur also gebawen,
Dz man die ganntz Statt kan beschawen,
Gerlugs hör umb von Dachwerckh bautt,
Dz man derauff spacieret auch,
Von einer Wacht zur andern gehtt
Uff allen thirnen, mich Versteht;
Dieselben streckhen sich hinauff
Hoch Uober die Stattmaur hinauss,
Von quader stückhen auff geführt,
Mitt wehr Unnd Schutzlöchern geziehrtt. —

Die Maur fasst auch 6. hauptthor ein,
Da man thutt wandern auss Unnd ein,
Doch bleibt dz eine Thor verschlossen,
Die Bruckh ist dorvon abgestossen. —
Dz Unter Unnd dz Ettmassthor,
Wie auch dz Oberthor fürwor,
Sind dermassen vem grundt gebautt
Dz man sie mitt Verwundrung schawt,
So starckh Unnd Vest sind Uff gericht;
Von quaderstuckhen, wie man sicht,
Gesiehrt steigen sie hoch empor,
Sind wol erbawt für alle gfohr,
Unten mitt Schutzgättern Verwahrtt;
Mitt Schnellbruckhen nach kriegesartt,
Mitt thür Unnd Rigel wol versehen,
Zu Oberst drauff ein Glockh thutt stehen,
Darmitt man gibt gutte Urkundt
Bey tag Und Nacht was alle stundt
Geschlagen, Unnd Umb welche Zeitt
Bei tag Unnd Nacht es immer sey;
Dorzu werden 2. Mann bestellt,
Uff iedes thor zu Wechtern gwehlt,
Dz sie sollen bey tag Unnd Nacht
Alle Zeitt haltten gutte Wacht. —
Unnd sind die thor sehr hoch erbawt,
Auff - - - - - Schuoh, mir trawt;
Dorzu die Dickh im Umbkreiss ist
Der·maur Uff all Vier eckhen, wisst,
- - - - - schuoh in dem Ring,
Dz ist fürwahr ein Vestes Ding;
In all Vier eckh die Dickh der maur
Hatt - - - - - Werckschuob, mir Vortraw;
Mitt gschütz seind sie auch Wol verwahrt,
Uff Räder Unnd auch andrer Artt,
Mitt krautt Unnd lott Versehen recht,
Was dann zur fürsorg dienen möcht. —
Zu dem die Rinckhmaur auch fasst ein

Zwoy Bollwerkh, so Umbmauret sein;
Ein Zwinger goth Umb ganntze Statt,
Und gutte Brustwehr drinn es hatt,
Durch ober Bollwerckh kan man Uaden
Bey tag Unnd Nacht Zu allen stunden
Durch ein Fönstern gang mitt grauss
Under der Erdt durch d'Statt hinauss,
Ganntz heimlich Unnd Unsichtbor gar,
In alle Rundel kommen dar,
Ganntz Unverwarnet aller Find
Wann d'Statt solt werden angerennt,
Damitt der Statt an allen ortth
Verschlossen Bliben alle Porth;
Dann die Ganntz statt Umbflossen ist
Mitt tieffen Wassergräben frisch,
Dorinen schöne Rundel gsehen,
Alls wanns in einem See thett stehen,
Fein Underschidlich gfasset ein
Mitt maur Unnd Dammen gros Unnd klein;
Kanst Underm thor Uff den schnelbruckhen
Lustig in Wassergraben guckhen,
Dorin sehen Umbwimmlen frisch
Und schwimmen her allerley fisch,
Alls karpffen Bersich Unnd guott speiss,
Dieselben man järlich mitt fleiss,
Ettlich in sonderheitt, fischt ab,
Zu Nutz, Umb Zimlich geltt, Ich sag. —
Die Rundel Umb die Statt gar Sehen
Gebawt im Wassergraben stehn,
Gemainer Statt Zu einer huott,
Dz man sie drinn beschitzen thutt
Vor allem feindtlichen anlauff,
Ein feindt darvor zu haltten auff;
Damitt die Statt auch fein geziehrt,
Sind rechter artt in d'Höhe gfiehrt. —
Beim Undern Bollwerckh auch man sicht
Ein Blockhauss an der Maur Uffgricht,

Dorin da wirtt gehalten auff
Ein Bruckh fon Holzwerckh, dz man drauff,
Wann die wirtt Uffgeschlagen recht,
In feindsnoth oder Anderm gfecht,
Kan Leitt Unnd gschitz Uffs Bollwerck fieren,
Dordurch die Statt auch zu Salviren;
Summa, die Statt ist wohl bewahrt
Nach Ihrer glegenheit Unnd Artt,
Also dass auch Wol vor den thor
Die Strassen sind beschlossen zwor,
Mitt thor Unnd Rigel wol Verbautt,
Draussen man deren Zwelffe schawt,
Also dz die Statt in einr Summ
Mitt 12 thor ist gegeben Umb,
Unnd mitt drey Vorstetten geziertt,
So alle drey die Statt beriehrt,
Dern yede sonderlich bewahrt
Mitt eignem schloss Unnd thor zur fahrt,
Unnd hatt der Edle kaysser fromm
An disser Statt hie, sag ich nun,
An allem nichts Versaumen wöllen,
Dorfür wir im noch danckhen söllen,
Dem Lieben Gott in Sonderheitt,
Dz er's bieshör behielt vor Leid. —
Die Gassen der Statt seind gericht,
Uff alle Strassen, Wie man sicht,
Der Lenge nach fein zimmlich weitt,
Dz man kan weichen beederseits;
Unnd hatt der Gassen ingemain
56. ig gross Unnd klein,
Die alle sind gepflastertt hartt,
Von kisslingstein nach Aler Artt,
Dann also ist recht hertt Und faster,
Der gantz Statt Reittling gassen Pflaster. —
Es durchlaufft auch die gantze Statt
Ein iede Gass ein frischer Bach,
In alle ortth Winckhel Unnd Biegel,

Dieselben seibert alls ein spiegel;
Die Echatz kann man berein lassen
Im fal der Notth in alle gassen,
Davon die Statt wirtt schönn Und Rain,
Bekompt ein gutten Lufft gemain;
Wann's Wasser nit so helffig da,
Weren wir offt in grose gfahr,
In Feurs noth kommen Und gestanden,
Der augenschein ist noch vorhanden. —
Auch ist die Statt in sonderheit
In Ettlich Marckt Unnd Bletz getheilt,
B'helt ieder sein Nam Unverändert,
Seind von all Gassen abgesöndertt,
Dorauff man fein nach glegenheit
Alls was zu Marckt wirtt bracht Und gfailt,
Allerlei Victoallen,
Dem Menschen zur Notturfft hierin,
Fail hat Unnd Wöchenlich zu marckt
Wirtt hingetragen Reich Unnd Arm;
Deren fünff an der Zal than sein;
Erstlich den kornmarckht ich da mein,
Auff Welchem man allerley frucht,
Korn gersten habern yeder Zücht,
Fail hatt Unnd Ander kuchin speiss,
Zur Notturfft kauffen arm Und Reich;
Dran Riertt der Schuo Und Lädermarckt,
Die Strass geht kramer gass gar starckh
Zu Unser Frawen kürchen dar,
Da findstu bald ein grosse schar
Weiber weiche mitt Ungestimm
Ein grosses gschnader fieren drinn;
Der wirtt der Weiber Marckht genannt,
Weschhafften Weibern wol bekanndt,
Dann dorin würstu finden fail
Alles was begehrst ein gutten theil,
Von Garten Unnd von kuchinspeis,
Allerley gülgel schwartz Unnd weiss,

3 *

Von Ayer, schmaltz Unnd gutten kees
Unnd ander schleckberhafftig gfress,
Hanff, Werckh Unnd flachs Und laine tuoch,
Sampt allem Was zum Haussgesuoch
Gehörig, druff zu finden ist,
Schaw nur dz dir kein Gelt geprist. —
Auff disem Platz Werden auch gfunden
Zahnbrecher, Schreyer, Andre kunden,
Liederdichter, Schlangenbschwerer,
Leittbetrieger, Gellttverzehrer;
Mitt disen kanst dein Lannge weil
Vertreiben, Wan Du nit in eil
Zu deiner Arbeit haim begehrst;
Dein Halss vol lugen von ihn hörst. —
Der schwein, Holtz, Unnd Auch kibelmarckht
Haben auch Platz in diser Zarg;
Bey iedem man sein Zugehör
Kan haben Unnd sonst Anders mehr,
Unnd zieren auch gar fein die Statt,
Weil man drauff allerlei Vorratth
Bekommen mag Umb Zimmlich Gellt,
Der Reich Und Arm, wie's im gefelt. —
Auch Uff den Märckht Und Plätzen nun,
Findstu auch schönn gezieret stahn
Springende Pronnen Und Rörkast,
Von farben schen gemalett fast,
Die geben guott trinckwasser frisch,
Arme Und Reich in kuoh Und z'tisch;
Uff deren iedom stett ein Mann,
Von Stainwerckh aussgehawen dran,
Mitt seinem Scepter kron Unnd stab,
Von Gold Unnd Silber ziertt vorab,
Sind erst Newlichen Renouirt,
Von einem Burger so geziert,
Ein Maler, Bartolohmo Wagner gnauatt,
Der kam auss dem Newburger Landt
Alls ein Vertriebner hör in d'statt,

Ein Ratth ihn aufgenohmen hatt,
Hatt dran Verdientt sein Burgerrecht,
Ich wünsch ihm glückh Unnd seim geschlecht. -
Doch Neben diesen Bronnen schön
Findst in der Statt auch Uffrecht stehn
Der Gallgpronnen also VII,
In ieder gass mitt Unterschid,
So alle Uffgerichtet sein
Von quaderstuckhen in gemain,
Derselben sind noch an der Zal
Mehrer denn 20. ig Ueberal,
Zu iedem ein Bronmaister bstellt,
Unnd alle gmaine Statt erhelt,
Summa, kein hauss Unden der Statt
Dz nit ein oigen Pronnen hatt,
Drumb all vertrunkne Mann Und Weiben
Dörffen hie gar kein Durst nit Leiden,
Wer Lust hatt zu trinckhen wasser frisch,
Hatt's Ueberflüssig z'kuch Unnd tisch. -
Nun Weil diss alles ist beriert,
Will sich geptiren dass wir fürtt
In Unsser Statt auch hin Und wider
Spacieren, Unnd auch ihr Geliger,
Deren gebeu Unnd Was dann fort
In acht zu nehmen iedes ortts,
Beschrieben sei mitt Worheittsgrundt,
Wie es vor disem Und yetzundt
Beschaffen alls erzeblen hör,
Wer Lustig ist der geb mir g'hör. —

Aigentliche beschreibung
Des Thurns Und Tempels in des
Hailigen Reichs Statt Reüttlingen.
Anno 1247. Uffgericht.

Allss man Taussendt Zway Hundert zehlt   1247
Unnd Viertzig sibne Uff der Welltt,

Alls könig Halnrich war erkohren,
Ein Landtgraff auss Thüring geboren,
Zum Kaysser wider Friederich
Den Andern, Welcher Nanntte sich
Ein Hertzog in dem Schwabenland,
Auch Unser Statt sehr wol bekanndt,
Der sie erst kurtzlich hatt gebawen,
Wie sie vor Augen ist zu schawen;
Diser Lanndtgraff Empörte sich
Wider den kaysser Friderich,
Nahm ettlich stett ein mitt gewalltt
Und krieges Macht, dorumb er bald
Auch kam für Reittling Unser Statt,
Mitt kriegsmacht Ueberzogen hatt,
Unnd wolltt dieselbig in den grundt
Verderben, stürmen zu der stund,
Ueber sie herschen Unnd Regieren,
Dz scepter Uber d'schwaben führen;
Aber die Burger fleissig batten,
Demmiettig für Gotts angsicht tratten,
Schreyen zu im Umb Hilf Und Recht,
Dz der krieg ihn kein schaden brächt,
Sie erlösen auss diser noth,
Rufften fleissig zum Lieben Gott,
Dorauff ein G'lübd Verheisung thon:
O Jesu Christe Gottes Sohn,
Der Du nitt Lust hast an dem Bluott
So man unrecht vergiessen thutt,
Hast auch kein gfallen an dem Land,
Welches man Verstörtt durch kriegesbandt,
Sonder bist kommen in die Welltt,
Unns zu erhaltten in deiner Zelt,
Unnd willt Vilmehr Uff diser Erden
Durch Christum alle seelig werden,
Die Dich anrufen Und Ehren fein
Den willtu allweg gnädig sein;
Dorumb, o Gott, wür zu Dir schreyen,

Du wöllest Unns dein Gnad verleihen
Und Unns erröttcn Von dem gwallt
Des Feindts; o Gott, die Statt erhalltt,
So Wöllen wûr herr Christe Dir
Und Delner Muotter nach Gepûr
Ein schenne kûrchen da Uff richten,
Der Gutthat da vergessen nichten,
Dein Namen Preissen Ewiglich
Und allein dorin Loben Dich,
Auch Deiner Muotter drinn gedcnckhen
Unnd ihr die kûrchen allein schenckhen. —
Allso die Reittlinger all sprachen,
Befahlen Gott all ihre sachen;
Derselbig sie erhörett hatt
Unnd half ihn gleich Auss diser noth;
Dann Eillends Gott der Herr erweckht
Und Ihm ein Heldenmuotth einsteckht,
Namlich dem Hertzog Friderich,
Auss Schwabenlandt er nandte sich;
Disser fûr Reittling Eillendts kompt
Und sich nit Underwegen sumpt,
Die Statt enttschitt von diser noth,
Die trewlich schrien zu irm Gott. —
Zum kaysser Hainrich disser sprach,
Er soll Verziehen Uund than gemach,
Die Statt wâr ihm von Alltters hör
Mitt Glübt verbunden Und beschwörtt,
Er hett sie auch Newlich gebawen,
Zur Statt gemacht, soll ihm drum trawen,
Er Lass Ir kein Laid widerfahren,
Er soll nur den kriegskosten sparen
Unnd von der Statt than ziehen ab,
Dann er auch kriegsvolkh bey sich hab,
Die ihn mitt gwallt abtreiben mûsen;
Derauff der Lanndtgraff mitt Verdriessen
Von Unser Statt gezogen ab
Unnd Reittlingen den Friden gab. —

Von stund an Und nach disen Dingen
Die Burger hie zu Reittlingen
Die schenne kürch gefangen an,
Wol wert dz sie zu Vorderst an
Vor andern Bowen her gesezt. —
In Unser Statt der grundt word glegt
Und angefangen in Gottes Nam,
Darzu half fronen yederman,
Damit ihr glöbt, verhaisen Gott,
Der sie erlöst auss disser noth,
Einmal volstreckt Und ghaltten werd. —
Feiren sich nicht Uff diser Erdt,
Bawten's Vom Grund mitt quaderstuckh;
Die kürche ziertt mitt allem schmuckh,
Dass sie das werckh besser aussgflehrt,
Selbs Loben muoss Unnd Comendiert,
Dann Meine Reimen Unnd Versus dir
Anzaigen können solche Zier. —
Es war wolfel zur selben Zeitt,
Dz man kundt haben Vll Bawleitt;
Ein Pfening gallt ein Laible Brott,
So gross alls verzeichnette Kart
Hieneben ist gebunden zwor. —
Nun alls Verflossen 70. Jor,
Der Baw Von grundt war auffgefehrt,
Ganntz Wunderschönn, Uffs herrlichst Ziert
Unnd vollbracht in so Langer Zeitt;
Vileicht Word's offt hierzwischen theur;
Unnd offt Verhindert disen Baw,
Dz er Langsam Uffgieng, mir traw,
Un Zweiffel auch Uss Mangel Geltts,
Dorumb der Baw offtmals eingstellt,
Mocht nit so schnöll Von Statten gohn
Alls bei dem könig Salomon,
Wellicher zu Jerusalem
Den tempel ganntz Ussflehret schen,
In siben Joren also sohnäll,

Weil zu Arbeittern wurden bstellt
Uff Zwaymalhundert tausend Mann,
Die alle dran gearbeitt hann;
Dann Gold Unnd Gellt mitt Ueberfluss
Wor gnuog da, yedermann zuschuss;
Der könig Danidt hatt allein
An Gold Und silber, mercket fein,
Zum Baw des Tempels hinderlan,
Findt's in hailiger schrift darvon,
Uff hunderttausent Zentner Golds,
Des silbers man nit achten wolltt;
Tausent mal tausent Zentner schwer
Des silbers, Und was anders mehr
Von Ertz Unnd Eisse, nachesnoch,
Der könige findst im andern buoch,
Am fünff Unnd Sechst Capitel bschriben
Hailliger Schrifft, In Unser Bibel;
Drumb er so schnell Uffgangen ist,
Weil man mitt Geltt Unnd Volckh war g'rüst. —
Aber bey Unnss mocht's nit gesein,
Wie wol auch iederman ins gmain
Zugschossen Unnd getragen hatt,
Inn Und auch Usserhalb der Statt,
Allso dz in solch Langer Zeitt
Von allerhanndt Gutthertzigkeitt
So vil ersammlet Unnd erspartt,
Dz der Thurn gentzlich Uffgricht wardt;
Ein solche schöne kürch für war,
Wie ich's dir will erzehlen dar,
Dz auch Letztlich noch Ueberblieb
Von Gellt Und stain, dz man mitt frid
Ein kürchen auch zu Unser frawen
Im fleckhen Bronweiler gebawen. —
Also Wurd Unser kürchthurn ganntz
Erbawt mitt Zwen Umbgäng Unnd krantz,
Herlich, von quaderstuckhen schön
Thutt er ganntz Prächtig Uffrecht stehn

Auff einem schönen Weitten Plan,
Gerings kan man hörumber gahn;
Sein höhe helt in der Messschnurr,
Uff - - - - - - Schuoh,
Ist allenthalb gerings herumb
Von Stainwerkh Zieret Umb Und Umb,
Von aussgehawnem Bilderwerckh,
Uffs Zierlichst Bautt nach aller sterckh,
Mit schenen schneckhen, Erckerspitzen
So allerley geßgel beitzen
Von stainwerckh, also ausspossiert,
Nach der Stainhawer kunst geziert;
Die Umbgäng seind gor schen gericht,
Dorauff man Weitt ins Landt Uss sicht,
Und sonderlich Wann Prünst enttstehn,
Uff Welchen man's gar bald thutt sehen,
Dann dorauff zu tag Unnd Nacht
Allzeit gehalltten gutte Wacht. —
Zu aller Oberst Uff dem Spitz
In Engelsgstallt ein Man schön glitzt,
Von Gold gibt er ein Hellen schein
Hoh Ueber sich in d'Lofft Hinein,
Hatt in der Hanndt ein Guldin Creitz,
Zwen guldin fligel beeder seits,
Die treiben ihn vom Windt herumb,
Noch dem dz Wetter ist; in Summ,
Der Engel Unns bedeittet fein,
Dz Gottes Engel soll Wächter seyn
Ueber die kürch Und Unser Statt,
Und woll Regieren Unsern Rath,
Dz grioht Unnd grechtigkeit auff erden
Im friden möcht erhaltten werden. —
Fürnämlich muoss ich an dem Baw
Sehr Comendieren Unnd, bey traw,
Wol würdig. dz man sagt dorvon,
Dz Umb die Kürch gar Arttlich stahn
Die 12. Apostel aussgehawen;

Ein Lust ist es die Männer z'schawen,
In aller Mannsgröse, von stain
Gehawen in ein käpelein,
Ein yeder fein in sonderheit,
Je 6. Unnd 6. auff beeder seitt,
Ein ieder da mitt Offnem Buoch,
Dz einer maint ein yeder suoch
Die Schrifft Unnd kher die Blätter Umb,
Unnd nit da steh alls wie ein Stumm,
Sonder woll ausser lesen fein,
So artllich sie gehawen sein;
Darmitt die ailtten haben wöllen
Anzeigen, merckhet, Lieben gsellen,
Dz in der Körchen Gottes wortt,
Was die Apostel gschriben dortt,
Die Propheten der Hailgen schrifft
Unnd Christus Uns allein gestift,
In dieser körchen Lautter soll,
Ohn allen Saurtaig, merckh Du's wol,
Ohn falsche Lehr, des Teiffels gifft,
Sonder allein die Hailig schrifft,
In diser körch soll Predigt werden,
So Lang sie stett auff diser erden;
Diss Wollen Unnss die Bilder deitten
Die man da hörgesetzt vor Zeiten. —
Der andre kürchthurn ebner frist
Sehr Lustig an zu sehen ist,
Unnd wirtt der griene thurn genanntt,
Dz grien tach macht ihn so bekandt;
Der ist gebawt oben in Chor,
Sein knopff Und spitz stett hoch empor. —
Der Dritte haist der Pfening thurn,
Der gringst Unnd Niderträchtigst furm,
Dorin der tauffstain wirtt verwahrt,
Von Stain erbautt Uff gviertte artt;
Suma, der Gantz körchbaw zu frist
Mitt Vilen thirn Umbgeben ist,

Dorunter drey thirn Hoh empor
Reichen Hoch in die Lüfft fürwor;
Der thürn Unnd spitzen so da sein
An disem ganntzen Baw insgmain
Gerings Hörumb von Stain Uffgfiehrt
Unnd alles disen Baw berierth,
Derselben der Sind an der Zal
Uff - - - - Ueberal,
Dabey kanst wol erachten frey,
Was für ein künstlich Baw es sey.

Beschreibung des Kürchbaws in Wendig Und Was sonderlich Darin Zuo sehen ist.

Die Kürch in Wendig muoss ich loben,
Ist schön mit Hochgewelbten Bogen,
Mitt dreyen gängen Wol geziertt,
Drey gwölber hoh in d'höhe gfiehrt,
Mitt quader seilen Underfangen,
Auss der kunst 12. dariuen Prangen,
Die stehen Von ein Ander weitt,
Allweg 6. Uff yeder seitt,
Fein Rund Unnd schön sind aussgehawen,
Ganntz Lustig seind sie anzuschawen;
Mitt schwibogen dz gwelb ist hoh,
Von alltters hör gemacht also;
Die Chorfenster glentzen gar fein,
Von mancken farben geben schein;
Der altar schönne tafflen Hatt,
Doran der Passion schen stat,
Von Lautter Gold ist angestrichen
Dz eim die augen schier Verblichen. --
Der Chor ist gar schenn Ueberall,
Die Musik gibt ein gutten schall,
Mitt Eissengüttern man ihn kann
Zuschliessen Vor dem gmainen Man. --

Der kirch Baw in der Lenage Ist
Inwendig 75. lg schritt,
Unnd an der Breitt dreissig Do Zuo;
Mitt 6. thoren sperrt man sie Zuo. —
Hatt Neben auch Zwo klein Capellen
Darin man Hatt Behallten wellen
Alles Gerätth Von alltters her,
Von Messgwandt Biechern Und was mehr
Von der Päpstischen gauckheley
Ist Ueberbliben, drin man's frey
Uffhaltten thutt Unnd Zaigen kan,
Den alltten stinckhenden Messkram. —
An offnen Fenster Ueberall
Hatt's 38. an der Zal,
Davon die kürch wirtt schen Unnd hell
An allen Orthen ohne fehl. —
Die gwelber oben, wie beriehrt,
Von schenem gmähl Und Laubwerckh ziertt;
In Suma, an dem Baw zur frist
Wenig doran zu tadllen ist. —
Ein Herlich schöne kantzel Hangt
In diser kürch im mittlen gaong,
Von schenem Stain Unnd bilder Werckh
Geziert Unnd gmacht Uffs allersterckhst,
Welche wirtt Recht getragen schon,
Unnd g'fasst Vom Starckhen Sammson,
In Mannsagross Von Stain Werckh Possirt
Alls ein Seul sich dorunder stiertt;
Auch Uff der kantzel z'oberst an
Da steht der Vogel Pelican
In seinem Nest, alls wenn er druff
Sein Jungen zur speiss öffnet d'Brust. —
Gleich gegen Ueber oben steht
Im mittlen gang Uffs aller höhst,
Raicht mit ihrm Spitzsgwelb oben an,
Die schönest orgel alls man kann
Der Zeit ietzt finden in dem Landt;

Dieselbig ist, glaub mir zu Hanndt,
Der kürch ein Wunderschenn gezier,
Mitt grosen Pfeiffen, glaub du mir;
Der Register dorinen sein
Ueber 16. gross Unnd klein,
Die Ihren schall Unnd Resonantz
Von den Blassbelgen geben gantz;
Sie ist Uffs aller schönst gebawt
Von Schrein Und Bildwerckh, wie man schawt,
Steht Uff ein Schön gemalten Boden;
Die Deckhe Unden muoss ich Loben,
Welche diss Werckh Unnd grossen Last
Thut tragen ohn Seul Unnd Hafft;
Von Gold ist sie gar schen geziertt,
Nach Maisters kunst wie sich gebirtt,
Dz Pfeiffen werckh schön weiss erglast,
Ist mitt drey thirnen eingefast,
Uff iedem oben druff von Gold,
Ein ausszug schen gemalet wohl;
Dz Statt Und kayssrisch wappen schen
Thutt Uff dem Mittlen thuren stehn,
Stett Uffrecht schön gleich wie ein boltz,
Fast alls gemalt Von Lautter gold;
Von schwebisch Hall der Maler kam,
Marcus Astfalckh, so war sein Nam,
Hatt dran Verdientt mit sondern Hulden
Wol Ueber die 500. fl. —
Dz werckh so Anfangs War gebautt,
Auch ein von Schwäbisch Hall Vertrawtt,
War ettwas schlechts angfangen worden,
Unaussgemacht darob gestorben,
Dahör die Obrigkeit dermassen
Alles Wider weg brechen lasen
Unnd einen Newen Maynter bstelltt,
Dz Werckh ihm also haim gestellt,
Solchs ausszuführen nach der kunst,
Hatt drob erlangt auch gutten gunst,

Ward drum bezalt zu guttem Danuckh.
Für's trinckbgeltt ihm dorzu auch schanckt
Die Obrigkeit Uff sein Begehr
Ein silbern Becher ihm zu ehr. —
Gleich gegen Ueber oben Hanngt
Die alltte Orgel ob der kantz,
Ein kleines aber Zierlichs Werckh,
Gebawt Vor Vilen Jaren, merckh. —
Insonderheitt zu sehen ist
Dz steinerne Grab des Herren Christ
Mitt sampt dem tauff ebnermassen,
Derffen sich gar Woll sehen Lassen;
Zway Rechte kunststuckh, mich vermerckh,
Von scheuem stain Und Bilder werckh,
Wirst nitt bald finden Ihrs geleichen,
So ihn an kunst wär zu Vergleichen,
Vil weniger ihn than bevor,
An fleiss Unnd Müh der künsten zwor,
Sehr schen nach der Bildhawer kunst,
Dran nichts Vergessen Unnd Umbsonst,
Mitt klein Unnd grossen Bildern altt
Gemacht nach Lebendiger gstalltt,
Dz einer fragen möcht Hiebey,
Ob es auch immer Miglich sey
Dz man auss Harttem Stain Und kalch
Keudt machen Solch Englisch gestalltt. —
Vorm grab Christi da auch than Ligen
Zwen Stainern Juden gantz Verschwigen,
Hüten noch Immerzu vorab
Den Herren Christ im Lehren grab;
Dann es Haist Resurectio,
Ist aufferstanden Unnd nimmer da;
Des soll sich frewen Iedermun,
Wer mitt Ihm theil Unnd gmain will han. —
Muess ettwas wetters Hiervon schreiben
Und Lenger in der kirchen bleiben
Und bschawen auch zu diser frist

Die schene tafflen Und Grabschrifft,
So Newlich sind gestifft höreln,
Von Gold geben sie glanntz Unnd schein;
Herren Veitt Herrmans wor die erst,
Der Vor Vil Jar Prediger gwest
In Unser Statt mitt Lob Unnd Ruom,
Mein Schwehr seelig, Gott guad ihm drumm;
Die Ander die da kam Herein,
Ist's alltten doctor Cammrers gsein,
Hatt Practicirt in der Artzney,
Mitt sonderm Ruom, sag ich dorbey,
Vil Jor allhie in Unser Statt,
Sein Sohn die stell besessen hatt;
Die dritte taffel auch scheu glantzt,
Von Werenwäg dahör gepflantzt,
Ihrm Lieben Vatter auch zu ehr
Herein gestifft, die weil auch er
Wor Burgermaister in der Statt,
Mitt frommkeitt Ziertt ein Ehrsam Rath;
Die Viertt Grabschrifft hörtt auch hörzu,
Herrn Baltes Aichlins guotter Ruoh,
Im Herren Längst entschlaffen ist,
Ein Handels Mann Unnd frommer Christ;
Die schönest taffel mitt Vergulden,
Ihm gstifft, kost Uff 200. fl.;
Der fünfften Nimbt man auch in Acht,
Zu Ehrn doctor Bidembach,
Welcher alhin Lödig verstorben,
Zu ehrn ihm gestifftet worden;
Die Sechst Grabschrifft Und taffel schen
So auch in Unser kürch thutt stehn,
Hörtt gwesnem Prediger, der Herr
Hiess M. Tobias Kindtsvatter,
Gestorben ist vor ettlich Joren,
Von Giengen auss war er geboren,
Hatt Predigt hie Vil Jor Unnd tag,
Auss Gottes Wortt Und der schrifft sag. — ,

Michael ützion der alt
Welchen Gott Hatt in seinem gwalt,
Mein Vatter seelig, from Und schlecht,
In allem seinem thon Uffrecht,
Dz lob darff ich im gar wol geben,
Einfältig War in seinem Leben,
Sein taffel gegen Ueber hangt
Der kantzel, auch von farben glantzt,
Zierlich von farben angestrichen,
Sein Bildtnuss troffen Unverblichen,
Gleichsam alls Wann er Lebig wer
Sein alltter 90. Jor Ungfehr,
Ist 9. Jor Burgermaister gwesen,
40, Jor versehen dz Rathswesen,
Uff 60. ig Jor so hielt er haus
In erster Eh, ist Ueberauss
Mitt meiner lieben Mutter wehrt
Im Ehstandt hie Uff diser erdt,
Haben Baide gsehen in gemain
Uber Hundert kindt, kindts kindter klein;
Sie Ruowen Baide in Gottes Hanndt
Im Himmelischen Vatterlandt,
Sind beide in eim Jor gestorben,
Dz Ewig Himmelreich erworben,
Der Lieb Gott inen gnädig sey,
Unnd Hellff mir auch bald zu ihn frey. —
Lettstlich oben an dem Creitzgang
Die allerschönest taffel hanngt,
Dem Megenzer gestifftet worden
Von Edlem gschlecht, der ist gestorben
Im Landt zu Hessen mitt gross klagen
Seinr lieben kinder, muoss ich sagen,
Welcher Lanng Hie gewohnett hatt,
Gott ihm auch gnad in Unser Statt;
Die taffen Zieren Wol die kürch
An den Seulen fein durch Und durch,
Geben Von sich ein weitten glantz. —

Im Chor ein schönne taffel hanngt,
Worlich der Maler seine kunst
Doran geübt auss Lieb Unnd gunst,
Weil doran schenn zu finden ist
Die geburtt Unnd's Leiden Jesu Christ,
Die Aufferstehung dergleichen
An köstlicheit thutt Nirgent weichen,
Zuo Oberst drauff Marien Bild,
Joseph Unnd auch ir kindlein mildt. —
Also hastu in einer Summ
Der ganntzen kürchen Zier Unnd grundt,
Auch Wie sie sey von grund auffbawen,
Wie sie noch Heittigstags zu schawen,
Und Wollen ietzt spacieren fortth,
Besichtigen auch andre orth
In diser statt für Lange Weil;
Dz Ratthauss Braucht ein Lannge Zeil,
Wann wür's beschawen nach der Zier,
Umb Umb gehen sein ganntz Reffier. —

Vom Ratthauss Unnd
Seiner Erbauung sampt
Deren damal ge Westen
Ratths Personen in
Anno 1563.

Uff freiem Marckt stet Uffgericht
Dass Rathauss frey, lest finden sich
Von Holtz Werckh also schen gebawt
Dz da nit bald dessgleichen schawst,
Welches so schön Unnd zierlich all's
Ist proportionirt dissfallss,
Gebawt Uff Ofnem Marckt gantz frey,
Und stett Uff dreyssig seulen drey,
Von gantzen Stein Werckh Unverletzt,
Darauff der ganntze Baw gesetzt;
An solchem Baw Uff all Vier Eckhen

Thon sich 4. Erckher abher streckhen
Der leder fasst ein stuben ein,
Sehr schön gemacht vom Hobel rein;
Ein ieder Erckher tregt anch bald
Ein Brustbild von Mennlicher gstalltt,
Anch sind die Erckher schön belegt,
Uon rottem kupffer Ueber decktt;
Am gantzen Baw Rings omb für war
Die Wasser rinnen kupffern gar,
Verguldte knöpff schen Uff dem Dach,
Von kupffer sieht man gar vil trach
Die grewlich Zeen Unnd Mäuller bleckhen,
Damitten Und Uff all 4. Eckhen,
Alls wann sie fewrig Wollten fliegen
Die schwäntz Unnd fiess sich Hefftig biegen;
Ein kupfferschmid sie gmachet hatt,
Ein yeder trach Nattirlich stat
Auff einer stang, dz maul sperrt auff,
Streckt Zung brauss, die Zeen bleckht drauff.—
Die Ratstub sonders schön geziert,
Dorin täglich Ratth gehalten wirtt;
Vilerlej sachen Von Alltters Her,
Antiquitteten Lustig sehr,
Alls tartschen, Armbrust Und Vil Pfeil,
Findt man allhie die man derweil
Vor allten Zeitten hatt gebraucht,
Mitt helm Unnd schilt sampt anderm auch
Gebraucht zur Wehr in Unser Statt,
Eh man dz gschitz erfunden hatt;
Nur zur gedechtnus bhelt man sie
Dz man sie eim kan Zeigen hie. —
Ess ligt ein Wunderborlich Holtz
An disem Ratthauss, Wie ein boltz,
Ein Wider oder sturmblockh gnennt,
Ligt an des Ratthauss Langer wandt,
112. schuo ist er Lang;
Vil Lenger war er Von anfang,

4*

Dan man 12. schno darvon geschnitten,
Dz Ratthauss hett ihn sonst nit glitten. —
Er ist gelegen Vil Jor Unnd tag
In Unser Frawen kürch, ich sag,
Darauff der Bockstall war gericht;
Ein gedechtnus ist er allter gschicht:
Da könig Hainrich Reittlingen
Mitt kriegsmacht batt wöllen zwingen,
Wor diser Aries sein gschoss,
Damitt er thir Unnd thor Uffstoss;
Aber der könig Wor abtriben,
Der Blockh zur gedechtnus hinden bliben,
Darumb die Reittlinger den Blockh
In die kürch legten zum Bildstockh,
Dz er sie ewig ermauen soll
Dz sie erlöst waren so Wol
Von könig Hainrich selbig mol,
Wor in der kürchen der Bockstall
Unnd also Vil Jor drinen bliben,
Die Ursach findst da Voren gschriben. —
Allss kaysser Maximilian
Allhie in Unser kürch thett gahn,
Sah damal ire Mayestät
Den Sturmblockh, die Antiquitet,
Uund sagt es wer ein kriegisch Ding
Und zier die kürchen gar gering,
Man soll es auff dz Ratthauss than
Unnd zu einer gedechtnus han;
Von Stundt an ein Ersamer Rath
Dem kaysser Bald willfohret Hatt
Und in dem Chor gemacht ein Loch,
Wie man es kan anzaigen noch,
Dz diser Sturmblockh mög hinauss,
Uund endtlich kam an dz Ratthauss;
Damitt man sein ewig gedenckh,
Ist er ans Ratthauss Uffgehenckt,
Hatt 39. Eisse Ring,

Ein Wunderborlich seltzam Ding,
Da vornen bschlagen also Vest
Mitt Eissem schnabel Uff dz best,
Wol wehrt dz man in Lang behalt,
Weil diser Sturmblockh ist so allt.

An dem Ratthauss da der Sturm-
blockh ligt steht mit Lateinischen
Buchstaben geschriben Verteitscht

also

Alss da Regiert der Dorchleichtigst
Grosmächtigst Un Uber Windlichst
Römisch Kayser Ferdinandt der 1.
allzeit mehrer des Reichs in German-
ien, Hungern, Böhem König &c. infant
in Hispania Ertzhertzog in Oesterreich
Graue in tirol &c. liess ein Ersamer Rath
Und Gemaindt allhie Disen alten Sturm-
blockh Damit er in der Nachkomen-
den gedechtnus nit Verfiele an dises New
Rathaus Oeffentlich anhenckhen Lasen
Im Jar nach der geburt Christi Unsers
Liebsten Herrn Und Haylandts alls man
Zalt 1563.

Ietzt Wellen auch an Zaigen wür
Wan dises Ratthauss mit seinr Zier
Aufbawen Und Volendet war,
Wer Burgermaister in dem Jar,
Unnd wass für Herren in dem Rath
Regiert haben die gmaine Statt;
Wer Lustig ist Hortt gern allit gschioht,
Dem Will ich geben gutten Bricht,
Der Lesser Woll mir günstig sein,
So will ichs im erzelen sein. —
Uf disem Marckt stundt ein Ratthauss,

Wurmstichig Wor es Ueberauss,
Hawfellig, Liederlich von Sachen,
Wolltt einfallen, fieng an zu krachen;
Diss Hauss Liess ein Ersamer Rath
Abbrechen fluchs in Unser Statt,
Zur Zeitt des Kayssers Ferdinand
Der Regiert hatt dz Teitschelund,

1562   Ein tausendt fünff Hundert Sechzig Jor
Und Zway damal die Jorzal wor,
Alls man dz alltt Hauss da abbrach
Unnd im abwarff sein alltes tach;
Den 26. igsten Hornungstag
Hatt man angfangen, wie ich sag;
Die Burgermaister dise waren,
Welche Lebten zu dissen Jaren:
Hannss Neischeler der fürnämbst hiess,
Hanuss Reiser sich auch sehen liess,
Ein Burgermaister diser Statt,
Der damalen dz scepter Hatt;
Jakoby Zisar in dem Jar
Auch einer auss dem Rathe war;
Der Schultheiss war Hannss Rockenstil,
Der Hatt damals ansehens Vil;
Der Gailer Eberhartt genanntt,
Ein Vornehmer im Ratth bekanndt;
Johannes Beer, Mattheus Betz,
Zu disem auch Urbanum setz,
Den Zaininger, Hie wol bekandt,
Und welcher Werner Mieser gnantt;
Hanuss Kingott Unnd Georgius Brecht
Zwen dapffre Menner Unnd Uffrecht;
Conradt Weyssküreher auch da war
Im Undern Gricht dz selbig Jor;
Marx Nippenburger auch bekandt,
Und der sich Johann Resch genannt;
Georgius Schitz, Johannes Finckh;
Dornach sassen dortt Uff der Linckh

Der Ludwig Sommer hie genannlt,
Unnd Petter Schradin Wol bekanndt;
Frantz Volckh, Georg Maurer der funfft,
Erharttus Keser b'schloss die Zunfft;
Der Stattschreiber der damals hies,
Sich Benedictus Nennen liess,
Der Gretzinger, gar Wol bekandt,
Hatt auch Vil leitt die ihm Verwandt,
Ein groser faister dickber Mann,
Dem alle sachen wol stundt an,
War aller kunst Unnd tugent Vol,
Der Statt Reittlingen dienet wol,
Ein Magister, hatt wol gstudiert,
Und dz New Ratthaues auch geziertt. —
Allso haben wür kürtzlich fein
Erzelet wer gewesen sein
Die Vornämbsten In Unser Statt,
Da man dz Ratthauss bawen hatt;
Nun wollen Wür ietzt weitter fortt
Spacieren Unnd auch andre orth
Brichtigen Unnd beschreiben fein
Unnd wollen allsbald kheren ein
Im kloster welches dises mal
Genennet Wirtt der New spittal,
Wie es Vor allttera drin gestalltt,
Erzelen, merckhot den Innhalltt.

Beschreibung des Baarfuosers Klosters in des Hailigen Reichs Statt Reöttlingen so ietzundt facierendt.

Wann Vom Ratt Hauss spacierest auss,
Und gehst die gass da Hinden Auff,
Welche von allttera hör genannt
Die Judengass, da wirtt bekandt
Gleich nebenzu in weitter Zorg

Ein grosser Platz, Haist der Sawmarcktt,
Darauff diss kloster Wor gebawt,
Baarfuoser ordens, mir Vertrawt;
Vor Zeitten Münch dorinen Waren
Die schuo Unnd Leder thetten sparen,
Barfuosser Münch, so nennt man sich
Wie noch Vil altt Brieff thon Bericht,
Dann sie Barfuoss, baarhaupt an Stirn
Da herzogen mitt Wenig Hirn;
Wor ir ein zimmlich grose scharr,
Bey 40. ig in dem Closter gar;
Aber sie sind in irem orden
Zum thail Vertriben Unnd gestorben
Vor Langer Zeitt Unnd Vilem Jor,
Dz man ir Hatt Vergessen gor. —
Dann alls der Liebe Gott erleicht
Die Statt Reittling vor Langer Zeitt
Mitt seinem Liecht des Euangelj
Und dz selb Uffgieng klar Und hellj
In Unser Statt durch Gottes gnad,
Dordurch entdeckt des Papsts Unflatt
Unnd stinckhende Aposteisslerey,
Und anfieng Z'haben ein abscheiw
Ab der Päpstischen Mess Unnd G'sperr
Unnd ab der faulen Münch geplärr,
Auch Niemandt mehr Woltt Gelltt Zutragen
Und fillen ihren kropff Unnd Magen,
Haben derselben Vil zuletzt
Von disem Closter Ussgesetzt
Und Zogen weg an ander orth,
Iren Irthumb zu Pflantzen fortth;
Vil tratten in Welttlichen standt,
Weil's mitt ihn haben woltt kein Bstandt,
Sonders Was Unglehrt gsellen waren
Die Um's Bettlen nitt Vil erfahren;
Auch namen theils die Worheitt an
Dz Liecht des Euangelj schön,

Begabeu sich ins Predigampt
Unnd tratten auch in den Ehstanndt,
Verliessen's Papstes Finsternus;
Summa, lederman hett Verdruss
Ab ihn, drumb nach Und nach sie sind
Verstobeu wie die spreu Vom wind,
Und ist diss Closter ganntz Unnd gar
An die Statt Reittling kommen dar;
Dann solcher Miessigen Leitt sitt
In Unser statt bederffen nitt,
Kan ihrer gantz Unnd gor entböron,
Than doch nur Prassen Und Verzeeren,
Gleichsam als wer's ein B'ruoff irs ordens
Unnd Sünd, wans nit all tag Voll worden
Von Ueberflüssigem gutten wein;
Daz können mir Arme Brieder sein,
Ja freylich sind sie gaistlich Arm
An seelenspeiss, dann nur ir schwarm
Ihnen allein gefallen thutt,
Dz macht allein dz zeittlich gutt. —
Ein schöne körch im kloster stund,
Mitt einem thurn gor schen Von grund
Erbawen Von gantz quader stuckh,
Reicht mitt seim spitz Höh in die Lufft;
Derselb stund noch Vor kurtzer Zeitt,
Wie man's dann hörtt Von altten Leitt,
Dz sey ein schöne körch gewesen
Und offt dorinen Mess gelesen
Von Mönchen Unnd dem b'schornen Gsind,
Die noch Vom Bapstumb woren blind;
Dorin sein Staine seil gestauden,
Dieselbigen sind noch Vorhanden;
Da man die körchen gebrochen ab,
Vil Lenger dann Vor Jor Unnd tag
Wurden die Seulen alle gmeltt
Under dz New Ratthauss gstelltt;
Der Boden der körch wor belegt,

Von ganntz Werckstuckben Ueberdeckht. —
Wurd endtlich dises Closter alltt
Ussgscibert vorerzehlter gstalltt,
Im Jor da man Uff diser welltt
1540 1500. Hatt gezohlt
Unnd 40. ig Jor der Mindern Zal,
Die Ursach findst Ueberal
Hernach geschriben in dem Buoch,
Der halben Weitter nache suoch. —
Diss Closter gantz Umb Maurett ist
Uff 490. ig schritt,
Mitt einer hohen maur Umb geben
Vergleicht sich einer Rinckhmaur eben,
Stett frey, ist abgesondert gantz,
Raicht nauff bis an des Bollwerckhs schantz,
Ist yetzundt Andrer gstalltt erbawen,
Kein Mönch ist mehr dorin zu schawen;
Drin wirtt ietzt mitt solenitet
Järlich ein Burgermaister gwehlt,
Die Ratthssatzung eröffnett gantz
Einr Burgerschafft, die allesampt
Ihr Burgerliche Pflicht Unnd aid
Dorin prästieren mitt Bescaid. —
Vil Besser ist dz man drin halltt
Von Gott ein ordenlichen gwalltt,
Die Obrigkeit mitt Pflicht verehr,
Dann dz man Weittera dorin hör
Der Münch Unnd Pfaffen gross geblerr,
Sampt andrer Phantasey Unnd Guperr;
Die Weil es ist kein stand von Gott,
Darumb sie auch sind worden Z'spott. —
Diss Closters Maur thutt bschliessen ein
Gemainer Statt Zeughelsser fein,
So man dorinen finden thutt;
Zway wolgerüste Zeughauss guott
Man in dem kloster finden thutt,
Von allerley geschitz Und Röhren,

Württ offt Beschawt Von fürnahm Herren,
Feldschlangen Und Carthanen guott,
Dorab sich einr onttsetzen thutt;
Dorunder ein Aff wirtt geschen
Uff welchem dise Verslin stehen:
Ich bin ein Aff, Lass mitt mir schertzen,
Doch wen ich triff dem geht es Z'hertzen;
Unnd ander stuckh ein Langes Zil;
Der Handtrohren sind auch gar Vil.
Uff kerren klein Unnd gross geschitz,
Dz Hagelt wie ein Donder blitz;
Auch Mörser Zum feurwerckh Und Boch,
Darauss man Bald geschwind Unnd resch
Ein Leger oder Statt anzindt,
Wie man solchs übt an feindes endt;
Ganntz kästen Vol der kuglen sein
Im Zeighauss, beide gross Unnd klein,
Unzehlig Vil Ligen zu Hauff,
So driun werden gehaltten auff;
Auch ander Vil Zeug werckh Unnd Rust,
Spiess Wehr Unnd Harnisch, anders sust,
Gebrauchen Zur Nottwehr in Zeitt
Wann sich begab Unfrid Unnd streitt;
O Gott, du Unser Statt erhalltt
Vor krieg Unnd auch Vor feindtes gwalltt,
Dz man dz geschitz Vil mehr zur Zier
Dan in feindtsnotth mög Zeigen Dir. —
Vil gschitz auch Uff den Wöhrin sein,
Uff Reder, beides gross Unnd klein,
Im fahl der Notth gnugsam gerist
Unnd mitt gschitz wol versehen ist,
Wann man solches nach glegenheit
Der Notturft nach brauchte mitt bschaid;
Dann dorzu ghören gyebte Leitt
So wol im Schimpff alls auch im Streitt,
Dz man sie dormitt Exercier
Und solche Leitt damitt anfehr,

Dz man im fahl der Notth Uond Zeitt
Kondt haben solch geiebte Leitt,
Welichen zu Vertrawen wär
Uber solch gschitz in aller Gfehr. —
Was soll ich Vil sagen dorvon;
Die schuldt ist nit der Undertban,
Sonder der Obrigkeit, ich sag;
Waist nit wass sie für ein schatz hab
In diser Statt Von guttem gschitz
Unnd Wie man's brauchen soll mit Nitz;
Unnd denckhen auch gor wenig dran,
Was man bisbör in allem than.
In disem Schwirigen kriegswesen,
Dz man mitt dem gschitz ausserlesen
Stett Landt Unnd Leitt damitt bezwungen,
Erobert Unnd auch eingenomen,
Unnd dz alls auss Vorsichtigkeitt,
Dz man's wust's brauchen nach der Zeitt;
Ich setz solchs nitt dorumb dahör
Dz ich iemanden Ordnung geb
Wie man dz gschitz anrichten soll;
Fürwer, ein yeder b'sinn sich woll,
Der ettwas Zu der Notth Versumpt,
Dz er kann Anntwortt geben drumm,
Unnd b'schönen Unvorsichtigkeitt;
Der Liebe Go't b'hiett Unns Vor Laidt,
Unnd Lass Von disem ab yetzundt,
Dz ich Zu meim Vornähmen komm
Und beiohtigen auch Andre ortth. —
Zwaj frawen Clöster stunden dortt,
Oder Vilmehr Zwoy Nonnenhauss,
Stunden gleich Vor dem kloster dauss,
Die Reich Unnd arm Versammlung ghabeu,
Man Hatt noch desen gutte Zaichen;
Die Heiser sind yetzt Beygethan
Den Burgern Welche sie inhan;
Man Liess sie ganntz aussstarben frey,

Damitt d'Statt irer Ledig sey
Die weil man ihr ganntz nichts bedorfft. —
Ein hipsch gross Hauss stett Uff dem Merckt,
Gleich gegen Ueber vorm Rattbauss,
Ist Mächtig Hoh, Raicht Ueberauss
Ueber all Heiser in der Statt,
Doran es ein schlag Uhren hatt
Unnd Zeigen thutt gewiss ietzundt
Wie Vil es gschlagen alle stundt,
Unnd wirtt genanntt der Burger Hauss;
Gemainlich zechen täglich drauff
Die Herren's Ratts Unnd Ander gsind,
Sonders Was Vornehm Burger sind,
Die machen sich täglich Hörbey. —
Non wollen mir auch den Spital frey
Besichtigen mitt Underschaid,
Und wie es Hab ein glegenheitt
Mitt selbigem zu diser frist;
Warlich ein Reich Unnd gross Gestifft,
Dorzu ein schen Und gross gebeiw,
Darin man Vil leitt speiset frey;
Armleitt Uff alle Jor Unnd tag
Dorinen werden gspoiset ab,
Versehen mitt guott speis Unnd tranckh,
Er seye gleich gsundt oder kranckh;
Damitt man Nirgendts nichts Versumm
Und all Bresthafften zu Hilff komm,
Dorzu ein bstellten Artzet haben,
Der thutt Curiren allen schaden,
Dan es ist ein sehr reich gestifft,
Zum Hailgen Gaist genennet ist;
In wendig Hatt's ein grosen Hof,
Der stett im Platz zimmlich weitt off,
Ist Rings Hörumb Umbfangen gar
Mitt Heisser, scheuren Ueberal,
Dorin des Spitals Traid Unnd frucht
Wirtt Ufgeholtten yeder Zücht,

Unnd Hatt der stuben in gemain
30. ig an der Zal, gross Unnd klein,
In deren man Uff alle tag
Arme Unnd reiche speisct ab;
Den Armen Leitt Umb Gottes willen
Thutt man all tag ihrn Hunger stillen;
Deren yedes Hatt sein quertlin Wein,
Sampt eim stuckh fleisch durchauss insgmain,
Dz ganoze Jor fast alle tag,
Dorzu gutt Brott Zur gniege, sag;
Wer Lust Hatt mag ihm da erkauffen
Ein Pfrond, darff er nit weitt ausslauffen
Umb speiss, tranckh, ander essend Ding,
Wirtt ihm alltag geraicht hierinn,
Hatt eigne stubkammer Unnd gmach;
Wer gelt Hatt bekompt ein gutte sach. —
Auch täglich sind derin bestellt
Vier Meene Ross, die bawen's feld,
Dem Armen Mann zu Nutz Und gutt,
So man dorin erhalten thutt,
Neben anderm einkomens Vil
An korn Unnd Wein, Vil schenes Vieh,
Dorzu ein eigner Hirtt bestellt;
Hatt fir sich selbs Mächtig Vil wäld,
Zum Brennholtz, Bawen Unnd zu fass,
Braucht dessen einen Ueberlast. —
Diser Spital auch in sich hellt
Ein kürchen so dorzu bestelltt;
Ein eigner Pfarher yeder frist
Dahin bestimpt Unnd gordnet ist,
Der alle Sontag zu Mittag
Ein Predig Heltt, wie ich dir sag. —
Dz Woorzeichen am spittal schawt,
Ist ein Abgott in Stain gehawt,
Usswendig steht's an der kürchmaur,
Sichtt's yeder Burger oder Baur;
Ver Zeitten well's noch haidnisch war,

Wurd alln ein Gott Verehrt Vorab;
Dorunder dise Verslin stehen,
Wer Uebergeht der kan sie sehen:
1111 Da man zeilt 1111. Jar,
Wardt die figur gemacht für war,
Vor Zeitten war dz ein Abgott,
Jetzt ist es bey den Christen ein spott. —
Vom Spittal gleich die Gass Hinab
Stett wider ein kirch, Ich dir sag,
Nah bey dem Unter thor gebawen,
Haist Zu S. Niclass, solt mir trawen,
Stett ohne glockhen Und ohn spitz,
Man braucht sie Nur zum trauren letzt,
Ohn gepreng Und sonder Zier,
Zum Leich Predigen, glaubet mir;
Ist sonst Von gantz Stein Werckh gebautt,
Sonst man nichts sonders drinen schawt,
Und wollen ietznndt weitter fortth
Spazieren auch an andre orth,
Besichtigen die Closterbew,
Zu bschreiben Wie sie ietzundt frey
Bewohntt Unnd Underschaiden gsein
Vor alltter Zeitt Unnd ietzt Insgmain. —

Erzehlung Und Beschreibung Der Closterhöf, Namlich Des Closters Königsbron, Bebenhausen, Zwyfaltach, Salmenschweil, Unnd Marchtals, sampt anregung Derselber Gotts Heiser.

Das Closter Königsbronn dz Hat
Ein grosen Hoff in Unser statt,
Und ist diss Closter, solt mir trawen,
Vor ettlich Hundertt Jor gebawen
Von könig Albrecht so genanntt;
Von Schlisselburg die Graffen handt

Zu gutt dem kloster Vil gestifft,
Ir Begrebnus auch daselbsten ist,
Ligt an der Bräntz dem Wasserfluss,
Vil Eiss in öfen man da guss;
Von allitter ist es wol bekandt,
Hörtt ietzt zum Würtlemberger Landt. —
Desselben Closters Hoff ietzt hatt
Ein grosen Blatz in Unser Statt,
So gantz zu rings Umbgeben ist
Mitt einer Maur, Wie man noch sicht;
Inwendig steht ein Hohes Hauss,
Gleicht einem thurn, raicht Hoh hinauff,
Dz war Vor Zeiten's Apts gemach,
Von stain erbawt bis Under's dach;
Hatt sonsten noch Zwoy Heiser schön,
Und vornen an der Gassen stehn,
Dorinen wohnt ietzundt zu Handt
Ein Hoffmalster, Stehlin genantt,
Ein Jung beredt Unnd dapffer Man,
Einr Burgerschafft bekandt Voran,
Weil er in Unser Cantzlej guott
Gewesen War ein substitut. —
Der Hoff mitt schönen Gärtten ziert,
Dorzu ein kirch drin gfunden wirtt,
Vor Zeitt las man drin Mess mitt Vleiss,
ietzt wirtt's gebraucht zu holtz Unnd Reis. —
Die Statt Reittling, Merckh's du eben,
Muoss all Jor in den Hoff nein geben
Für Wein Zehnd zehen Fuder wein;
Wan dan Missgwechs solt fallen ein
Und der Jorgang solchs nit ertregt,
So wirtt par gellt dorfür erlegt,
Namlich fürs Fuoder 20. ig fl.,
Dz muoss gemaine Statt erdulden;
Dann Vor der Zeitt Unnd Vilen Jor
Hörtt ihn der Zehenden ganntz Und gar
Uss Unser Statt, den ordens leitten

Gen königspron, vor allten Zelten;
Dorumb es Manchen Wunder gnohmen
Wie's Closter Umb den Zehenden komen
Und gäntzlich nichts mehr ghörtt dorein,
Dann nur die 10. Fuder wein. —
In einem Schlafftrunckh solchs geschach
Dz sie Uebergeben alle Sach,
So sie handt vor gezogen ein;
Von München mir erledigt sein. —
Wie solchs geschehen Unnd Zugangen,
Erzehl ich euch selbst mitt Verlangen. —
Allss dises Closter ist gewesen
Noch Under dem Päpstischen Wäsen,
Sey gwest ein Appt zur selben Zeitt
Mitt seinen Mönch Und ordensleitt;
Die kamen's Jor sehr offt Unnd vil
Noch Reittlingen für ir kurtz Wil,
Woreu Lustig Unnd gutter Ding
Mitt den Burgern, Achten's gering,
Luoden ein Ratth Vilmal zu gast,
Desgleichen sie auch thatten fast;
Doch dacht ein Ersam Ratth wol drau
Dz solchs in d'leng kein bstand würd hau,
Sprachen's den München dapffer zu,
Lustig zu sein mitt gutter Ruoh,
Und sich deshalb nichts lan Verdriessen,
Was Mangelt woltten's Gelltt zuschliessen;
Solchs Wehret nun ein Lange Zeitt,
Biss endtlich auch die Ordensleitt
Unnd's kloster in gross Schulden kam
Unnd allbott gab ein gross Uffnam,
Unnd's Gottshauss so bedürfftig worden,
Hatt der Appt Bernhardiner Orden
Des klosters Gfell gegriffen an;
Also es endtlich dahin kam,
Dz sie alda den Zehnden haben
Der Statt Reüttlingen angetragen

Umb ein gewise Summa Gellt;
Die Statt den Appt nit Laang Uffhelt,
Sonder gor bald in kurtzer frist
Einig mitt dem Appt worden ist;
Doch eh der kauff da gschlagen worden,
Fand sich ein Münch Under dem Orden,
Fürwar ein sehr Hailliger Man,
Hiess auch ein Sohlafftrunckh dingen an
Für Ihr gnaden Und dz Convent,
Drauss Zeben fuoder worden sindt,
Dorauff der kauff dar gschlagen worden;
Soloh schlafftrunckh braucht man in dem orden,
Die ihm der Appt noch hielt bever;
Reicht's Württemberg ietzt alle Jor
In disen Hoff, wie erst erzellt,
Damitt dannooh wär ettwas bstellit,
Wann sie Z'Reütlingen kertten ein
Unnd auch noch iemals Lustig sein,
Einander eins Zum Schlafftrunckh brächten,
So noch war Ubrig von ihrm Rechten;
Also die Statt erledigt worden
Von den München königsbroner Orden. —

Das Closter Bebenhausen alt,
Auch einen Hof in der Statt halt,
Dan da man zehlet Ungevahr
1191. ig Jar
Nach Christi Unsers Herren geburtt,
Pfaltzgraff Rudolff von Tüwingen wurdt
Der Erste Stifftter disses wercks,
Des Closters Bebenhausen, merckh's,
Der ehr Praemonstratenser orden
Ist von Barbarossa bstelligt worden,
Kaysser damal im Römischen Rpich,
Ein Hertzog auch in Schwaben gleich. —
Nun diser Hoff so erst genannt
Hörtt auch zum wirttemberger Landt;

Dann Hertzog Friderich der alltt,
Welcher yetzt Ruoht In Gottes gwalltt,
Durch Zeittlichen todt abgeschiden,
Hatt disen Hoff mitt guttem friden
Verschencktt eim Edelman, genanntt
Johann Jacob von Sultz bekandt. —
Disser den Hoff in Unser Statt
Gor schön New Renouiret hatt,
Den alltten Hoff ganntz Weg gethan,
Von grund Uff New gefangen an
Unnd Uffgefehrt mitt Helm Und spitz,
Ist ietzt ein Adenlicher sitz,
Mitt schenen gmach von stub Und kammera,
Kan von eiar durch die andern Wanndern,
Ist Rings Umbawt der gantze Platz,
Gibt ein gezierd der gmainen Statt,
Schen guldin knöpf stehn oben drauff
Uff iedem Eckh baw, sicht Hipsch auss,
Doch Ist kein Pfleger drin bestelltt,
Der Edelman ein Burger heltt
Darin der ihm den Hoff bewahr,
Dz im kein Unfahl widerfahr,
Der hatt ganntz nichts zu Nemen ein,
Weder von frucht Geltt oder Wein.

Dass Closter Zwyfaltach dz Hatt
Auch einen Hof in diser Statt,
Undt Wordt dz Closter bawen zwor
Vor 560. ig Jor,
So anfänglich worden gestift
Von den Graffen Uff Achel, wist,
Wie man dann solchs erweisen kann,
Von Achaln her, dem alltten Stamm,
Welchs dann hörnocher nach der Leng
Erzehlet werden soll hierinn,
Wann man die Achel bschreiben wirtt,
Was sie dem kloster zugefehrtt. —

5*

Diss klosters Hoff in Unser Statt
Ein Herrlich schen ansehen hatt,
Ein Mechtig gross Und weitt gebeiw,
Mitt einer Maur Umbschlossen frey;
Inwendigs Hatt's ein grossen Hoff,
Der stett im Blatz trefflich off,
Des Appts Behausung Uund gemach
Ist schenu erbawt biss Under's tach,
Ein Herrlich Unnd Lustig gebew,
Darff ich wol sagen ohne schew,
Ein Schenen saal Und Herrlich Zimmer,
Kein Graff derfft sich drin b'schemen simmer,
Vor andern höffen zugeputzt,
Ihn allen bieten kann ein Trntz;
Zwen schene Eroker dran gebawt,
Mitt Lust einr disen Hoff anschawt;
Die tachrinnen von kupffer fein,
Gross trachen dran gemachett sein,
Speren Rachen Unnd Mailer auff,
Biss scheust dz Regenwasser hrauss;
Auch sind die Erckher ganntz belegt,
Von Rottem kupffer Ueberdeckht,
Schön Guldin knöpff zu oberst drauff;
Vornen die Gass stest der New Baw,
Neben dem Hauss der Newen Statt,
Vil Böden ob einander hatt,
Dorin man allerlei Hanndt frucht
Uffschit Unnd drinn behalten thut;
Dan Solcher Hoff in seinem Zil
Hatt allerlei einkomens Vil,
Von Wein Unnd korn Unnd Anderm gfell,
So all Jor glifferf wirtt ohn fel;
Doch wenig gibt ihm Unser Statt,
Fast alls von Wirttemberg hörgaht. —
Ein kirchlein ist auch drin bestellt,
Dorin man auch yemal Mess helt,
Ganntz ohne gleckhen Unnd gesang,

Sonder allein mitt stillem gnnng,
Für den Hoffmaister Unnd sein gsind,
Wann ohn dnsn Priester vorhanden sind,
Sonst derffen sie sich gar nit regen,
Diss laßt man zu von fridens wegen;
Die Statt, dz Convent Und der Appt
Allzeit bebaltten gutt freindschafft
Jedesmal Und noch bis dahör,
Kein theil dem Andern durch Gefehr
Ettwas enttzeucht Und Underschlegt,
Der durch offt Unfried wirtt erregt,
Sonder es wirtt in allem bstellt
Die Notturfft dz man vornem Hellt
Den Hoff Unnd auch dz ganntz Convent,
Der Lieb Gott Pflantz es fortth zu endt. —

Daz Closter Sallmenschweil dz Hatt
Auch einen Hof in Unser Statt,
Zum thail erst kurtzlich New erbawen,
Von Ganntzen Stainwerckh Aussgehawen;
Ein Burger hie ihn hatt Uffgfehrtt,
Ist fein von quaderstuckben ziertt;
Der Hoff auch hie in Unser Statt
Ettlichs von Obs Unnd Weingfell hatt,
Zu Pfullingen denn ganntzen Zehnden
Von Wein Unnd korn muoss man hörgeben
Dem Reichen Closter Sallmaschweil,
Welches man sagt könn alle weil
Uff eignem Grundt Undt Boden gnit
Uff alle Nächt in gutter Huott
Schlaffen Biss in Italia
In die Statt Rom uhn all Ausslag. —

Letstlichen so folgt auch Hörbey
Dz Reiche Closter Marchtal frey,
Welches ist, dz solt mir trauwen,
Von Pfaltzgraff Haug von Tibing bawen;

Dz selbig Closter auch hie hatt
Ein grossen Hoff in Unsser Statt,
Dorzu ein kirchen Unnd Capell,
Dorin man brauchen dörff kein gschell,
Aber so Herrlich schen geziertt,
Dz du dich drab Verwundern miest;
Kann sonst nitt Vil von dem Hoff sagen
Das Burgerschafft möcht gnossen haben,
Allein dz Zu meiner Zeitt der Appt
Ein gantzen Ratth hatt ghalten z'gast;
Der Hoff hatt sonst ein gross Reffler
In seiner Zarg, ich sage Dir;
Doch sind kästen Uand keller Lehr
In disem Hoff, bringt böse Mehr;
Die Weil kein gfell in Unser Statt
Der Hoff hie ein zu nemmen hatt,
Dannur ein Wenig Heller zinss,
Welchs doch ein schlechtes Und gerings,
Dorvon der Hoffmaister insgmain
Gar wenig hatt zu biessen ein,
Sonder muoss von dem seinen g'leben,
Thutt's schlechte gsellschaft bey ihm geben
Gegen Andern Hefen in der Statt,
Weil er so schlechten Vorrath hatt,
Doch er guott Bhausung Unnd gmach,
Ein Lustigs thun Unnd Ruhig sach. —
Ich muoss auch dz von klöstern sagen,
Dz Lob mogen sie gar Wol tragen,
Die Höff Zieren gar wol die Statt,
Die man fast all Umbmauret hatt,
Sind wol bewahrt mitt thir Unnd thor
Vor allem anlauff Unnd gevahr,
Sind auch in guttem schirm Unnd schutz
Bey der Statt Reittling gmainen Nutz,
Werden auch gehaltten in obacht. —
Zu dem Heltt man auch gutte Wacht
Ein yeden Burger oder frembd,

Dann Leltt dorzu beaidigt sind,
Der sind Sechzehen an der Zal,
Die Miessen allnächt yedesmal
Wievil es alle stund geschlagen
Mitt grosem gschrey eim leden sagen
Unnd Lauffen mitt durch alle Gassen,
Gott geb wo sie gnuog Athem fassen;
Wann sie Hören der glockhen klang,
Allsdann so fangt an ir gesanng
Uff thirn Unnd thoren Ueberal
Unnd Uff der Gassen ledesmal,
Dardurch dan iederman Wirtt kundt
Durch gantze Statt was alle stundt
Uff alle thirn Und thor geschlagen,
Dann der schlag Uhren thutt man haben
Durch gantze Statt, derselben scin
Acht an der Zal, Beids gross Unnd klein;
Hiemitt sey Dir erzehlett frey
Anfang Unnd Endt wie Reittling sey
Erbawen Worden Unnd Uffgangen,
Wie sie zu erst Hab angefangen
Und was sonst sonders drinn Vorab
In Acht zu Nemen, wer sie Hab
Endtlich begabett mitt Stattrecht,
Sey worden von schwäbischem gschlecht,
Von könig Und von kayssern gfreit,
Dz sie soll sein ein Statt des Reichs;
Riehrt alls von kaysser Fridrich hör,
Gab ihr freyheitt Unnd anders mehr,
Dz sie auch in dem schwaben Lanndt
Mitt andern hersch' als ein Reichsstandt,
Nemlich mitt Essling Unnd Hallpronn,
Welche stett auch der kaisser Fromm
Mit Maur Unnd thor Umbfangen hatt,
Auss Dörffern auch gemacht zur Statt,
Gab ir auch sonderlich freyheitt
Vor andern Stetten mitt Beschaid;

Sonderlich dz wann durch Zwytracht
Ettwan geschicht ein tödtlich schlacht
Uhn fürsatz oder durch Ungfehr,
Oder eins gwalltlich Zwungen wär,
Zu Retten da sein Leib Uund Leben,
Demselben soll sein freyheitt geben
100. Jar Unnd auch einen tag,
Kein Mensch ihn da bekümern mag,
In diser Statt soll haben schutz,
Beschirmt Under dem gmainen Nutz,
Biss gegen seinem Widerthail
Württ alles aussgebracht mitt Hail
Uund Wider frid Unnd Gloitt bekompt,
Da mag er Wandern alle stundt. —

Nun Volgt in der Ordnung
Wie die Statt Reittlingen
In 12. Zünfften Ordenlich
Abgetheilt Und nach ein-
ander folgen.   Allss

Nun Wellen Wür ietzt nach gepür
Weiter Anzeigung geben dir,
Wie man die gantze Statt mitt Hail
Ordenlich in 12. Zünfften thail,
Wie selbige auch mitt Underschid
Eintrachtung Und mitt gutten frid
Von einer Burgerschafft bestelltt,
Auch wie ein Zunfftmaister erwelltt,
Des Gleichen auch ein gantzer Rattb,
So Regiert die gemaine Statt,
Hörsetzen ihre Namen dir,
Wie ieder Haist mitt seiner Zier,
Und solches dir erzehlen Bald,
Nun merckhet fleissig den innhaltt. —

Und folgt Erstlich aus sondrer gunst
Nach Ordnung der Weingärtner Zunfft,
Die allererst in Unser statt,
Unnd auch die Mehrsten Zunfftleltt hatt,
Bawen allzeit dz lieb getranckh,
Den Edlen Wein, drumb sey Gott danckh,
Ein arbeittsamm Unnd geschefftig Volckh,
Lassen sich brauchen Z'feld Unnd Holz,
Damltt an Nahrung nit gebrech,
Suchen's Uff allweg ir gescheft;
Derselbigen seind an der Zal,
Wann sie beysamen sind zumal,
Uff Hundertt - - - - - - Mann,
Ubn was sie für Wittfrawen haan. —

Die ander Zunfft die Beckhen sein,
Es baist bey in, dz Brott ist klein,
Laider in disser Theiren Zeitt
Solchs nie erhörtt von ältitsten leitt;
Billig soll sie die ander sein,
Weil zsamen kheren Brott Unnd Wein. —

Die Tuocher Zunfft in disem fal
Die Ist die drite an der Zal,
Grobgrien Und Huottmacher mitt gunst
Gehören all in disse Zunfft,
Ir Waren Werden braucht mitt Zier
Zur klaidung in gantzer Reffier,
Werden verflerht Unnd gmacht bekandt
Durch die kauffleit in ferne Lanndt,
Dann tuoch Grobgrien gibt schöne klaid,
Zu tragen in Lieb Unnd in Laid,
Unnd Wann sie all beysamen sein,
Sindts - - - - - - Insgemain. —

Zur Vierten Zunfft gherren nicht minder
Hinein Kieffer Und Fassbinder,

Auch Wagner, Maurer, Zimmerleitt,
Und die in stain Hawen der Zeitt,
Schreiner, Bildschnitzer, Ander geindt,
In Holtz Und Stain Arbeitten geschwind
Dorumb ir kunst Uff diser Erdt
Ist ehren Unnd auch Lebens Wehrtt;
Dise Haandtwercker allgemain
Beyr klesser Zunfft thend Zunfftig sein,
Derselben seind auch an der Zal
- - - - - ig Ueberal. —

Der Schneider Zunfft thuoth minder sein,
Wan man wirt Zehlen Zwen fir ein,
Ist in der Zal die feaffte Zunfft,
Die Weil sie auch braucht ir Vernunfft,
Tuochscherer könden's nit entpören,
Weil sie arbeitten auch mitt scheren,
Gring an der Zal, doch gross von muoht
- - - - - - man ihr finden thuott. —

Die sechste Zunfft Hört auch hör ir,
Dieselbig hatt Handtwerckher Vil
Unnd wirtt Recht der schmidzunfft genantt,
Die weil man Waffen aller handt,
Von allerlej Zeugwerckh Unnd Rust
Da schmidt Unnd sindt ein Ueberfluoss,
Dann bey der Zunfft da g'hören ein
Allerlej Hanndtwerckher insgmain,
Alss Erstlich Hueff Unnd Waaffenschmid,
Die Zihn Und kanttengiesser sich
Einstellen auch in diser Zunfft,
Dz Schlosser Handtwerckh sich nit sumpt,
Der kupferschmidt auch tritt Hörbey,
Der kompt zu Hilff dem Goldschmid frey
Mitt seinem kupfer Unnd Zusatz
Dz im sein Arbeitt geschmeidig mach,
Dooh machs nit z'grob, es wirtt gestrichen,

Dz silber möcht dordurch verblichen;
Der Messer Unad der klingenschmid
Eissen für siahl ist auch für sich,
Der Hammerschmid Unnd Ringmacher,
Segessaschmidt Unnd Siehlen hacker,
Der Uhr Und Windenmacher guott
Stehn auch bey diser Zunfft in huett;
Ihr gwänd Und Uhr geht lomals recht
Wann's bey der Zunfft gibt gutt geseeh;
Auch klobenmacher Und Nagelschmid
Und dise all singen ein Lied
Dz Wein Vil besser dann Wasser sey,
Der Alenschmidt bekendt's auch frey,
Die Pichsenschmidt bschliessen die Zunfft,
Wär guott, sie b'hielten ir Vernunfft;
Dise Hanndt Werckher alle sampt
Der gmainen schmidtzunfft sind verwandt,
Ir – – – – gross Unnd klein. —

Der Kromer Zunfft die siebendt ist,
Von aller handt War wol gerist,
Von Würtz Unnd ander specerey,
Der Waren fndstu mancherlej,
Was du begehrst, bey diser Zunfft,
Schaw nur dz du un geltt nit kombst,
Must sonst dest theirer kauffen ein,
Un geltt thutt keiner Willkomm sein;
Sind Wol begabt mitt Hab Unnd gutt,
– – – – man druff finden thutt,
So alle bey ihn Zünfftig sein
Unnd in ir Zunffthauss kheren ein. —

Die acht der Karoher Zunfft muoss sein,
Weil allerley gsindts kompt darein,
Von fuorlekt, Burger Und von Bauren,
Die Brenckhler Und die Wirtt ohn trauren,
Sampt allerlei Vermischt gesindt,

Dise alle Zünfftig bey in sind,
Derselben sind zumal ietzundt
- - - - Ibn irer Zunfft. —

Die Metzger samenhafft zumal
Gehören all in eine Zal,
Der Ordnung nach die Neindt thutt sein,
Kehrt niemandt sonsten bey in ein;
Dann Wass dz Mezger Handtwerckh guott
Erlehrnett hatt mitt frischem muotth,
Geht Umb mitt Ochsen, küe Und schaaff,
Und nit zu Lieb Last sein den Schlaff,
In Sommer Unnd zu Wüntters Zeitt,
Bey tag Und Nacht dem gwin nacheilt,
Vil Eckber, Wisen hatt zumal;
Derselbigen sind an der Zal,
Neben dem Herren Pfarber guott
Ihr - - - - man finden thuott. —

Wol Hör ir weber kompt auch hier,
Die Kürsner geben euch ein Zier,
So bey euch Wohnen mitt Vernunfft,
Ist an der Zal die Zehendt Zunfft,
Ihr - - - - man findet da. —

Nun Volget recht der Ordnung nach
Die Erbare Schuomacher Zunfft,
Die Hett sich Worlich schier Versumpt,
Unnd Lauffen sonst so schnell Und geschwind
Zu Marckt wann sie beysamen sind;
Seind doch die Eilfften, sag ich dir,
Ir War die braucht man ohne Zier,
Doch kan man irer nitt Enttpören,
Wür Wolltten dann all Barfuoss weren;
Laistschneider b'schleust die selbig Zunfft,
- - - - Macht ir Z'samenkunfft. —

Die 12te Zunfft die Gerwer sein,
Die bschliessen disses Raien sein,
Ob'ss schon die Letsten dises mal,
Seind's doch Vor andern allen da,
Die stercksten Und die grösten Leitt
In Unser Statt zu diser Zeitt,
Dz Ieder so sie gerwen Hewr,
Ist mehr dann Z'vil Und mächtig their,
Sind mehrer thails begietiert wol,
- - - - Ihrer sein soll. —
Also hastu ein kurtzen Bricht
Wie starckh ein iede Zunfft hie ist,
Wieviel der Burger ingemain
Allhie in der Statt mögen sein,
Derselben findstu an der Zal,
Wann du es fleissig rechnest ab,
-- — — — — — —

So alle hie Verburgert sind,
Uhn Andere Pfalburger sein,
Auch Umbsitzgeltt seind gnomen ein;
Der Wottfrawen soll man nitt Vergessen,
Die all Ir Brott mitt sorgen Essen,
Der selbigen sind an der Zahl,
Die durch den Zeittlich todt mitt sorgen
Ihr Männer sind beraubet worden. —
Yetzt Will ich auch anzaigen sein
Wie solche Zünfften ingemain
Regieret werden Unnd bestellt
Unnd wie ein Zunfftgricht werd erwellt,
Wer Lustig ist der merckhe auff
Unnd gebe gutte Achtung drauff. —

Ersetzung Unnd Ehrwehlung
Eines Zunfftmaisters Und
Eines gerichts sampt derselben
Ordnung in der Statt
Reüttlingen.

Am Sontag Nechst nach Ulrichstag
Eim ieden Burger, ich dir sag,
Württ Ordenlich, an Gelltt ohn spotten
Straffbor, Zu seiner Zaufft gebotten;
Wann nun die Z'samenkunfft beschicht,
Der Zunfftmaister fein sittiglich
Uff abgelesne Ordnung zwor
Unnd erlanngte Freyheitt für wor
Abdannckhen thutt einr gantzen Zunfft
Fir g'laisten ghorsam Lieb Unnd gunst,
Mitt Bitt Wen er möcht blaidigt haben
Soll wegen Ampts kein Ungunst tragen;
Drauff werden ettlich Männer bstellt,
Von der gemaindt darzu erwehlt,
Die sollen Nemen ein die Stimmen,
Wen dann ein ieder thutt ersinnen
Bey seinen Pflichten, trew Und alden,
Drey Männer so da sind Beschaiden
Unnd gmainer Zunfft wol stahn bevor
Mitt Redlichkeit dz selbig Jor;
Alls dann von dissen dreyen Mann
Wehlt man ein Zunfftmaister Voran
Durch frey wahl dorzu erkiest,
Welcher der Zunfft am besten liebt,
Dornach sie all drey thau beseit
Und ordnen zu ihn mehr grichtsleitt,
Noch Zehen Männer, biss zu Letst
Dz gantze Zunfftgricht wirtt ersetzt;
Darnach Ordnet man gleicher gstaltt
Rechner Unnd stubenherren bald,
Vier an der Zal derselben sein,

Für Einnam Und a...
Miessen sie fleissig
Ein iedes Jar in s...
So Lanng man in
Wann dann die E...
Ein ieder die Aldt...
In seiner Rechten
Da wirtt ihn ghal...
Dz sie wollen bey
Hanndthaben der 2
Auch Nutzen sch...
So Lanng es sich
Wann dann diss a...
Thutt gantz gmain
Gibt sein gelibdt...
Im ghorsam z'sein
Also Ungfohr Uff s...
Werden all Zünffte...
Unnd wollen auch...
Ordenlich bschreiben
Wie iedes Jor in so
Ein Burgermaister v...
Erwehlet mitt Solen...
Unnd wie ein gantz...

Wann all Zünfften E...
Bestelt werden mit s...
Am Nächsten Mitwoc...
Kompt z'samen klein
Im kloster oder Refen...
Gross Und kleiner Ra...
Hundert Und zweiund...
Von allen Zunfftgerich...
Ind' Conuentstub bese...
Da wirtt in erstlich V
Die Ratthsersetzung U...

So die Statt hab empfangen beralt
Vom Könnig Uad von Keyssern hör,
Wie sie damitt begabet wer
Auss Sondrer Huld Unnd gunst Vorab,
Mitt ehr Unnd Ruom flehr eignen stab;
Wann solchs abghörtt, darauf, Vernimm,
Weblt man mitt ein Helliger stimm
Auss disem klein Unnd grossen Ratth,
Wie man's alldar Versammlet batt,
Gnuogsamm erwegen siben Mann,
Drey vom Ersamen Ratth Vorann,
Vier von der gmain Unnd grosen Ratth;
Den siben Mann gleich an der Staat
Wirtt Vorgelesen in Gepür
Ein solcher Aidt dz mir derfür
Gegrauset Und die Haar gehn Berg
Gestigen, wann ich solchs Vermerckt:
Dz sie wolten bey solchem Aidt,
Denn sie Jetzundt gethan Unnd glaist,
Ein gantzen Ratth ersetzen frey,
Uhn alle Afect Unnd abschew,
Und nit ansehen gab noch gschenckh,
Darneben auch sehr wol bedenckhen
Dz solche Männer werden bstellt,
Von inen erklest Unnd erwehlt,
Die der Statt Unnd Halligem Reich
Mitt Weissheitt Unnd Verstanndt zugleich
Unnd gmainen Nutzen wol stahn vor
Mitt Redlichkeit dz selbig Jor,
Und solches alls in der gestalltt
Wie sie dann solches also Bald
Und auch inskünfftig trawen wol
Vor dem schröcklichen Richter stuol
Herrens Und Hailandts Jesu Christ
Veranttwortten mitt guttem gewiss;
Drauff sich die siben Mann than Z'samen
Drey gantzer tag, in Gottes Namen,

In bsondre stuben Unnd gemach,
Zu betrachten solch Wichtig sach,
Biss sie nach Aussweiss ires Aadts
Einen Ratth mitt Vorsichtigkeit
Gäntzlich erwählet Uand ersetzt,
Biss Uff dem Sambstag Nachts zu letzt
Wirtt den Ratthsherren in gehaim,
So New erwählet worden sein,
Anzaigt dz sie auff Morgen schon
Im Refenthal sich finden lohn;
Ess reitt auch selben Abentt spatt
Der Weinsticher durch gantze Statt,
Rufft auss all Burger Unnd Burgerssehn,
So alle Mannlichs alltters sehn,
Sich keiner nit entteyssern soll,
Im Refenthal erscheinen wol,
Alda Praestieren seinen Aidt
Bey seinen Pflichten mitt beschaid. —
Bald nun Sonttags worden Verricht
Die Hauptpredig absonderlich,
Geht yeder Burger Uff 11. Uhr
Vermögs seins Aidts Uff sein Zunfftstub,
Dorzue ihm dann Abents ohn spotten
Zuvor wirtt an Gelitstraff gebotten,
Unnd wartt dorauff, wie sich gepürtt,
Biss klein Unnd gross Ratth b'litten wirtt;
Aliss dann geht Burgerschafft zu hauff
Ins Refenthal mitt gross zulauff,
Da komen Widerumb zusamen
Klein Unnd gross Ratth in Gottes Namen;
Die sieben Mann than sich beyseitt,
So ein Ratth han erwehlt Uffs New,
Und wartten da Uff glegenheitt,
Biss ihn zugsagt frey sicher glaitt,
Wass sie gemacht Unnd gordnet han
Dz selbig also z'bleiben lahn;
Dz wirtt nun angezaiget ihn

Durch beede schultheisen genähm,
Darauff sie mitt kurtzem Bedacht
Komen Vor klein Unnd grossen Ratth,
Welche beysam Versamlett sein
In der Conventstub in gemain,
Eröffnen alda Mäniglich
Klein Und gross Rättben mitt bericht
Wie sie ein Ratth Uff New ersetzt,
Ieden seinr Ehrn Unverletzt,
Nach dem er taugenlich Unnd kluog,
Verheffenlich mitt guttem fuog
Ortt Unnd stell iedem geben ein,
So Vil Aidts halber kondte sein;
Darauff die Herren sittiglich
Ieder seiner stell bemächtigt sich
Unnd thutt darauff gleich un Verzug
Der Burgermaister sitt Unnd kluog
Oration Und Dannckhbarkeit
Einr ganntzeu Burgerschafft bereitt
Für glaisten ghorsam Lieb Unnd gunst
Und wass ihm dann bewisen sonst,
Unnd thutt Hinlegen seinen stab
Zu sampt dem Ampt diss Jor Vorab,
Dornach die Ratthssatzung beriertt
Einr Burgerschafft eröffnett wirtt
Und Vorgelesen offentlich
Klein Und gross allermanniglich;
Allsdann so tretten wider ab
Die Herren, ghaime gehn Hinab
Und komen wider umb hinein
Für klein Unnd grosse Ratth insgmain,
Dorauff wirtt Uff Umbfrag Und Zier
Durchs gantze Conuent mitt gepür
Drey Herren Uss dem Rath erwehlt,
Alls die Vornämbste hergestellt,
Auss Welchen man der Ordnung nach
Ein Burgermaister wehlet hoch

Mitt freyer einhelliger Stimm
Von klein Und grosem Rath, Vernimm,
Dz er Regieren soll die Statt
Und Zieren ein Ersamen Rath;
Mitt Uebergebung gwallt Unnd stab
Wirtt im Uffglegt ein Aldt Vorab,
Die Statt Unnd all Ire freyhaitt
Wol Helffen bschitzen alle Zeitt,
Dem kaysser Unnd Hoiligen Reich
Trew Unnd Held yeder Zeitt,
Der Massen fieren so sein Ampt,
Es sey in Statt oder Uffm Lanndt,
Wie solches er getraw ohn spott
Z'ver annttworten vorm Höchsten Gott;
Dorauff ein gantz ersammer Rath
Klein Und gross, yeder in seim Staat,
In der Conuentstub, mich Vernimm,
Alle mitt einhelliger Stimm
Ein g'lertten Und Leiblichen Aldt
Mitt Reuerentz Und Bschaidenheit
Zu Gott dem Herren offentlich,
Dz sie Burgermaister Und gericht
Ghorsamen Underthöniglich
In all gebotten Unnd Verbott,
Wie sie getrawen solchs vor Gott
Unnd Ihrer Lieben Obrigkeit
Veranntwortten mit guttem Bschaid;
Dorauff Lettstlichen Unnd zum Bschluss
Der Newe Burgermaister duss
Einer Ersamen Burgerschafft
Wirtt Comendirt mitt grosser krafft
Wol durch den Herren Sindicum;
Die Under freyen Himel stundt,
Darzu anghaltten Unnd ermantt,
Ieder, Hoch oder Nider standts,
Dz sie wöllen bey irem Aldt
Dem Burgermaister mitt Beschaid

Und gepūrender Reuerentz
In Underthänigkeit, Vernemb's,
Alle Geborsame Unnd trew
Gantz Underthönig laisten frey,
Dorauff sie all einhelliglich
Volstreckhen ire Aidt Und Pflicht
Mitt Uffgehabnen fingern bald;
Wenn diss ist geschehen alles,
Folgt drauff der gantze Rath mit Preis
Dem Burgermaister nach mitt fleiss,
Mitt herrlicher Solenitet,
Beglaitest, so du mich Verstehst,
Durch D'statt bis auff der Herren Hauss,
Mitt Reuerentz da wartten auff;
Bis Uff den Abent mitt gepūr
B'laitt man ihn haim mitt grosser Zier;
Unnd hiemitt erzehlet bald
Wie es sich mitt der Ratthswahl haltt. —
Nun Will ich jetzt auch nach gepūr
Hörsetzen Und erzeblen dir
Wie alle Herren diser Statt
In gmain, ein gantz Ersamer Rath,
Ein Jeder nach Würde Uund staudt
Mitt seinem Namen sey genandt. —

Ordnung Und erzehlung
Der Rathsherren Mit iren
Namen.

Erstlich so folgt mit sonderm Preiss
Der Ehrnuest Vorgeacht Georg Weiss,
Regent Und Burgermaister war,
Erkiest mit einhelliger Waal,
Alls man zellt 1000. Und 600.,
21. ig dorzu ietzunder;
Fürsichtig Weis Uand gantz ernsthafft,
Ziertt's Burgermaister Ampt mitt krafft,

1621

Gelind von redt, tritt aber hertt,
Ist billich dz man in Verehrt
Wol mitt dem Burgermaister Ampt,
Weil er so ernsthafft flertt sein standt,
Dorumb ihm Vertrawt dz Stefirampt frey. —
Michel Helbling trith auch Hörbey,
Der ander Burgermaister haist,
Ein Alltter Herr Unnd stillen Gaists,
Wenig von red in seinem stand,
Ehrlich fiehrt's Burgermaister Ampt,
Noch mehr Vil Jor mitt gross Unruoh
Ist Spittal Pfleger auch dorzue. —
Der drite Volgt der Ordnung nach,
Auch Burgermaister manichs Jor
Gewesen Thoman Humel ist,
Ein frommer Unnd recht guotter Christ,
Wardt offt Verschickt nach Unde fehr
Uff Reichs Unnd kreisstäg hin Unnd hör,
Vertritt dz Ampt recht uhne scheiw,
Vertrautt ist ihm Stattrechnerey. —
Der Viert Herr Ludwig Härter guott,
Den Rath er auch besitzen thuott,
Von Gott begabt mitt guott Verstandt,
Trägt Viceburgermaister Ampt,
Gschefftig bey vilem guott, un Ruoh,
Ist Armen Pfleger Auch dorzuo,
Dann er miesam Und gschefftig ist. —
Herr Ludwig Sommer ist der fünft,
Vormalss gewest Statt Schultheiss hie,
Last sich betauren keine mieh,
Ist Unverdrossen alle stundt,
Eines gutten gsprech, Lachenden Maudts,
Verwalltt dz Steir Ampt auch zugleich
Mitt Herren Burgermaister Weiss. —
Herr Thomas Weüss der sechst thut sein,
Gnuogsams Verstandts, bawt stets den wein,
Dz Rebwerckh so gibt gutt getranckh,

Vertrawt ist im dz Zehndvogt Ampt,
Wein Und korngfell hie ein zu vordern. —
Paul Engel hört auch in den Orden,
Ein Herr, ist sehr Lang von Person,
Thutt dirr Unnd mager einher gohn,
Doch er begabt mitt ehr Unnd guott,
Auch Armenpfleger er sein thuott. —
Neben im auch der siebent ist,
Hiehör gesetzt fürsichtiglich,
Ein Metzger, Gallus Gebel haist,
Ein frisches Herrlin, man Wol waist,
Dz maul im gar nit Last verbinden,
Ohn red thutt man in selten finden,
Klein von Person, doch gross von muoth,
Ein Pfleger ist des Spittals guott. —
Erhart Spengler der acht thut sein,
Weil er so gern trinkt Rotten wein,
Sein ampt mitt Redlichkeitt Verricht,
Drum ihm's Salltzhauss Vertrawet ist. —
Herr Johann Stechenfinger guot,
Der Neünt, dz Ungelt rechnen thuot,
Ein lanng, gerad Unnd Ernsthafft Herr,
Gerechtigkeitt auch Liebet er,
Beredt, mitt feinen gaaben ziertt. —
Herr Kilian der Kronenwürdt,
Ein gschickbt Vernünfftige Person,
Ziertt gar wol die Rathssession,
Weil er zu Tibingen hat gstudiert,
Darumb im auch Ufftragen wirtt
Rats Unnd andre Amptsgschefft zu Hanndt,
Zusampt neben dem Spenden ampt,
Zu dem ist auch ein Gastgeber. —
Herr Melchor Aichlen kompt auch hör,
Der 12te in dem Rath thut sein,
Niechter, gsparsam, gezogen ein,
Im ist auch Uffgetragen frey
Der vaclerendt Pfrondt Pflegerey. —

Also die 12. Richter erzehlt,
Noch werden Vier furgestellt,
So die Vier alte Herren gnanntt,
Den Ratth besitzen, haist der Banckh:
Herr Haanss Nüsslen der erst thut sein,
Uff dison Banuckh hörtt auch hörein
Abraham Zindel, so mitt fuog
Uf disem Bannck batt weitte gnuog;
Herr Josua Hoblech der ist
Zu disem Banuckh sehr wohl gerist;
Herr Thone Knapp uhn alls Verdriessen
Thutt's salitzhauss mitt dem Benckhle bschliessen,
Wär mitt der Zeitt wol Z'setzen an. —
Zunfftmaister ghöres auch hieran,
Damitt Endtlich der Ratth word ganntz;
Erstlich so folgt in seinem Ampt
Herr Jacob Willhelm Hauser guott,
Zunfftmaister, Statt Schultheiss sein thuott,
Ein Junger ansehlicher Herr,
Wirtt Oft Verschickht nah Unde fehr,
Vernünfftig, Weiss Und dorzu kluog
Ist er zu seiner Jugendt gnuog. —
Herr Jacob Werrenwag, ich mein,
Der ander, thutt Pfandtschultheiss sein,
Auch ein Jung angehender Herr,
Sein Ampt mitt sanfftmuth zieret er,
Der Metzger Zaufft auch stett bevor,
Dorzu erkiest vor ettlich Jor. —
Martin Fuchs spitalschreiber ist,
Nach den schultheisen ist der dritt,
Auch Viceschultheiss dazumal,
Dem Mihl Ampt stett er auch bevor. —
Der Vierte, Petter Knor, fein still,
Im Zehendt Ampt gesparsam, ist sein will,
Bei'n kromern ist erhaben worden
Unnd kommen in Zunfftmaister orden. —
Bastian Maurer mit Vernunfft

Zunfftmaister· ist bey der Schmidzunfft,
Hatt vil Unruoh in disem Val,
Mitt allerloj Handtwerckh zumal,
Iedoch er Unverdrossen ist. —
Hanns Davidt Ehring kompt auch g'rist,
Geziertt mitt eim Zunfftmaister Ampt,
Den Spenden er auch nichts absampt. —
Zunfftmaister Marttin Lumpp ohn schew
Bey'r Beckhen Zunfft tritt auch hörbey. —
Mitt in Matheus Haller guott
Der tuocher Zunfft Vorstehen thuott,
Einfeltig Vorbringt all sein sach. —
Auff in Volget auch Hannss Deoklach,
Zunfftmaister bei'r schuomacher Zunfft. —
Conradt Mauer braucht auch Vernunfft
Bey seinen karren Unnd Wagen leitt. —
Die gerwer bhraiten eim die Heütt,
Ir Zunfftmaister, fein jung Unnd still,
Haist - - - - - - -, Redt nitt Vill. —
Conradt Vohrer der Letst thutt sein,
So bschliessen thutt den Rath allein;
Gott geben ihn allen Glückh zu Lohn,
Hertzlich wünscht's Johann Fitzion. —
Doch wenn der gmain Ratth ghaltten wirtt
Täglich von den Herren berierth,
So alls hie erzehlet worden,
Ein ieder nach seim stanndt Unnd orden
Sein Session tutt thretten an,
Setzt sich erstlich zu oberst an
An ein besonder stell Unnd ortth,
(Neben im der Rattschreiber dortt),
Namlich der Ehrnvest hoch gelehrt
Johann Hainrious wol geehrt
Heermann, gemainer Statt voruss
Recht wol bestellter Syndicus,
Ein ansehlich freindtlicher Herr,
Gibt yedem Reich Und Arm gehör;

Von Stuttgartt auss er hiehör kam
Alls ihn ein Ersam Rattb nam an. —
Der Rattschreiber so bstellet ist,
Haist Jacob Calwer welcher, wist,
Ein Burger hie in Unser Statt;
Ich wünsch ihn allen glickh Unnd gnadt
Von Gott, dz sie mitt rechtem Sinn
Alle Regieren lang hierinn
In Unser Statt, mitt Lob Und ehr,
Gmainem Nutz z'gutt Unnd Gott zu ehr,
Von Gott wünsch ich einr Burgerschafft
Dz sie mögen auss Pflicht Unnd krafft
Billiche Ehr Unnd Reuerentz,
Wies Gott erfordert, du Vernemb's,
Ghorsam Und Underthänigkeit
Erzeigen ye Und alle Zeitt. —

Weil nun dz Rathauss wol bestellt
Mit Herren so dar zu erwehlt,
Und einen Rath beschriben fein,
Wie sie mitt Namen ghaisen sein,
Und durchaus auch erzehlett alls,
Wie's In der Statt inwendig hallt;
Erfordert ietzt auch die gepür
Dz mir yetzunder auch darfür
Hinauss spacieren mitt beschaidt
Unnd bsiohtigen Ir glegenheitt,
Wie es doraussen sey gestallt
Und sich zu Unser Zeitt ietzt hallt,
Zu holltz Unnd feld Unnd anderm mehr,
Dz selb zu bschreiben auch Ungfehr. —

Beschreibung der Statt Reüttlingen
Gelegenhait zu Holtz Und feldt, sampt
Dem Nützlichen Wasserfluss
Der Echatz.

Jetzt Will ich dich für Statt von Hauss
Spacieren feren oben Auss,
Fürs Ober thor da ich dir zeig
Die allerschönnest glegenheitt
So Ungfahr mag gefunden werden,
Von Bomgartt Eckher Unnd weinbergen,
Doran die Obervorstatt Rierth,
Mitt schenen Gärtten wol geziertt,
Mitt Vilen Heissern Unnd gescheir,
Da man's fuotter einfaselt their,
Vil feld Unnd Gartteubeislin schen
Allthalben nach ein Ander stehn,
Usserhulb Unnd der Vorstatt inn,
Don Sommer zu rlustigen drinn. —
Sichst von denselben Uss, Vermerckh,
So hast vor dir ein fruchtbarn Berg,
Dorauff da ligt ein allttes Schloss,
Haist Achaln, Ligt gar mächtig hoh,
Ein allt Stammhauss der Graffen gnantt
Von Achalm hör, ganntz Wol bekanndt,
Von welchen wür hernacher wellen
Ettwas in Souderheitt erzehlen. —
Ganntz fruchtbar ist es Umb den Berg
Von schenen Baimen Unnd Rebwerckh,
So alles Hörtt in Unser Statt;
Der Schelbenberg doran auch hatt
Ein schennen Weinwachs Ueber uss
Durch Gottes gnadt mitt Ueberfluss,
Gibt offtermal ein gutt getranckh,
Darfür man Gott soll geben danckh;
Unden am Berg ein schennes Veld
Von fruchtbarn Beumen alls die Wald,

Der Ackherbaw hatt schenne förch. —
Hinder Sankt Lienhartt stund ein körch,
War in der Ehr S. Lienhartt bawen,
Ist kein fuossstapff mehr da zu schawen,
Man brach sie ab vor Jar Uand tag,
Vor einundtneintzig Jor ich sag,
Da man hatt zehlett in der wellt
Der Mindern einundtdreyssig zehlt,
Wardt sie mitt Irem Helm Uand spitz
Abbrochen Uand gemacht zu nichts;
Jetzunder sind gepflantze da,
Eckher Uand Bomgärtten also
Dz es ein Lust zu sehen ist;
Umb dise Vorstatt yeder frist
Von Bomgartt Und der Wisen vil,
Der Ecker findst ein laangen Zil,
In Suma, allenthalben ganntz
Bomgärtt, Eckher Und Weinberg Plantzt. —
Wänndst dich zur rechten, mich Vermerckh,
Hast widerumb vor dir ein Berg
Gleich gegen Ueber, wol bekandt,
Der wirtt Sant Jergenberg genannt,
Daran Wachst gutter Rutter wein,
Der best so württ gesamlett ein,
Dorzu vil schönner gietter drum,
Derselben nit ein kleine Summ
Vonn Weinberg, Bomgartt, wisen vil,
Gutt Obs, von Schnabel waidt die Fill. —
Vor Zeitten oben Uff dem Berg
Da stundt ein körch, du's eben merckh,
Dahin vor allter Zeitt Uand Jor
Ein grose Wallfartt gangen wor,
Wor in der Ehr S. Jergen bawt,
Dem Holligen Rütter wol vertrawt;
Zu meines Lieben Vatters Zeitt
Uand anderer mehr allten Leitt
War dise körch noch Uffrecht gestanden,

Mitt allem gmeůr war noch vorhanden,
Dan ioh Vil mal von im hab ghörtt
Worumb sie worden sey zerstertt,
Namlich dz zu derselben Zeitt
Ein grosser spiler gwessen sey,
Dorzu Guttloss Unnd sehr verruocht,
Dem Nammen Gottes hoch gefluocht,
Biss er zulettst Uff einen tag
Gar vil verspilt Unnd Gott gfluocht hab,
Also dz er hab sorgen miessen
Er miest beů'r Obrigkeit solchs blessen;
Begab er sich Uff disen Berg,
An Gottes gnad verzweifflet, merckh,
Weil er mitt grossen sinden b'schmissen,
Hooh sich versindigt wider gwissen
Uund's Gott nitt Lenger Laiden kundt,
Sonder straffen solch schreckhlich sind;
Verzweifflet ganntz an Gottes heil,
Erhenckt sich selbs ans Glockhen Soil,
Sein Nachriohter wurd selber er,
Zum Exempel allen Gottlestrer;
Diss Exempel Unnd schreckhlich werckh
Rossbuoben erstlich han vermerckt,
Machten ein gschrey nach Pfullingen ein,
Jederman Lieff, beidts gross Unnd klein,
Zu sehen dise schrecklich thatt,
Mein Ene auch mein Vatter hatt
Mitt sich genohmen auff den Berg
Zu sehen auch diss schröcklich werckh,
Mitt Vermanung dz er fortan
Sein Lebenlang gedenckhen dran,
Vor Gottslestrung Und spil sich hiett,
Dz er nit auch in Unglickh grieth;
Sihe da sass er Grittling alls
Uff der Borkirch, hett Umb sein Halss
Dz Glockhen Soil in Worheitsgrundt,
Habs vil mal ghörtt Uss seinem Mundt,

Gantz schrecklich kolschwarz Und verblichen,
Sey forchtsam alls ein knab enttwichen
Und Uss der küroh gloffen hin;
Dorauff wider vermanet ihn
Sein Vatter dz er sich allzeitt
Der Gottsforcht Und Frommkeit bevleiss,
Desweg dz kirchlen War entweicht
Und yedermann dz selbig scheicht,
Zerbrach, Zerfiel in wenig Jor,
Dz man sein batt Vergessen gor. —
Wendst du dich gegen Nüdèrgang
Vom Ettmasthor auss, so verstandt's,
Vor welchem auch ein Vorstatt ist,
Doch klein, von Wenig Hoiser, wist,
Aber Lustig mitt gärtten ziertt
Und schennen Lustheisslen berierth,
Und ist doch auch geschlossen ein
Mitt Zwayen thoren, yedoch klein —
Von diser Vorstatt strackhs hinauss
Hast abermals ein weitten Lauff
Ins Feld Unnd Andre gietter vil,
Schnuor stracks eben, ein weittes Zil,
Von Allerlei Bomwerckh Und Obs
Ein ganntzer Lust, Wer's sicht der Lobt's;
Des fuotter wachs so mächtig vil,
Reicht Weitt hinauss Uebern Gaissbihl,
Dz allerschönnest Wisenthal
Umbgibt den Gaissbihl Ueberal
Mitt vil fruchtbaren Beim Und Holtz
Die Uffrecht wachsen alls ein Bolltz,
So alles hörtt dem Spital zuo,
Dorin er alle Jor mitt Ruoh
Vil Ochsen Rinder küeh Unnd schaaff
Kan Mesten Unnd auswintern da,
Ist drum deshalb gebawt Hinauss
Dz man's gebraucht zu eim Vichhauss. —
Disser Gaissbihl, wie man sagt war,

Vor Zeitten Edelmännisch war,
Hatt zugehörtt, wie noch bekandt,
Denn Edelleitten Remppen gnandt,
Deren einr auch Gomeringer Dorff
Unser Statt Reittlingen Under worff;
Von dem hebt an ein gross Waldwerckh,
Vil tausent Aichen, mich vermerckh,
Sampt Anderm Brennholtz Unnd greis,
So man yemais Aussthoilt mitt Vleiss;
Ein schönn Waldwerckh Und gutt Viehwaidt,
Gibt Wild, Obs, Aichel Und ander traidt,
Erstreckt sich weitt hinauss, ich sag,
Hinder die allit Burg Und's Seiwbag,
Uff welcher Burg vor allitten Zeitten,
Wie ich es kan mitt Warheitt deitten
Haben gewohnet Edelleitt,
Die allt Burgstell noch Zeignus geitt,
Wie mirs ein Alitter Mann erzehlt
Von Gomering, hiess Knorren Jerg,
Sein Söhn die sind noch bey der Hanndt,
Zu Gomeringen wol bekanndt,
Der sagt er hab's vil mal gehörtt
Von seinem Ine welcher wor
Ein alitter Mann, vil Jer allit worden
Unnd schier Hundertt jorig Verstorben;
Dz haben gewohnet Uff dem Berg,
Nit weitt von Gomeringen, merckh,
So ietzt die allite Burg genanntt,
Edelleitt, woren wol bekanndt,
Die alle Sentag Ungefahr
Nach Gomeringen kamen dar
Heraber von der allitten Burg
In Rotten Mäntteln in die kirch,
Vor Mittig haben's feld gebawt
Und noch Mittag Sie haben grabt,
Und dz mag gar Wol glaublich sein,
Dann vil der Schlösser in gemain

In dem Lanndt giegen hin Und wider
Zerstörett werden seindt ye sider,
In der Stett krieg an allen orth,
Weil dorauss gschahe Raub Unnd Mordt;
Graffen Herren enttpörtten sich
Wider die Reichstett Mächtiglich,
Zu ihn der Adel sich auch schluog
Die dann biengen vil Unfuogs,
Biss endtlich die Reichstett ietzundt
Auch wider sie machten ein Bundt,
Durdurch dan endtlich hie Und dortt
Ihre Schlösser an allen orth
Zerstertt verbrentt Unnd eingenomen,
Deswegen vil in abgang kemen,
Dorumb man noch heittiges tags
Vil alltter Burgstell zeigen mag;
Allso mag auch ergangen sein
Unserer alltten Burg gar fein,
Von welchem krieg hornach wir wöllen
Ettwas in sonderheitt erzellen. —
Zu meiner Zeitt vor dreissig Jor,
Allss ich ein Ledig gsell noch wor,
Hab ich mitt meinen andern gsellen
Zu der Burg auss spacieren wellen
Unnd bsichtigen die alltt Burgstell,
Weil Under gmainen Pöfel schnöll
Ein gschrey war dz in der Reffier
Ein schatz verborgen wer allhier,
Auch ein Burger allhie sich fandt,
So der alltt Dächer war genantt,
Den schatz wollt kurtzumb graben Auss,
Rumpt ab dem Burgstell dz gestrauss,
Bemleht sich vil ein gutte Zeitt
Biss er vil grundt ausstruog Und reitt
Und man gnuogsam worzeichen fundt
Dz vor Joren ein Schloss dastundt,
Dann dz Gemeir wer noch verhanden,

Im Grundt, da alda thirn gestanden,
Geviertt waren's in grundt gebawt,
Man andern mehr Worzelohen schawt;
Er aber must ir sein schatzgraben
Ein glächter für sein Blohnung haben,
Dan es war zu derselben Zeitt
Ein Vogt vou Reittlingen nit Weitt
Nach Gomering genohmen an,
Fürwar ein gar vechairisch Mann,
Derselbig war mir wol bekanndt,
Hiess Niclass Staud mitt Namen gnanntt,
Hatt er solchen schatzgräbers gsellen
Auch einen Uossen machen wöllen,
Weil bey der Burg hin gieng die Stras;
Er einmals an eim Abentt spat
Der Heimat zu ritte dahin,
Vil Rechen Pfening hatt bey im,
Unnd bschawte disses Loch Unnd gruob,
Wann man den schatz einmal erhuob,
Da Liess er fallen in den grundt
Vil Rechen Pfening zu der Stundt,
Lachendt begab sich haim Uffs schloss;
Am Morgends bald sie kamen blass,
Irem schatz weitter nach zugraben,
Sie's gar bald Wahr genommen haben,
Vor groser frew'd erstarret gantz,
Meinten sie betten goldstuckh glantz,
Legten Bickhel Unnd Hawen hin,
Ettliche liessen Unnder in
Der Statt zu, machten ein geschrey
Wie dz der Schatz gefunden sey;
Da man Uff bsichtigung Unnd frag
Der sachen also forschet nach,
Fanndt sich zu letzt der gantz inhalltt,
Des Golds Unnd Rechen Pfenning gstalltt,
Dorauss ein solches glächter wirtt
Durch gantze statt wie sich gepirtt,

Unnd Ufferlegt damit den gsellen,
Forthin solch Arbeit einzustellen. —
Dorbey will ichs auch bleiben Lahn,
Ich derfft sonst schreitten ab der Ban,
Unnd will mich wenden da mitt fuog
Vom Ettmas thor dem Undern zuo,
Unnd beichtigen auch die gestallt,
Wie es gehn Mitternacht sich hallt
Umb Unser Statt gelegenheit;
Ein Vorstatt war da Lanng Unnd Breitt,
Aber sie ist Vor Vilen Jor
Zum theil verstertt Unnd abbrinnt gor,
Ist noch zum theil ettwas vorhanden,
Biss zu Sanntt Pettern sind sie gestanden,
Die Heiser, grad Uff beeder seitt;
Wardt bschlossen von drey thoren weitt,
Die selbigen siud noch vor hannden,
Mitt thir Unnd Rigel Uffrecht standen;
Die ganntz Vorstatt ist wol geziertt,
Mit sohenen gärtten Rings Umbfichrt
Von allerhanudt fruchtbaren Beim
Und Ander schnabel waid gezähm. —
Zu Underst In der Vorstatt, wist,
Dz Siechenhauss gelegen ist,
Werlich ein Reich Unnd wol gspickht Hauss,
Den Armen so gesetzet auss,
Von wein, kurn Und auch anderm gfell,
So man muoss Liffern ohne fell
Armen Leitten zu Nutz Unnd gutt,
Die man darin erhalten thutt;
Dann keins so Arm dorin thutt sein,
Hatt alle tag sein quärttlin wein,
Sein fleisch; doch gibt man gelt dorfir,
Kan's iedes kauffen wann es Will;
Guott Brott zur Notturfft gnuog, ich sag,
Ohn anders Was sonst's gstifft vermag;
Ess ist auch In diss Hauss gemeltt

Ein eigner Pforher drein bestellt,
Hatt eine kirch oder Capell
Dorin man Gottes wortt fein hell
Den armen z'trost Und Underricht
Zwoymal der woch Predig verricht;
Dann dise kirch, versteh mich recht,
Ist gstifft von ordentlichem gschlecht,
So in der Statt allhie gewohnt,
Ihren Wappen in der kirchen stondt
Die sie gestifft, so wirtt genandt
Zu sanntt Peltern; die alle sampt
Ligen mitt schilt Unnd Helm begraben
In diser kürch wie d'grabstein sagen;
Die sind gestorben Ungevahr
Tausent drey Hundert sibentzig Jor
Nach Christe geburtt, sag ich frey,
Und man dorzuo auch zelet drey;
Diss gschlecht wurden die Spiegel gnantt,
Ire wappen machen's noch bekandt,
Der Grabstain sind noch vil verhanden
Da allwegen drauff spiegel gstanden,
Diss war ein fromm Adenlich gschlecht,
Haben auch vil gestifftet recht
Zu Nürnberg der berlembten Statt,
Wie man des alls gutt wissens hatt. —
Bey diser kürch Uff dem Gotts Ackher
Stundt noch ein kürch gnntz steiff Und wackher
Mitt einem Schennen glockhen thurn,
Von stain erbawen in der form,
Alls die Nechst bey dem Untern ther,
Aber vil grosser sag ich zwor,
Wann dise ward gebrochen ab,
Dir Zeitt Und Jor hernach ich sag. —
Von diser kürch auss aller seits,
Du gangest gleich schlechts oder bseits,
Siehst schene felder Ueberal,
Ganntz oben, ohne Berg Und thal,

.

Der fruchtbarn Bem ist vol dz feld,
Alls Wan du nein sechts in die wäld,
Ein herrlich gutten Acker baw
Von allerlei getraid, mir traw,
Und sonderlich bawt man allhie
Des krautts ierlich so mächtig vil,
Beneben auch Hanff, Werckh Und flachs,
Dor durch gespeist württ gantze Statt;
Ein Solchen fuotter wachs, ich sag,
Worlich dich muost Verwundern drab,
Hatt es gerings Umb Uns herumb
Desselben ein sehr grose Summ,
Dz wol einen möcht Wunder Nemen,
Solchs also gschwindt einfaslen z'könen;
Suma, Umb Gantz Statt hatt's bereitt
Ein Solche schenne glegenheit,
Zum Wein Unnd Ackher baw voran,
Dz man Gott nit gnuog danckhen kan;
Auch Obss Unnd ander schnabelwAndt
Findst alle Jor dorvon dein theil,
Guott Hew Unnd Embd, all scheuren vol,
Kompt baides Vich Und Leitten wol,
Und dess ein solchen Ueberlast
So man hie alle Jor einfasdt,
Dz man darvon, für war ich sag,
Vil Hundert Haupt Vich wünttern mag
Von Ochsen schaaff Und Rinder vioh,
Ohn Was is d' statt gehortt für dich
Unnd mann all tag treibt Uff die waldt;
Vier herden hatt's in sonderheit,
Dieselben die Hanndt an der Zahl
Ettlich Hundert Haupt Ueberal,
So alle tag thutt treiben auss
Ein ieder Burger auss seim Hauss. —
Es Laufft auch an der Statt voruss,
Nechsthin ein schönner wasserfluss,
Von Allters hör die Echats gnantt,

7*

Ihrn Ursprung mach ich auch bekandt,
Unnd bringt die allerbest Vorellen,
Will seinen Nutz dir auch erzehlen. —

Ursprung Und Beschreibung des Nützlichen Wasserfluss der Echatz.

Es ligt ein Schön Und Lustig thal,
Mitt fruchtbarn Gärtten Ueberal,
Mit Wisen äckher Und mit wäld
Geziertt schenn, Und ein Lustig feld,
Die Berg Und hohe felssen dortt
Sich richten auff an manchem ortt,
Mitt Holtz Und Beim seind sie geziert,
Dz wirtt gar vil zu Marckt geflertt,
Der Ackerbaw hatt schenne fürch;
Die Echatz laufft damitten durch,
Scheidet dz thal Unnd macht es feicht,
Dz Laub Und gras erquicket gleich,
Dem gantzen thal vil Nutzen bringt
Unnd auss eim harten felsen springt,
Gleich Ub dem Dorff Houaw genanntt,
Quilt brauss alls ein Brunquell zu Handt,
Von Lautter guttem Wasser frisch,
Man brauchts ind' kuche Und zum tisch;
Von dannen Laufft es mitt eim sausen
Und kompt in fleckhen biss gehn Hausen,
Ob welchem ligt ein alltes schloss,
Haist Liechtenstain, Ist nit fast gross,
Aber der fels ist spitzig hoh,
Mitt gross Verwundrung steht es da,
Der spitz sieht oben Ueberauss,
Dz unden einem gibt ein graus,
Und ist dz wunderbarlichst fast
So man im Lannd ein sehen last. —
Von dannen laufft die Echatz springen

Bis an dz Closter Pfullingen,
Von dannen biss Reittlingen gräntz,
Vil wisen feichtet Unnd besprentzt,
Bis er thutt fliessen zu der Statt,
Sein Lauff zu aller Nechst dran hatt;
Im Nottfall Wann es gibt feirsbrunst,
Kann man diss Wasser alle stundt
Unnd Augenblickblich fiehren hin,
Durch ganntze Statt hin laitten in,
Dor durch offtmals bey tag Unnd Nacht
Fewrsbrinst gedempt werden ohn schadt. —
Diss wasser last ihm weitter jingen
Unnd kompt in feckhen Betzingen,
Von dannen schleicht er Wannweil zuu,
Hatt an seim Lauffen noch kein Ruob,
Biss dz er rinnt in Neccar ein,
Bey kürchenthellinsfurt ich mein;
Also verleurt er seinen Namen,
Alls wann er nie da hör wer komen. —
Worlich ist zu verwundern diss
Dz diser kleine wasserfluss
Welcher kaum Anderthalben meil
Thutt Lauffen in so schnöller eil,
Unnd Underwegs so vil Verricht
Dz sich drab zu verwondern ist;
Von aller Handt Milwerckh also
Thutt dises Wasser treiben da,
Auch Underwechs befeichtet er
Vil Bomgärtt, wisen, nach Unnd fehr,
Die dorvon werden fruchtbar gmacht,
Dz Laub Und gras hör wechst mit macht;
Suma, dz Wasser treibt in gmain
Bey Reittlingen der Statt allein
Des Milwerckhs allerley so vil,
Wie ich es dann erzehlen will,
Deren Uff dreyssig an der Zal,
So alle treibt diss wassers Val:

Erstlich 6. korn Mihlin wir haben
Dorauff man korn Und gerst thutt malen,
Papir Mihlin auch 6. thau sein,
Drin stost man Lumppen gros Und klein,
Dorauss macht Man dz schenst Papeir
Wellches ietzundt Verkaufft sehr tewr
In alle Lanndt sehr weitt Unnd fern,
In sonderheitt Hanndt's truckher gern,
Darauff man trucket Gottes Wortt; ·
Der Lieb Gott Pflantz es immer fortt
Unnd hab die Edle kunst in ehrn,
Dz sie sein Wortt thuo immer mehren. —
Zwo schleiff mihlin auch alda sein,
Drauff man schleifft waffen gros Und klein;
Zwa Hamer Mihlin, mich Vermerckh,
Die treibt auch dises wassers sterckh;
Zwo Pulver Milin Ueberal;
Drey walckmilin sind an der Zal,
Dorin man tuch Unnd Leder welckt;
Ein Würtz Unnd schlagmihlin bestellt,
Dorin Würtz, Most Unnd El wirtt gschlagen;
Auch ein Poller Mihlin Wir haben;
Ein seegmihlin mitt grosem krachen;
Ein Milln da man filtz thutt machen;
Uff der Blaich auch ein Mihle stett
Zum Laine tuoch Und anderm Ghret;
Dann Lettstlich noch ein Mihlin guott
Dorauff man nur Holtz malen thutt,
Dz selbig wirtt Lawmeel genantt,
Allen Rottgerbern wol bekandt;
Wenn dan dz selb meel Wirtt gebachen
Laufft maucher mit durch alle Lachen;
Und hast hiemit in einer Summ
Wieviel der Mihlin Umb Und Umb,
So alle von diss wassers Vahl
Getriben werden all zu mal;
Summa, diss Wasser Ueberuss,

Gantz fruchtbar machet diser fluss
Mit seinem Lauff diss schenne thal,
Zu Hauss Unnd feld gantz Ueberal;
Für war ein schene glegenheit,
Für Vich Unnd Leitt guott schnabelwaidt
Umb disse Statt, genuogsam vil,
Wenn solchs Gott nit entziehen will
Wegen groser Undanckhbarkeit
Unnd grosen sinden yeder Zeit;
Von korn weiu Unnd auch Andrer fruoht,
Sampt allem was zum Haussgesuoch
Von Obs krautt Ruoben in gemain,
So Jörlich wirtt gesammlet ein,
Zu guott Menschen Unnd Vich auf erden
Kan gnuogsam eingesammlet werden;
Wann Nichts solltt gehn auss Unser Statt
Von dem so dorinnen erwachst
Von Frucht Und andrem tranckh Und speis,
So wolltten wür, Gott Lob Unnd Preiss,
Gnuog haben für ein Burgerschafft
Jerlichen was dorumb erwachst,
Wann man es theilen wolt zugleich. —
Der Wochen Marckht kem gleicher weis,
So wöchenlich zwen werden ghallten
Von alltters hör nach Brauch der alltten;
Dann alle Wochen durchs ganntz Jor
Uff alle Märckttag kennen dor
Uff ein Meil wegs gerings herum
Der fleckhen vil, ein grosse Sum,
Fahren Reitten Und gehn zu Marckt,
Was man zur auffenhalt bedarfft
Unnd man täglich tregt foil hörein
Von kese Aner schmaltz Brott Unnd wein,
Allerlei Victualien,
Dem Menschen zur Notturft genehm;
Der fleckben an der Zal thun sein
Ueber die Funffzig, gross Unnd klein,

Die alle wohnen Uff ein Hauffen,
Können zu Marckt höreiner Lauffen;
Der vil auch ein wechsel haben,
Wenig Bringen Unnd vil nausstragen. —
Damitt solchs nit Unwar erschein,
Setz ich ihre Namen auch hörein:
Pfullingen, Und ober Hausen,
Honaw klein, Gross Engsting, Blietzhausen,
Newhausen, Mezing, Graffenberg,
Dettingen, Kabisheiser merckh,
Kolberg, Riedrich Unnd Sondelfingen,
Reichneckh, klein Und gross Bettlingen,
Bempffiingen, Riett Und Mittelstatt,
Dontzlingen, Dernlach, Rumelspach,
Giebel, Walttdorff Und Offertingen,
Bronweil kumpt mitt Gomeringen,
Darzu Heslach Unnd Sickenhausen,
Altburg, Tegerschlacht Und Belsen,
Thusslingen, Thalhoim, Giningen,
Riegortt, Waunweil Und Oeschingen,
Wanckhen, Möhringen, Yettabruckh,
Schlaittdorff Unnd Kirchenthellinsfurtt,
Imahausen, Hinderweilen,
Mössingen, Nehren will auch eillen,
Mitt Kustertingen Unnd Stockach,
Riett, ligt Under Mittelstatt,
Betzingen Dorff nit eillen starckh,
Umahausen tregt beesen z'marckt;
Auch andere mehr fleckhen bald,
So hin Und wider Uff der alb
Unnd Andern ortten's Lanndts gelegen,
Die ich nit aller nenn deswegen;
Unnd dise fleckhen all in eil,
Die weltsten hannd in d'statt ein Meil,
Dorbey wol abzunemen ist
Was für ein glegen ort es ist;
Dorumb die Statt auch zunam vast,

Der gmaine Nutz Wuochs all gemach
Und zsamen flossen alle Bronnen,
Bis sie auch in Vermögen komen,
Wie sie dann Ietzundt schon vil Jor
Hatt zugelegt an Burgern zwor,
Dz ietzt ein grose Burgerschafft
In solcher Rinckhmaur ist verhafft,
Sampt anderm eingesessnem gsindt,
So nit alle Verbürgert sind,
Von Jung Unnd allten, Arm Und Reich,
Deren ettlich tausent zugleich,
So inbewohnen Unser Statt,
Ghorsamen eim ersamen Ratth. —
Also Reittlingen zu der frist
Endtlich in Uffgang komen ist,
Dz sie letzunder hatt für wor,
Feine einkommen iedes Jor,
Von gstifft Unnd Ander kauffte sachen,
Die ich ietzt nitt will Namhafft machen;
Die Pflegschafften ein guotten theil
Eintragen gmainer Statt mitt Hoil,
Sampt andern wein Und korn gefelln,
Welchs mir nit alls erzehlen weln;
Hörtt nit insgmain für yeder man
Welcher nit sonderlich voran
Unterschaid hellt in aller sach,
Im Uhrtheil thuo ein yeder gmach. —
Dorgegen auch in gleicher gstalltt
Ein grose ausgab Uff die Statt falltt,
Biss man durch gantze Statt in gmain
Alle so bstelltt Und b'amptet sein,
In kürchen Und schuolen voran,
Auch Alle die so Empter ban,
Doctoros, ander glebrte Leitt,
So mitt stattdienst bestelltt allzeit,
Järlich besoldet Unnd erhelt,
Uff die ein grose Summa felt,

An Gelltt Uff ettlich tausendt fl;
Vil frucht Reicht man auch hör mit bulden,
Bestimpt iedem in sonderheit
Uff ettlich Hundert scheffel bhreitt;
Des Weins gibt man zu Herpstzeit fast
Uff siben fuoder wie er wachst,
Und ist dannoch dz nit dorbey
Wäs ander mehr usagegeben sey,
So Järlich gebt Uff Burgerknecht,
Sampt andera so an der Statt Gschefft
Täglich Arbeiten Umb ihrn sold;
Worlich ein grose Summ ichb wollt
Erzehlen Unnd dir setzen hör,
Acht doch nit dz es Rattsam wer;
Ohn Anders dz der Ratth hörleicht
Den Armen Leitten gleicher weis,
Täglichen Und un Underlass,
Damitt Niemandt dorff sitzen bloss;
Ohn andre Arme Leitt dorzuo
So täglich brauchen dz Allmuoss,
Deren iedem, wie erst gemeldt,
Wöchentlich wirtt graicht brott Und gellitt,
Ohn ander gstifften Sachen mehr
Von frommen Leitten Uff Jorstäg;
Also dz Niemand Manglen dorff
In Unser Statt, ob er schon Arm. —
Dorbey kanst wol abnemen frey
Wie gross auch dz aussgeben sey;
Dorumb muoss man in gleicher gstallt
Urtailen wie es sich Verhallt,
Damitt hierin Niemandt zu kurtz
Geredt werd wegen eigens Nutz;
Dann waun man wollt von allters hör
Erzehlen was die Statt für beschwer
Jemalen auch hette erlitten,
Vil uffgewändt Und Auch gestritten
In allerhandt Unglickh für war,

In kriegen Und in feindts gefahr,
Allein in der Statt krieg ausegetanden,
So wol in Statt alls Uff dem Landte,
Mitt Gellit, kriegskosten Und der Wehr,
So man nottragt must geben hör —
Was meint ir dz hie Unser Statt
För Notth Unnd gfahr ausegetandon hatt,
Allss sie krieg fiehrten, mich vermerckh,
Mitt den Graffen von wÖrttenberg,
Von Achain hör dem alltten Stamm;
Warlich vil Gellt man da Uffwannd,
Dann solcher krieg erstreckt sich weitt
Und Hatt gewehrt ein Launge Zeltt,
Biss endtlich allbie Uusser Statt
Ein Bluottig eudt dran gmachet hatt,
Die Graffen, Herren thails erschlagen
Davon mir hernach wollen sagen. —
Item ist dir nit bekandt
Was Hertzog Ulerich genandt
Von Württemberg gfohrlicher weis
Mitt Unser Statt fürnam mitt Vleiss,
Die selb belegertt Unnd beschossen,
Eingnomen, blindertt Unverdrossen,
Den gmainen Nutz gar noh erschepfft,
Vil wegen vol hinauss geschiept,
Gwolltbetig wider den Lanndtfrid. —
Es kam auch der Schmalkaldisch krieg,
Wor eben zu derselben Zeit
Wie ietzundt auch ein glegenheit;
All Euangelisch Ständt in Summ
An Gellit entblöst man Umb Und Umb;
Damal auch Unser Statt alldor
Gellit Unnd geschitz muost reichen hör
Zur Straff kayserlich Moyestätt,
Well man ein Nottwehr brauchen thett. —
Ist noch nitt gnuog zu Uanser Zeitt,
Wie Offt hatt man beschwertt die Leitt

Inerhalben Uand dreyssig Jer
Mitt Türckhenschatzung Immer dor,
Allso dz allein Unser Statt
Vil tausendt Gulden hörglegt hatt. —
Zu dem hatt sie auch vor Unnd ye
Die Statt grosse Unfähl für sich
Von Brunst Uand wassergüssen zmal
Erlitten, sampt Anderm Unfahl;
Also dz ein sollt wunder Nehmen
Wie man solchs alls erschwingen können,
Dz dardurch nit zerfallen wer
Der gmaine Nutz in solcher bschwer. —
Well aber der getrewe Gott
Niemandt verlast in keiner notth,
Sonder die seiner Hilff begehren,
Anriefen, die will er erhören,
Allso hatt er auch Unser Statt
Erhaltten Unnd errött auss Notth,
Dz sie ietzunder auch zugleich
Die wenigst nit im Römischen Reich,
Geziertt mitt schönen glettern vil,
Zu Hauss Unnd feld ein feines Zihl
Bescherit, eingeben Unnd besteckht,
Allso dz sie hatt siben fleckh
Unnd Dörffer so ir zugehörtt;
Zudem Ir auch Gott gundt Und bschert
Sein Heiliga wortt in einer Summ,
Dz liebe Euangelium,
Vor gantzer werden Christenheit,
Von aller erst dorzu bereitt
Sein Hailig wortt zu nemen an,
Thetten's mitt grosser gfohr bestahn,
Wie dann Hernach soll werden gmelt,
Und Umbstandtlich werden erzehlt;
Unnd wollen zu vor der gestalltt
Bsichtigen auch ir Derffer allitt
Unnd auss spacieren Uff dz Lanndt,

Wie es mitt selben sey bewanndt. —

Von der Statt Reüttlingen
Zuo Gehörigen fleckhen Uff
Dem Landt.

Erstlich so kompt Und folgt herbey
Der Reichstatt Reyttlingen Vogtey,
Der Amptsfleckh Gomeringen halst,
Ein Meil wegs von der Statt man Ralst,
Ein feiner Unnd Namhaffter fleckh,
Von wegen seines alltten gschlechts
So vor vil Joren drin gewohnt,
Denen Er auch wor Underthon,
Ein alltt Unnd Adenlich geschlecht,
Die Remppen worden gnennet recht;
Deren woren zwen Brieder gsein,
Hetten denn fleckhen baid gemain,
Hatten ein eigen Schloss Unnd Hauss
Im fleckhen Gomeringen dauss,
Ligt hoh Nattirlich wie ein Berg,
Ist doch fast eben drumb, Vermerckh,
Well diser fleckhen Ueberal
Hatt allenthalben Berg Unnd thal;
Ist ein fein Adenlich sitz
Mitt Mauren Gräben thor Unnd spitz,
Dorzu ein Uffziehende Bruckhen,
Dorunder ein sehr tieffe Luckhen,
Ein Graben Rings Umb schloss hörgeht;
Mitten im Schloss ein thurn auch steht,
Sehr vest Unnd Mächtig ist er bawen,
Von quaderstuckhen auss gehawen,
Die Maur Uff all Vier ecken ist
Ein yede seitten - - - - Schuoh diokh,
Die Stain so vornen hör stehn bluss
Hatt ieder einen Backhen gross
Uff all vier seitt an disem thurn,

Recht alls ein vest Pasteyenfurm;
Ansehnlich hoh dorauff ein Hauss
Dorin man zimlich weitt sicht auss,
Gleichsam thutt alls ein Wacht dastehn
Dorauff man scheust wenn Brinst geschehen. —
Man findt auch noch zu Unser Zeitt
Von Gomeringen Edelleitt,
Ein guott alltt Adenlich geschlecht;
Ir Ubrellttern haben ir Recht
So sie an disem fleckhen ghabt,
Der ein Bruder Reittlinger Statt
Sein thail verkaufft Und angetragen
Vor vil Joren wie man waist z'sagen,
Der ander gaistlich worden ist,
Dorumb er seinen thail gestifft
An Closter Bebenhausen alltt,
Gab sich in orden der gestalltt
Dz er verdien mitt seinem theil
Den Himel Unnd Ewiges Heil. —
Ist sonst ein zimmlich Reicher fleckh,
Vermöglich Und dorzu wol bsetzt,
Dann trefflich gutte gietter drum,
Des Ackerfelds ein grose Summ,
Gutt wiswachs, andre gütter mehr,
Zimmliche Weinberg, drumb daher
Es kam dz Niemandts Ueberal
In Voriger theirung, gantz Und gar
Keiner im fleckhen, mich versteht,
Sich fandt der's allmuossen begehrt;
Hatt gutte Waiden Und vil wäldt,
Auch die Statt einen Vogt drin helltt,
Dem Uebergeben all gwalltt,
Der dz gericht Unnd stab drin balltt;
Der hatt sein Wohnung in dem schloss,
Zeucht ein die gfell Und ander gschoss,
Was gfellig ist von frucht Unnd weis,
Hörtt alles in Spital hinein;

Doch hat der Pforher auch sein thail,
Was im gepirtt von frecht Und gfail. —
Der Pforher so ietzt gaetzt daher
Haist Maister Johann Wuscherer,
Der Helffer M. Ludwig Knapp,
Gebürttig baid auss Unser Statt;
Der Vogt so in bewohnt dz Schloss
Und ein zeucht alle gfell Und gschoss,
Haist Jacob Aichle, kompt auch Recht
Uss Unser Statt, von guttem gschlecht;
Ich wünsch den Herren allen sampt
Vil glickh Unnd Heil zu Irem staadt,
Dz sie dorin mögen zugleich
Gesundt Leben Unnd fridenreich
Mitt Irn gmahl kinder Unnd gesindt,
Ein Ander Lieben alls die kindt,
Durch fridt Und einigkeit Reich werden
Im Himmel dortt Unnd hie auff erden. —
In die Vogtey ghören auch ein
Noch andre fleckhen drey, sind klein,
Die ich auch will eruennen bald,
Ire Namen zeigen an einfalt:

Der Ander fleckh der Haist Bronwellen,
Nach Gomeringen darff nit eillen,
Ligt nur ein halbe stundt dervon,
Ist Unser frawon zugethan,
Der Hauptkürob Unnd Heiligon Pfleg
Zu Reittlingen, Well's hatt den weg,
Dann Ire kirch Unnd Pforr vorau
Von der Hauptkirch den anfang Nam;
Alls man dieselbig hatt gebawen,
Allhie die Hauptkürch, sollt mir trawen, -
So wirtt zu Unser frawen gnannt,
Blib Ueber vil von Stain Unnd Sannd
Alls man Leittstlichen thett abrummen;
Da hör man dann batt Ursach gnommen

Ein kürch z'bawen in fleckhen ein
Unnd setzen auch ein Pforer drein,
Weil yederman, wie vornen gmellit,
Hatt zugeschossen Stein Unnd Gellt,
Und sollt der Fleckh Unnd kürch in gmain
Ewig Gottsmuotter Eigen sein,
Also bleibt er noch Heittigs tags
Der kürchen Eigen, wie ich sag. —
Ligt an ein feinen wasserfluss,
Ein gutten Ackher Baw vorauss,
Ein Reiche Pforr von frucht thutt sein,
Vil frucht sie Järlich faselt ein,
Ulrich Leupolt haist's Pforers Nam,
Von Reittlingen er daher kam. —

Der dritte fleckh kompt auch horbey
Nach Gomeringen der Vogtey,
Und haist mit Namen Hinderweilen;
Wann man thutt schiessen muoss er eilen,
Zu Gomeringen Uff dem Schloss,
Miessen Lauffen zu fuoss Unnd Ross,
Zur Erndtzeitt alle frucht Unnd traidt
Helffen einsammlen allerley,
Weil er ins Schloss vervogtbartt ist
Und Under desen stab verpflicht,
Obs fuotterwachs für Vich Unnd Leitt
Zur Underhalttung hatt allzeitt. —

Stockhach der Vierte fleckh tuoth sein
So Hört nach Gomeringen ein,
Dem Vogt auch Under seinen stab,
Mitt andern fleckhen Ueberal;
Ist auch ein fein Und fruchbar Ortth,
An Narung handt kein Mangel dortt,
Wer schaffen will Unnd bawen's feld
Der fert zu Marckt, kan Lösen Geltt;
Sie miessen auch mitt hinderweilen

Nach Gomeringer kürchen ellen,
Dann sie dahin Verpforret sind,
Baid fleckhen sampt all irm gesind. —

Umahausen der fünfte fleckh,
Der ist fast allenthalben schlechts
Mitt Holtz Unnd diokhen wäld Umbgeben,
Dorauss man bringt gar Vil der Beesen;
Ein feiner fleckh Von Holtz Unnd feld,
Von gutter waidt, trefflich Vil wäld
Es drinen hatt Drumb Nichts destminder,
Man alda findt Vil Beesenbänder,
Ein gutten Weinwachs auch derzu,
Ecker wisen, Vil Obs mitt Ruoh
Järlich durch Gottes gnadt erwächst,
Darvon wirtt Reich Und Arm ergötzt;
Waiss nit wie ietzt ir Pfor Herr gnanntt,
Ist kommen hör Vom franckhen land
In Unser Statt, wurdt gsetzt dahör
Auss erbarmung, ein alltter Herr. —

Der sechste fleckh Haist Betzingen,
Derselb liegt gar nit weit Von hin,
Ein Halbe stundt Under der Statt,
Irn Lauff die Echatz dor durch hatt;
Ein fein Lustiger Weitter fleckh,
Ein gross bezirkh Unnd feldung Hett,
Guott wisswachs Unnd der Ecker Vil,
Zur Nahrung gnuog, wer schaffen will,
Ich waiss nitt was im Manglen thett,
Dem fleckhen, wann er weinwachs hett. —

Wannweil der sibendt fleckhen nun,
Der Statt Reüttlingen Underthon,
Ligt Von der Statt ein halbe Meil,
Die Echatz Laufft dordurch mitt eil
Gleich drunder in den Necar ein,

Bey kürchenthellinsfurtt ich main;
Diser fleckh Uberal ganntz Vast
Dem Spittal z'Beittling ist Verhafft,
Ein eigne kürch Unnd Pforr alda,
Ir Pforherr haist Andreas Raoh,
Gebürtlig auch auss Unser Statt. —
Hiemitt so hastu auch Namhafft
Die Fleckhen alle in gemain,
So der Statt Under worffen sein,
Dorzu Verpflicht Und Underthon;
Dorbey so will ichs Bleiben lohn
Und bschliessen mitt den Ersten theil,
Der lieb Gott geb Unns glickh Und heil,
Einr gantzen gmain Und Burgerschafft,
Und wer dorinen ist Verhafft,
Dz wir leben in fridt Unnd Won,
Hertzlich winscht's Johann Fitzion.

Ende.

————

Volendet den Ersten theil am 13. tag Mayl
Anno 1623. ann Welchem tag Morgens ein
schnee gefallen.

Beschreibung des Uhr alten Schloss Und
Stammhaus Achaln, Wer selbige Vor
Tausent Jaren in gehabt, sampt
derselben Graffen und herren
Rütterliche Thatten, Leben Und
Endt Welche auch dz Uhr
alt Dorff Reüttling
Besessen haben.

Die weil nun ist Durch Gottes gnadt
Der Erst thail disz Zu endt gebracht,
Darin Unser Statt Reittlingen
Beschriben Anfang Unnd auch end,
Wie sie Von anfang sey erbawen,
Auch Wie sie Jetztundt sey Zu schawen
Mitt aller irer gelegenheitt,
Und was sie hab Vor grechtigkeitt,
Ist alles Umbstandtlich beschrieben,
Des wegen will sich auch gepüren,
Dz man ietzundt in sonder heitt
Verzeichne was sich in der Zeitt
Dorinn begeben Unnd zutragen,
Was sie Vor krieg, Unfahl Unnd schaden
Und Ander Ohngefehl erlitten,
Wie sie offt Ritterlich gestritten —
Solchs alles Wollen mir auch dir
Bschreiben, doch Vor anzeigen hie
Und bsichtigen dz allte Schloss
Achaln, dz Grafflich Stammhauss hoh,
Weil selbig Graffen Ausserlesen
Vor tausent Joren sindt gewesen
Unsere Herren Unand Obrigkeit,
Dz dorff Ruttellinga bereitt

8*

In ghabt Über Zwoy Hundert Jor
Besessen Unnd auch gewohnet da;
Will solchs erzehlen gleicher gstallt,
Wers wissen will merckh den inhaltt. —

Es ligt ein Schloss Und Hohes Haus
Nechst Vor der Statt Reuttlingen drauss,
Uff hohem Berg Unnd felssen dort
Richt sich auff disses Schlosses Port
Und Rieret an Reuttlinger Gräntz;
Ein Grefflich sitz Und Residentz
Vor Vilen Hundertt Jor gewesen,
Wie mans in der Cronic thutt lesen,
Auch Heittstags noch ein gmaine sag
Bey Vilen, dz sie gstanden hab,
Vor Christ geburtt, ir Wesen ghon,
Wie irer Vil sagen dor von;
Ist doch kein Grundt davon Vor handen
Dz sie so Vil Jor soy gestanden;
Allein findt man dz Zu der Zeitt,
Wie auch dorvon Frischlinus schreibt,
Da man Hab Zehlet in der Weltt,
600.3. Nach Christ geburt 600 Zehlt
Und drey auch der weniger Zal,
Hab gwohnt ein Graff dz selbig mal
Uff Achalu, Wernherr war sein Nam,
Wär tausent Zwantzig Jor ietzt schon
Dz diser Graff alda Regiert,
Sonst Von keim elltern gschriben wirtt;
Der Erste Graff des Stammhauss, merckh,
Uff Achalu dem sehr hohen Berg. —
Und kompt der Graffen Ursprung hör
Von königen auss Franckhreich fehr,
Grosshofmeister des Königs woren
Diss Uhraltt gschlecht Vor so Vil Joren;
Dann dise Graffen Wol geboren,
Bey König Unnd Kaysser Hoch erkoren,

Angsehen Unnd auch Vornem Leitt,
Zum theil halb Risen ihrer Zeitt,
Beriembt im gantzen Schwabenlandt —
Diss Uraltt gschlecht die Achel handt
Erstlichs Und anfengllchs gebawen
Wie sie noch ist Vor Augen z'schawen,
Im Gantzen Lanndt sehr wol bekandt,
Gantz fruchtbar ist doromb dz Lanndt,
Stett Uff ein hertten fels Unnd stain,
Kan in dz Landt Weitt sehen oin;
Dann diser Berg ligt gantz Und gar
Abgsöndert Von all Berg für war,
Ligt in eim ebnen Weltten feld,
Hatt Weinberg Unnd auch Lustig wåld,
Dorin man Hirsch Unnd Rech kann Jagen
Und ander kurtzweil doroff Haben. —
Die Elltsten Graffen dises Bergs
Worn Hoch angsehen, da's Vermerckh,
In Franckhreich Und in schwabenlandt,
Des Königs Gross Hoffmaister gnantt,
Drauss gnuogsam abzu nemen ist
Dz diss ein alltte Graffschafft ist,
Die Elltst im Lanndt Vor andern all,
Hatt Uss all schrifften den Beyfall
Dz sie vor Lannger Zeitt enttsprungen,
Bald nach Der Welltt Hail anfang gnohmen.
Darnach findt man dz Ungefahr
Nach Christ geburtt man Zehlen war

725. Siben Hundert Unnd Zwaintzig fünff,
Ein Graff Uff Achaln, ich Vernimb's,
Sey könig Carles In Franckhreich
Gross Hoffmaister gewest Zugleich,
Der wider Hertzog Lanfrid gnantt
Auss Schwaben kriegt mitt starckher handt,
Zu Hilff dem König In Franckhreich,
Der d'schwaben Demmen Wolltt allzeitt;
Aber Der Graff wordt, muoss ich sagen,

Im Veiler ferst Zu todt erschlagen. —
Frischlinus bschreibt die Schlacht also,
So bschehen sey dz selbig mahl,
Dorin der Graff werden erschlagen —
Dz in schwaben gewohnt soll haben
Ein Hertzog der hiess Etticus,
Von Stauffeneckh sich Nennen luss,
Der selbig Hab im gnohmen für,
Alls man nach Christ geburtt Zaltt Hier

624. Sechshundert Vierundt Zwaintzig Jor
Ein Grose Statt Zu bawen dor
Unnd Ettenhaim soll werden gnantt,
Da Jetzt Ligt Metzingen bekanndt. —
Allss nun die selb irn anfang nam,
Ettlicher Mass in Uffganng kam
Und eingefast ein grosser Blatz
Zu einer ansehlichen Statt,
Aber der Hertzog Lanfredus
Wurd bald Vom König mitt Verdruss
Auss Franckhreich, so Pipinus gnanntt,
Über zogen mitt gwöhrter Hanndt,
Mitt einem mächtigen kriegs Hör
Der Hertzog Uberfallen sehr, .
Die Statt Belegert Unnd Umrendt,
In grund Zerstöret Unnd Verbrendt,
Zerschleifft Unnd zum Stein hauffen gmacht
Der Hertzog doch mitt gantzer macht
Dem könig Under Augen zog,
Zu'rhalten maint alltt Schwäbisch Lob,
Bschirmen sein Statt Und bhaltten's feld. —
An dapfferkeit Hätt's nit gefehlt
Damitt er möcht gesigen an
Mitt sein schwebischen kriegsman;
Aber der König vorgemält
Mitt grosser Macht erbielt dz feld
Unnd wurd der Hertzog, thuo ich sagen,
Mitt sampt Zwölf tausent Mann erschlagen

Gantz Jämmerlich in disem krieg,
Darunder auch der Graff todt blib
Uff Achaln, Luitoldus guott,
Ganntz Rütterlich Vergoss sein Bluott,
Gab Uff sein gaist Uff Griener Haidt
Mitt Unerschrockhner Dapfferkeit;
Gott gnad Achalmer Stamm Unnd Hauss,
Geb iu die Ewig frewd Vorauss. —
Allss Nun die Schlacht geschehen war
Und Ettenhaim Zerstoret gar,
Die Statt da ietzt Metzingen liegt,
Ein schöner groser fleck gespickt,
Und alle einwohner Vertrieben
Also dz Wenig Uberbliben
So nit erschlagen wurden da —
Findt man in alltten schrifften so,
Dz Hernach an demselben orth
Nur fünff Mayer gewohnet fortth,
Ir Underhalt Und Nahrung gsuocht,
Heiser gebawt alda mitt frucht,
Dz feld gebessert Unnd gepflantzt
Unnd sich alda erhalten gantz,
Sich nach Unnd nach alda gemehrt
Und immerzu mehr Volckh einkhert,
Weil es guott feld Unnd Waidung hatt,
Gnuogsame Nahrung an der Statt;
Also dz wider nach Unnd nach
Wurd ein zimmlicher fleckh alda
Und wider Vil Wohnung erbawt,
Des wegen ein Graff, mir Vertrawt,
Von Achalm, Willhelmus genantt,
In diser Gegne Wol Bekandt,
Stifftet ein kirch an dise Statt,
Zu S. Marttin Irn Namen hatt,
Damit dz Volckh an disem orth
Auch Haben könnte Gottes Wortt,
Dordurch dan Hernach kurtzer frist

Bald ein gross dorff erwachsen ist;
Und weil, wie Vorgemeltt ich main,
Die Schlacht da soll geschehen sein,
In diser Gegne davor an,
Also dz Uff Zwelfftausent Man
Erschlagen Unnd gemetzget sind,
Ist der Nam dordurch bliben gschwind
Dem dörfflein, dz es wie ich sag
Noch Metzingen Haist Uff disen tag;
Also der Schene fleckh dahör
Sein Namen gschepfft nit ohn gefehr,
Sonder mitt Bluott Und streitbar Handt,
Der Nam Metzingen gmacht bekannt. —
Zum Zeugnus flehrt Frischlinus ein
Dz dise Schlacht soll gschehen sein
Und so vil Volckh beysamen war
Von allerley gesindts so gar,
Wie man noch Underm kriegs volckh findt
Allerlei Wüst Unsauber gsindt,
Und auch im sprichwortt wirtt gesagt,
Der faul Von Leisen werdt zernagt —
Also solls damals gwesen sein
Dz dz Unziffer in gemain
Vil Volckhs Verderbt Unnd hingericht,
Die Leiss zerfressen Und zernicht,
Dorvon noch Heltt Uff disen tag
Der Leissberg seinen Namen trag
Zu Metzingen am selben orth,
Weil Vil Volckhs sey gelegen dort. —
Zur Bstettigung auch alles diss,
Welches auch noch beweisslich ist:
Alls Metzingen der Nambafft fleckh
Ettliche Bew Ufffiehren thett
Im fleckhen Uff dem kelter wasen,
Alls man die fundament thett graben,
Hat man daselbs Vil todten bein,
Des gleichen spiess Und hornisch fein,

Sporn Wehr Und andre Instrument
Gefunden Unnd dorauss erkendt,
Abgnohmen, dz Vor Zeitt Unnd Jor
Ein Schlacht miess sein geschehen dor;
Jedermann ballt Unnd glaub dorvon
Was er will, ich komm ab der Bahn,
Von Achalm dem Gräfflichen werckh,
Und Stammbauss, dem sehr hohen Berg. —
Muoss Weitters Von Graff wilhelm sagen,
Von Achel hör ottwas fürtragen,
Den Strengen Helden besser Zieron,
Wie er Vor Zeitten thett thurnieren:
Ess ist ein Ortt Magdenburg gnantt,
Ein Wohnung ist des Sachssenlandt,
Ein briembte Unnd sehr grosse Statt,
Da man Vör Zeitten ein thurnier hatt —
Von Turino wirtt thurnier gnanntt,
Von alltters hör gor Weitt bekandt,
Wie Thurnus [und] Aneas waren
Mitt Wehr Unnd Waffen Zsammen gfahren,
Welcher dem andern mecht obligen
Unnd in dem kampff, gesträng da sigen,
Der war der best, gesträng Und Prächtig,
Vor allen Rittern alda mächtig,
Damitt den krantz triumph Und lob,
Soll tragen weg welcher läg ob, —
Allso der kaysser genantt Hainrich,
Der Vogler welcher schribe sich,
Zuo Magdenburg einen Thurnier
Hatt auffgericht mit aller Zier,
Welcher den Rütter ab dem Ross
Köndt Stürtzen mitt dem Speer im Stos,
Unnd ein handveste Sach Verbringen,
Mitt tugent Ritterlichen Dingen,
Der kundt im einen Namen machen
Mitt solchen Rütterlichen sachen;
Derhalben Wilhelm diser Graff

Auffmachet sich mitt Wehr Unnd Waaff,
Sein gürttel, Schwertt Umbgirttet er,
Sein Bantzer, Helm, dz glantzet sehr,
— Mit grosen Helden Fürsten Herren
Zu Thurnieren stand sein Begehren;
938 Neun Hundert Achtundt Dreissig Jor,
Von Christ geburt gezehlet wor
Alls disser Graff Willhelmus gnantt
Zu Magdenburg Worden bekandt. —
Disem wor zuvergleichen gor
Albertt Von Achel, dz ist wor:
Agrippina, ietzt Cöln genantt,
Ligt die Statt Mächtig, wol bekandt,
Mit Vesten thirmen trefflich hoh,
Wie man sie dann am Rein sicht noh;
Daselbst gehalltten ein thurnier,
Nach Ritterlichem Brauch Unnd Zier;
Dahin auch kommen Graff Albrecht
Von Achaln, mitt Vil Edlen knecht,
Aus Schwabenlandt, gantz Wol gerist,
Zu kempffen auch zu diser frist. —
Diser Graff Wilhelm, thuo ich sagen,
Im kloster Hirschaw ligt Vergraben
Unnd Starb da man zellt Ungevahr
1039 Ein tausent Neinundt dreyssig Jor,
Nach Christi Unsers Herren geburtt,
Uff diser weillt man zehlen wurt;
Ann's Hailigen Sant Lorenz tag
Er seinen Gaist willig Uffgab;
Gott gnad Achalmer Stamm Und Hauss,
Geb in die Ewig frewd Vorauss. —
In der sach weitter ich Vortt schreitt,
Die andern Graffen auch beschreib
So ingewohnett disen Berg,
Dz Gräfflich Stammhauss Achel, merckh. —
1030 Alls man zellt tausendt dreyssig Jor,
Zum Zeitten Kaysser Conradts klar,

So damal bherscht dz Römisch Reich,
Haben zwen Brieder gwohnt zugleich
Uff Achel Uand sich Graffen gschriben,
Wie man noch findt in allten Brieffen
Des Stiffts Uund Closters Zwifaltach,
Wie hernach werden Soll gesagt:
Der ein War Graff Rudolff genannt,
Der Ander Graff Egin bekandt. —
Dise zwen Graffen dazumal
Wonten im dorff Ruttelinga,
Davon der Nam Reittlingen bliben,
Sich Herren Von Ruttling geschriben
Und Graffen Von Achalm zugleich,
Dann Achalm war zur selben Zeit
Ganntz bawloss Uund Übel zerstört,
Dorumb die Graffen, wie gehört,
Unden im dorff ir Wohnung gsuocht,
Im fleckhen Ruttling ir Zuflucht,
Gehabt, Wie dann der selbig war
Ihn Under worffen ganntz Uund gar;
Ire Heiser die Sind noch Vorbanden,
Von ganntzem Stainwerckh Uffrecht standen,
Bey Unser Pforkůrch Beede stehn,
Von Burgern Inbewohnt ietzt sehn. —
Dise zwen Graffen Ihrer Zeitt,
Woren berlembte Vornähm Leitt,
Angsehen Hoch im Schwabenlandt,
Sehr reich, am Echatzfluss bekandt,
Mächtige Graffen, ihr Herrschafft
Dz gantz Echtal eingnohmen hatt,
So sie besessen Uund bewohntt
Und disen Graffen Underthan,
Uund hatten damals in irem gwalltt,
Uund Herrschaft dise fleckhen alltt,
Alls namlich Under, Ober Hausen,
Dordurch die Echatz Laufft mitt sausen,
Desgleichen kůrchenthellinsfurtt;

Möringen Uff den Herttern wurdt,
Disen beed Graffen Underthan,
So sich Von Achel gschriben han. —
Auff Rechter Hanndt am Achelberg
Ligt Eningen, du auch Vermerckh,
Ein Zugehör der Graffschafft ist,
Mitt Glembs, Newhausen, Detting, wist,
Sampt Metzingen Unnd kolberg guott,
Riedrich, Bempfling man setzt hörzuo,
Von alltters hör hatt ghörtt uff Ach,
Wie auch Blietzhausen, Rumelspach,
Mitt Offertingen, Allttenburg,
Mittelstatt dorzu grechnet wurtt;
Sickenhausen Unnd Jettabruckh
Sind diser Graffschafft auch ein stuckh,
Unnd dise fleckhen all zuomol,
Hanndt der Graffschafft zughörtt im thol,
Ir Underthan Vor alltter Zeitt. —
Uff der Alb, Uff den Bergen Weitt
Hatt sie auch ir Herrschafft erstrecktt,
Derffer Und fleckhen ingehäbt;
Theils heisen Baach Und Stainbach,
So droben ligen an der Ach,
Auch Wilfflingen Und Tigelfeld,
So ihn auch geben ir gefell. —
Aber die fleckhen fast allsampt
Kamen ins Württemberger Landt,
Wie hernacher gsagt soll werden;
Zwyfalltten ist auch gstifft was worden,
Ein guter theil Von der Herrschafft,
So heittigs tags noch hatt sein krafft. —
Nun diser Graffen einer war
Ein dapffrer kriegsman all sein tag,
Egino hiess mitt seinem Nam,
Vil Graffen in dem Reich Voran
Übertraff er mit dapfferkeit,
An guott Unnd Macht zu seiner Zeitt;

Gantz Unerschrockhen als ein Lew
Gegen sein foinden ycbt sich er,
Unnd gegen freinden tugenthafft,
Saufftmiettig, dulttig als ein schaaff,
Wie davon sagt die Cronica
Des Closters Zwyfaltach alda. —
Diser trewe Fürst Und werde Mann
Den abgebrannten Berg sah an
Und Übel zugerichte Schloss,
So ganntz verhergt wor Über d'mass;
Fieng Unnd bawt ein Newes Hauss,
Hoch Oben Uff den Berg hinauff,
Ein Schloss welchs noch Uff disen tag
Man Augenscheinlich schen mag;
Unnd Gab im auch sein allten Nahmen,
Achalmior, damitt sich zsamen
Reime der Fluss Echatz genannt,
So Laufft durchs gantze thal bekandt,
Gleichsam alls wer dz Schloss Unnd Berg
Dz Dach Und Helm des Echtzthal, merckh;
Wie er dann auch ansichtbarlich
Zuo eim Schlossberg gar Nattürlich,
Weil er Uon Bergen gantz Und gar
Ist abgesöndert Überal
Und oben Arttlich Zugespitzt,
Wol werth eines Grüfflichen sitzs. —
Aber der Graff Egino guott,
Dz Urallt Gräfflich Schwäbisch Bluott,
Mocht den Baw nit Ussfiehren gantz,
Sonder wurd driber töddlich kranckh. —
Alls er d'Rinckhmaur Unnd ettlich thürn
Sampt einem Rundel thett Uffflehrn,
Fil in ein grose kranckheit er,
Ein Hitzig fieber Plagt in sehr,
Bis im der todt sein Leben brach,
Schid Vom sein Schloss unaussgemacht,
Der dapffer Graff Unnd Mannlich Held

Verschid, zog den weg aller weltt;
Gott Gnad Achalmer Stamm Und Haus,
Geb in die Ewig·frewd Vorauss. —
Allss Nun diser Graff Egan zwor
Auss diser weltt Verschiden wor,
Verliess seim Bruder d'Herrschafft gantz,
Welcher Rudolphus war genantt,
Alls einigen Erben dises Schloss,
Sampt gantzer Herrschafft klein Und gross;
Diser den Baw gäntzlich Volflehrtt
Biss Unders tach, wie sich gepirrtt,
Weil Egin driber todts vergeht,
Und es offt worden ist Zerstörtt,
Wie dann der Augeschein gibt klor,
Auch's Vorder Schloss anzeigt für woor,
Dz es Vor Vilen Jor Unnd tagen
Ein besser aussehn wirtt ghabt haben,
Dann ietzundt es zu Unser Zeitt
Mitt selbem batt ein Bschaffenheit. —
Alls diser Baw endtlich Volflehrt,
Graff Rudolff sich Vermählen wirtt
Von Achel, mitt der wolgebornen
Frawen Fraw Adelbelt erkohren
Des Graffen Luitthonis gnantt
Von Mümppelgartt tochter bekandt,
Ir Muottor auch Willpurga hiess,
Von Mümppelgartt sich Nennen Lies. —
Diss Frewlein Adelheit fürwar
Drei töchtern, Siben Söhn gebar
Ihrm gmahl Unnd Herren Zichtiglich
Jm Ehstand, gschlacht, fein Adenlich;
Darunder der ein Sohn erkhoren
Ein Bischof ist zu strasburg worden,
Doraus man noch abnemen mag
Wie ansehnlich die Graffschafft war
Der alltten Graffen Uff Achelberg. —
Alls Nun diss gschlecht fast alls Verstorb,

Dorvon noch überig. Verbliben
Drey Brieder, wie man findt geschriben;
Der ein Graff Cuno war genamtt,
Der ander Luitbold bekandt,
Der dritt Bruoder Rudolphus hiess,
Alle drey Graffen Nennt man sie
Von Achaln hör dem alitten Stamm;
Die Ganntze Herrschafft Uff sie kam
Und il Hn au in solcher Zeit
Da man allenthalben nah Und weitt
Vil klöster Unnd Gottsheiser stifft,
Zu Gottes Ehr Unnd Heiliger schrifft;
Dorumb die zwen Brieder Veran
In fürgenohmen beide sam,
Dz sie wölltten allmuosen geben,
Und ettwas Stifften bey irem Leben,
Damit ir Nam nit gar Versenckh,
Man allzeitt ir mitt Lob gedennckh. —
Dorumb sie dann dzselbig mal
Im fleckhen Tagelfingen da,
So ietzt Thailfingen am Neccar haist,
Vil guotter Ecker, wie man weist,
Zu sampt der halben Pforr. gestifft
Ins Closter Hirsau, wie man's list,
Dem Heiligen S. Pettro Z'ehren,
Und dem Conuent willig Und gehren,
Daselbsten Gott dienenden München,
Dz wann die Graffen todts Verblichen
Und Von der wellt geschiden ab,
Zuo Ruohen da in irem Grab,
Erwartten im kloster mitt Ruoh
Biss kompt der Jüngste tag hör zuo,
Fir sie zu bitten auch Verab,
So Lang sie Ligen in dem Grab. —
Endtlich kam's ihn Anderst zu Sinn,
Bschlossen bey sich sie wolltten ihnn
Ein eigen kloster Unnd Gottshauss

In ihrer Herrschafft richten auff,
Zu Gottes Ehr Unnd Heiliger schrifft,
Da hin Verwenden all ir gstifft,
Ir gantz Vermögen Vertestiren. —
Solchs thetten sie zu gmieth nun flehren
Erstlich dem Bischoff zu würtzburg,
Welcher damals ins Ellendt wurd
Vonn seim Bistumb Vertriben wor,
Sucht schutz Unnd schirm bei'n Graffen gor;
Dornach Von Hirsachau Abbt Willhelm
Rieth solchs fortt zutreiben schnell,
Welche die Graffen unuerdruss
Wählten zu Comissarius;
Welcher Appt Wilhelm erst gemält
Vil klöster stifften Halff ins feld,
S. Jergen, Bläsin, Alperspach
Blawbeiren Unnd auch Reichenbach. —
Dorauff die Graffen wie gemelt
Begaben sich ins Weitte feld,
Mitt Andacht Unnd mitt Reuerentz
Umbzogen sie in Irer gräntz
Mitt dem Bischoff Unnd Abbt willhelm,
Zu suchen auch ein ortt Unnd stell
Zu Irem Chloster Unnd Gottshauss
Welches sie wollten richten auff;
Ein Blatz der inen angenähm
Unnd zu eim Gottshaus sich gezähm,
Auch glegenheitt der ortt Unnd Stett
Dz man dorzu gnuog feldung hett;
Unnd kamen, als sie Zogen durch,
Zu einem dörfflen Allttenburg,
Welchs noch Heittstags am Neocar ligt,
Wie sagt die zwyfaltisch Cronic,
Dz diser fleckh bey'r Haidenschafft
Ettwan gewesen sey ein Statt,
Aber durch krieg Unnd Ungefehl
Zörstert Unnd öd gelegt bishör. —

Dahin Wollten sie richten auff
Dz kloster stifften Unnd Gottshaus,
Weil es des Neccars halb derum
Guott fisch Unnd Waiding hett, in Summ
Der ortth auch sonst bequemlich wer.
Je doch beratthschlagten sie mehr,
Dz weil der Platz ohn eben war,
Nitt gnuog frisch brennenwasser klar,
Auch nit gnuog Raum Und Platz da hett,
Begaben sie sich Von der Stett,
Suchten ein ander ortt Unnd standt
Im Namen Gottes allesampt
Unnd zogen gehn der Alb hinauff,
Die Graffen sampt dem Bischoff auch,
Über Vil Berg Unnd tieffe thal,
Hatten kein Ruoh gantz Überal
Bis sie funden ein Ortt Unnd Lanndt
Da sie wollten nach irem standt
Ein Gottshauss alda richten Uf,
Ganntz Willig Unnd Uhn all Verdruss. —

Von Erbawung und Stiftung des Reichen
Und Mechtigen Klosters Zwyfaltachs
Von Graffen Ull Achel
beschehenn.

Als Nun anghört die Graffen lang,
Umbzogen aus gaistlichem Zwang,
Funden sie endtlich mit begir,
Ein glegen Orth Und Schön refier,
Zu aller sach bequemlich gar,
Dunckt sie dienlich sein Überal,
Unnd gfiel der ortt ihn allen Wol. —
Dieweil dz thal frisch Wassers Vol
Von Zwayen thälern zesammenfloss
In ein klener Uand graben gass

Und diser Ortt lag an der Ach,
Haben's sie ghaisen Zwyfaltach,
Dahör diss kloster ist getaufft,
Von Zwyfaltach sein Namen kaufft. —
Alls Nun der ortt, wie angehörtt,
Ihn allen Wol geficl die erdt,
Ein Überauss schönn Wiscuthal
Derdurch diss Wasser floss herab,
Den Graffen Und auch Ihre Räth
Die Landtschafft Wol gefallen thett,
Von wegen gutts Unnd gaunden Luffts,
Auch frischen wassers Überfluss
Drin allerlej gutt fisch Und krebs,
Die Thonaw auch nitt weitt abwegs,
Auch schene Viehwaid, fruchtbar Beim
Wisen Holtz Wild Unnd was angnehm
Von wildprett Vögel Andrer speis,
Auch köndt man haben gleicherwciss
Von Berg Unnd felsen Bawholtz gnuog
Von Stain Und Anderm was dorzuo
Zu Solchem Werckh man dirfftig wer,
Köndt man allzeit haben dahör —
Die Graffen gor bald fiengen an
Im Namen Gotts alls Frommo Man
Dz kloster Uffzurichten bald
Und rumpten wegk was Ungestalltt,
Die dorn Und heckhen aussgereitt
Unnd was Verhindrung gab der Zeitt,
Die wilden Beim ussgritten ganntz,
Und fruchtbar beum dahin gepflanzt,
Thetten d'Einwohner auch ussfiebren,
Mitt Gelltt Unnd sie transsveriren
In Andre Dörffer dahörumb,
Weil sie Wolten in einer Summ
Haben gaistlich Und welltlich Leitt
Beysamen nitt Zu Irer Zeitt;
Dar durch dz kloster nach Und nach

In seinem Baw forttgieng alda,
Biss endtlich Ussgeßehret gantz
Von Grund Bis oben Uff den krantz,
Wie man daun Solchs noch helttzutag
In flor Unnd Uffgaung sehen mag;
Dann die Appt haben nach Und nach
Auch Vil dorein Verbawt alda. —
Nachdem nun dises kloster wehrt
Von Graffen Uffgericht, wie ghörtt,
Welcho Luitbold Unnd Cuno gnantt,
Zwen Brieder welche wol bekanndt
Von Achalm hör dem alltten Stamm
Fliessen also Mitt Ihrem Namm,
Allss man Hatt Zehlett Ungeuahr
Eintausendt Neinundt Achtzig Jar
Nach der geburtt des Herren Christ,
Wie in der Cronio bschriben ist —
Da haben sie diss Closter wehrt
Mitt Vil Rendt Unnd Gilltten Verehrt,
Mitt Wisen Eckher Wald Unnd Wald
Sampt dörffer fleckben Unnd auch Gelltt,
Welche ich Wollt einander nach
Erzehlen, wann ich Ghör hett da,
Wie weitt des klosters guott Und gräntz
Mit aller Stifftung Unnd geschenckh,
Beliefl, wer's hören Will merckh auff,
Wie hoch sich die Stifftung belauff. —

Volgt des Closters Stifftung.

Erstlich soll geschenckht Vnd eigen sein
Der grund Und boden in gemain,
Dorauff diss Closter war gebawt,
Mitt allen Giettern drum, vertrawt,
Mitt Eckern Wisen Wasserbech,
Sampt Mihlinen auch in der Nech;
Den Fleckben so genentt wirtt Bach,

9 *

Den Zehnden man dorzu auch rach
Auss dreyzehen flecken Unnd Weiler guott.
Sampt hundert Mannsmad Wis dorzue,
Dornach Was Graff Werner Verliess,
Der dritte Bruder, Bischof hiess
Zu Strassburg, auch nach seinem todt
Als an diss Closter gstifftet hatt;
Graff Luitold für sein Person da
Von seinem Patrimonio
Dem Closter auch verstifftet bald
Derendingen den flecken halb,
Mit Wisen Eckher Waid Unnd wäld,
Zwo Mihlinen im selben feld,
Den halben Zehnden an der Pforr,
Der kürch Uff Blasins Berg; verharr,
Ich will dür Weitter zeigen an —
Jetzt thutt ein Schloss für kürch dastan;
Ferners die Graffen in gemain
Dem Closter haben gstifftet ein
Vil Jaucbert Ackers in dem dorff
Wellen bei Derendingen, horch;
Den fleckhen Undingen auch halb
So glegen ist Uff Rauwer Alb,
Mitt Eoker Wisen holtz Unnd wäld,
Uff Sechzig Morgen loff dz feld,
Neben dem gmainen guott allhie;
Graff Luithold abermal fr sie
Dem kloster Allttenburg Unnd kürch
Eingraumpt mitt Vilen Ackerfürch,
Ein Mihlin auch mitt ettlich Giogen,
Die halbe Pforr zu Ofertingen,
Vier Jauchertt Ackhers zu Newhausen,
Drey Mihlin bey dem dorff zu Hausen,
Welche hernach Vertauschet sind
Dem Graff Rudolff von Reittlingen,
Sampt zehen Mannssmad wisen guott
Zu Hausen man noch finden thuett;

Zu Wilflingen auch in dem dorff
Er ettlich gfell auch Unnderworff
Von Zehnden weinberg Eckher wisen,
Dem kloster, wie denn lauttet diser
Übergabsbrieff so bei der hanndt,
Und lauttet erstlich der anfang
Von wortt Ungfohr: Im Namen Christ.
Alls Regierte der durchleichtigst
Hainrich, Römischer koysser gwohlt,
Durch Gottes gnad der 4. gezehlt,
Regieren thett dz Römisch Reich
Dz Sechsunddreisigst Jor der Zeit,
Ioh Luitholdus Graff genannt,
Von Achalm hör dem alltten Stamm,
Ich Übergib Unnd Vertestler
Durch die Haundt meines Victors hie
Alles Lehnguott so ich da hab
Im fleckhen Wilflingen verab,
An Gebew Weinberg Ecker wisen,
Uff den Bergen Waldt, wäld unnd Triben
Zum Vich, Unnd alles anders sonst,
Dem kloster, stiff's auss Lieb Unnd gunst
Der hochglobten Jungfraw Marie
Unnd Mutter Gottes zu Ehren hie;
Alle drey theil die ich ietzt hab
An diser Herrschafft, auch Vorab
Meins Bruoder Graff Rudolffen theil,
Der z'Reittlingen ietzt wohnt mitt Heil;
Durauss gnuogsam erwisen ist
Aus disem Stifftungsbrief zur frist,
Dz Reittlingen dz Urallit dorff
Sich disen Grafen Underworff,
Die auch dorin gewohnett hanndt
Vor Zeiten, der alltt Gräfflich Stamm;
Dann diser Berg word offt zerstert
Wie ietzt Unnd hernoch wirtt gehörtt.
Dann auch yeweilen sonders Lusts

Unnd d'Graffen hetten's Bergs Vertruss,
Begaben sie sich in dz tbal,
Zu 'rlustigen mitt iren Gmahl,
kherten im Dorff Reittlingen ein,
Weil's ihn thett Underworffen sein;
Dann Reittlingen war noch kein Statt
Zur selben Zeit, Wie Vor gesagt
In Bschreibung der Stadt Reittlingen;
Diss alltt Antiquitet vernimm. —
Ess haben auch die Graffen werth
Ein Stattlich Lehenguott auch börtt
Im Ellsäss, Ebersbaim genanntt,
Gehabt welches sie alles sampt
Auch disem Closter Vertestirt;
Weil aber diser ortt beriert
Dem kloster gar zu weitt enttlegen,
Habon's die Münch zu kauffen geben
Graff Wernherr Von Grieningen gnantt
Umb ein gwis Summa Gelltts zu Hanndt. —
Es stifft auch diser Graff Luithold
Dem Closter, weil er ihm bold,
Zwen Bomgortt Unnd zwoy Mansmad wisen,
Gelegen baid zu Sickenbausen
So aller nächst bey Reittlingen;
Zwo Wisen auch zu Pfullingen,
Die ein wirtt Achele genannt. —
Alls nun Graff Cuno wol bekandt
Sah Unnd hörtt wie sein Bruder Graff
Dem kloster Vil Verschnoff aldar,
Wollt er der gringste gor nit sein
Sonder auch mehrers stifften ein
Ins kloster, drum er seine gfell,
Zebenden Und gietter ohne fell,
So er in disen fleckhen batt,
Newhausen, Kolberg an der Statt
Dem kloster Zwyfallt Übergab,
Von Wein Unnd korn sampt Obs vorab,

So Vil im Damal Zugehörtt,
Dem kloster stifftet Und Verehrt;
Desgleichen Uff der Alb ein fleckh,
Genannt Buoch seinen Namen hett,
Bey feinem Schloss, Willßingen gnantt,
Ein kirch sampt dem Einkommen gantz,
Den grösten theil am fleckhen auch,
Au Ecker Wisen Hauss Unnd Rauch.
Es stifft auch diser Graff Cuno
Dem kloster ein Dorff Diettrichs Hoff,
Zwangzg Mansmadt feld zum Überfluss,
Auch den fischreichen wasserguss
So selbsten da fir über laufft;
Dz allso Dise Graffen auch
Firwor fromm Herren gwesen sein,
Weil sie ir Vermögen allein
Fast alls an dises kloster getifft,
Wie hie erzehlett worden ist. —
Damitt Nun diss alls sein Bestandt
Möcht haben Was die Graffen haandt
Dem kloster williglich Verehrt,
Dz selbig auch bestettigt werd
Unnd Ewiglich sollt haben Bstand,
Zumal in Stett Unnd Uff dem Laundt,
In Summa, wo die gschenck her rieren,
Gäntzlichen nichts deroon abz'fiebren —
Hatt Cuno Unnd Graff Luithold
Bey den Fürsten des Reichs mit Huld,
Doch nit un Ursach Ratth gehabn,
Weil Graff Werner ihr Schwestor Sohn
Vou Grieningen mietterlich Erb
An sie erfordert billich herb,
Die ein Gravin Von Achel war —
Deswegen angsetzt wirtt ein tag
Im fleckhen Bempfflingen genautt,
Daselbsten alo den Graffen haudt
Begiettert fir sein Angepör

An diser Graffschafft, glaub du mir;
Dooh mit diser Condition
Dz er hie solt ein Aidschwur thon
Vor anwesenden Graffen Herren
Dz er wolt Nichtigs mehr begehren
Noch Ainige anfordrung hahn,
Sonder alles vest bleiben lahn
Was an diss kloster wer gestifft,
Damitt's Bestandt hob Ewiglich,
Und Ainigkeit allzeit Verbleib
Under den Graffen alle Zeitt;
Haben sie Graffen Werner guott,
Irm Schwester Sohn Achalmisch Bluotts,
Vom alltten Stamm des Achelbergs,
Irm Vetter eingeraumpt, Vermerckh,
Vor mehr Dann Vor fünffhundert Joren,
Im fleckhen Metzingen erkboren,
Dz halb Pforrguott sampt dem einkommen,
Dettingen halb, hab ich vernohmen,
Im eingeraumpt Unnd Übergaben,
In welchem fleckhen sie auch haben,
Die alltten Graffen Von Achelbergk,
Ir Begrebnus, wie ichs Vermerckht,
In eim besondern Cäpelein,
Dorin sie haben geruohet fein;
Aber Da 'skloster Uffgieng gantz,
Und Uffgefiehrt bis Under'n krantz,
Hatt man der Graffen Leichnam schon
Ins kloster Zwyfalt fiehren thon,
Da Ruohen sie in Irem grab,
Im kloster bis an Jüngsten tag. —
Dornach sie auoh gegeben hahn
Graff Werner Irem schwester Sohn
Den halben fleckhen Metzingen,
Die halb Pforrgietter z'Euingen,
Zu sampt dem Schloss Und Achelberg
Den halben Theil daven, Vermerckh;

Wie's dann noch heittigs tag berlchrt
Dz Schloss in zwoi theil gsehen wirtt;
Dz hinder Schloss hatt Graff Rudolff
Uffgrichtet Unnd gebawet vols,
Welches Graff Egin hatt angfangen,
Bald driber Zeitlich todts Vergangen;
Dz vorder Schloss, wie man noch sieht,
Jetzunder gar Zerstöret ist,
Hatt bawt Graff Lnitholdus guott
Zu seinem Underschlauff Und huott.
Aber gemain nie lanng bestundt,
Weil sich Vetter Und Brieder handt
Sich mitt ein aader in dem fahl
Nit wol betragen Überall,
Sonders stets im Unfriden waren.
Uff disem Berg Meisttheils voraben;
Must einr den andern lassen ein,
Der Vorder's hindern thorwortt sein,
Es wer gleich bei tag Unnd Nacht;
Doraus erwuochs endtlich Ungmach
Dz es gerieth zu einem krieg,
Ein Vetter den Andern Vertrib,
Dordurch dz Under Schloss zerstort
Gentzlich verderbett Unnd verhörtt,
Verwiest Unnd's grundt giegt Überal;
Verbleibt also noch heitigs tag
Gantz ungebawen wüst Unnd öd,
Wie es worden gelegt zur Erdt. —
Damitt Nun aber seines gstifftn
Kloster Zwyfalttach wär vergwist
Bekrefftigt Unnd versichert ganntz,
Alls trewlich z'laisten mit bestannt,
Hatt nochvolgenden Graffen Herren
Graff Werner einen Aidt than schweren
Dz er wöll zu Ewigen tagen
Kein Ansprach an dz Kloster haben,
Unnd gschah im seckhen Bempflingen

Da der Contract wurd troffen inn,
Bey Und mitt den Hoch Wolgebornen
Graffen Unnd Herren ausserkohron:
Von württemberg Graff Conradt gnantt,
Burckhartt Von Wüttlingen bekandt,
Wernherr auch, Graff Von Grieningen,
Graff Eberhartt Von Metzingen,
Sein Bruder auch, Graff Trauttwein hiess,
Sich bey dem Contract finden liess,
Von Grieningen Graff Marquart fein,
Mit Graff Sigban Von Remingshaim,
Rudolff, der Graff Von Reittling, wist,
Bey dem Vertrag auch gwesen ist,
Wern, Graff Von Sohloittdorff, blib nit uss,
Sampt seim Bruoder Albericus,
Graff Gabo kam Von Pfullingen;
Auch ettlich Edelleitt vernimm:
Von Bernhaus Volmer Und Rudolff,
Werner Von Leinsdorff kam auch volls.
Dise Herren Unnd Graffen all
Den Contract hanndt bestettigt bald,
Bekrefftiget Unnd Underschriben,
Dorbey vest beid tholl zu verbleiben. —

Wie Unnd wann das Closter Zwyfaltach
mit München besetzt worden.

Nachdem Nun alls, wie Vor angehört,
Was dem Closter gstifft Unnd verehrt,
Zwyfalten geschenckt an guot Und Gölt,
An Järlichen einkommen miltt,
Von disen Graffen wol geboren,
Auch alle sachen bstettigt woren,
Mitt Brieff Und Sigel Confirmirt
Und alles worden Approbirt,
Dz Closter wor uffbawen gantz
Und alles bracht in gutten standt,

Also dz Nichts mehr Übrig wor
Dann dz man dises Closter Por
Mitt fromen Unnd andechtig leitt
Besetzen sollt zur selben Zeitt —
Dorauff die Stifftsherren in gmain,
Baid Graffen so Von Achaln sein,
Bschreiben Von Hirschaw Abbt Willhelm
Dz er kem Unverzogen schnell,
Unnd wölltt ir Gotthaus Weihen ein,
Auch dz er mitt ihm brecht hörein
Zwelff Brieder Unnd ein Abbt dorzuo
Mitt den man's Gotthauss bsetzen thuo,
Und solches alles in der Zahl
Der Zwelff Apostel selbigs mal;
Dorauff Abbt Wilhelm in der geschwindt
Uffbrach mitt Andechtigem gsindt,
Da man batt zehlet, dz ist Wor,
Ein tausent Neinund Achzig Jor. —
So bald Nun dise Brieder hänð
Angsehen dises klosters gräntz,
Stigen sie ab Von Pferdten schnell,
Giengen Baarfuoss durchs heilig feld
So disem Gotthaus Zugehörtt,
Sungen auch Uff der hoiligen erdt
Andechtiglich die Letaney,
Dz te deum laudamus frey
Biss in des klosters kirch hinein,
Begriessten also Christum fein
Unnd seine Muotter Maria
Mitt Lobgesang dz selbig mal,
Damitt das Closter eingeweicht;
Die Brieder daruff all Zugleich
Gantz Eifferig mitt gross Andacht
Studlertten Unnd's gebett verbracht
Täglichen Unnd zu gwiser stund;
Dorneben auch die Brieder hondt
Täglich gebawt Unnd wonung gsucht,

Bis sie die Haushalttong mitt frucht
Angricht Unnd ihn einträglich wär;
Allein Der anfang Wurd ihn schwer
Biss die gestifft ettwas ertragen
Dz man dorvon köndt Nutzung haben. —
Es kamen auch Vil frommer leitt,
Vil Layen brieder zu der Zeitt
Zu ihn mitt all irm guott Unnd hab,
Schutten's gellt zu irn flessen ab
Unnd wohnten in dem kloster da,
Bawten Unnd Pflantzten auch also
Dz also bald in disem fahl
Dz kloster zunam Überal;
Deswegen dann die Brieder bald
Rattschlagten Wie in solcher gstallt
Ein Haupt Unnd Regentt wird erwehlt
Der dem Conuent wird firgestellt,
Wie sich in allem wollt gepüren,
Dz ganntze kloster zu Regieren,
Weil sie hatten für sich alldor
Nur ein Prior, der stundt ihn vor;
Weil Aber's kloster sich mehrt hooh
Und immer Wuochs fein noch Und noch —
Handt sie Endtlich nach Dreyen Joren,
Weil sie im Augenschein erfohren
Dz un ein recht Haupt hett kein Bstandt --
Drauff sie Abbt Willhelm wider handt
Angruoffen dz er ihnen wollt
Ein Abbt dem kloster wehlen sollt
Der ihnen allen für gsetzt wür,
Dz kloster Unnd's Conuent Regier. —
Abbt Wilhelm der bewilligt bald,
Setzt ihn ein Abbt vor solcher gstallt.
Ein Eifferigen frommen Man.
Hiess Nogger, welcher auch vorau
Zu Einsidel im schweitzerlandt
Wor ein Conventuel zu haandt;

Weil er daselbst ein strengen Orden
Geflertt; der ist ihn vorgsetzt worden
Unnd zu eim Abbt worden erkandt
Dem kloster Zwyfaltach genandt.
Nun diser Nogger wie gemeltt
Der wordt der Erste Abbt gezehlt
So in diss kloster ein gefahren
Mehr dann Vor fünffhundertt Joren;
Regiertt dz kloster trefflich Wol,
Wor fromm getrew Unnd Eiffers Vol,
Allso dz Under disem Abbt
Dz kloster zunam tags zu tags
An Bew Und giettern, mich Versteh.
Der Abbt sind gwesen bis dahör
Uff jetzt Regierenden Michel Abbt —
Hatt's kloster einundt dreissig gbabt;
Der durchleichtigste Fürst Und Herr
Von Württemberg der ist schürmherr
Über diss kloster ietzt der Zeitt,
Alls Über Vasallj Unnd Lebenleitt. —

Beschreibung des Closters Zwyfaltach, Wie es Jetziger Zeit erbawen Und gestaltet Ist.

Diss Kloster Zwyfaltach dz hat
Ein schöne Kürch Uff weittem Platz,
Weliche kürch gor schon berierth,
Mitt vil verguldten tafflen ziertt,
Vil schöner Alltär mancher handt,
Ein grose Orgel auch drin Prangt
Zum Gottsdienst Und zum Musiciren,
Lieblichen Resonantz thutt flehren;
Ein schönen Vorhoff, glaub du mir,
Hatt es vor selbes kürchenthir.
In welchem Contrafetet sein
Allerlej Wappen in gemain,

Der allten Fürsten Graffen Herren
Bildtnuss Unnd gstallt mit grosen ehren
In gantzen Küriss abgebildt,
So kniendt betten also mitt.
Gleich ob der kürchthir im eingang
Knyen Unnd betten auch zu Haundt
Die Zwen Stifftsherren wol geboren,
Graffen Von Achaln ausserkhoren,
Alls Stiffter dises klosters werth
Werden noch Heitt zu tag verehrt
Von kloster herren, bey in handt
Ibr alltt Gräffliche Wappen standt,
Flohren ein alltten bschlossnen Helm,
Ein schiltt dorinen siben stern,
Zu Oberst drauff ein Pfawenschwantz,
Diss wor ir Wappen alles gantz. —
Ess hatt auch der Abbt Michael,
Da man hatt Sechzehn Hundert zehlt,
Angfangen einen solchen Baw
Und Fürstlichen Palast, Vortraw,
Zugricht dz man daselbsten kan
Fürsten Unnd Herren z'heerberg han;
Ja wann's der kaysser selbsten wer,
Bschamt sich des nit ein groser Herr;
Von schenem Stainwerck Uffgebawtt
Dz einr mitt Lust denselben schawt.
Auch hatt's Umb's kloster Unnd dorin
Vil schen obsgärtten, fruchtbar bem
Vou allerlei guott schnabelwaid,
Auch Schönne wasser, gutt fischwaid.
Dz wasser Aach hatt seinen furtth
Unnd Laufft in disem kloster durch,
Bringt allerhandt der best Vorhennen,
Dem kloster keuen's nit enttrinen,
Werden im wasser wol verwahrt
Unnd zur Notturfft dorin gespartt.
Nit weitt Vom kloster hatt's ein see

Uf welchem man hatt guett Gespee,
Weil dorin sehr Vil enntten gibt,
Werden fein abgespeist mitt sitt,
Unnd Noch Unnd Noch recht Zam gemacht
Mitt Geèst Unnd Uabern tag Und Nacht;
Auf einem Platz mit sonderm Lust
Stett ein schönn griones Heislein druff,
Aus welchem man die Garn fein richt,
Wenn man denn ir Bedirfftig ist,
Allso dz man kan alle Zeitt
Des gůgelwildprett Haben frey. —
Im kloster hatt's auch schenne Bronnen,
Lustheiser Unnd was sonst, in Summen —
Von schoiren Beiw Unnd Anderm G'heiss
Sicht einem Schenen Stättlin gleich;
Vorm kloster stett ein schen Wirttshaus,
Ein Heerberg frembder Leitt Vorauss,
Weil dafür geht ein genge strass,
Dz man kann haben da Ufflass:
Summa, an allen Ortten schier
Gantz nichts manglett an's klosters Zier.
Wenn ietzt solltten die Graffen webrt,
Die's kloster gstifftet Und Verehrt,
Wider erstahn in dise welltt
Unnd dis ir kloster wie gemeltt
Mitt Augen solltten schawen an,
Gross Verwundrung wirden sie han
Ab desen Zier Unnd Herrlichkeitt,
Gegen irm Allttem than der Zeitt,
Ja wirden's wol gor nit mehr können
Unnd dise Landtschafft mehr ernennen,
Weil es sich in Vil Zeitt Unnd Jor
Gäntzlichen hatt Verendert gor.
Und dz sey nun gesagt für wor,
Wie dises kloster Ungevor
Erbawet worden Und gestifft,
Wie's auch heittetags an z'sehen ist,

Unnd will ietzt weitter sohreitten fortth
Damit ich kom ans Vorig ortth,
Unnd bschreib Volendts dz Gräfflich gschlecht
Diss Schloss Unnd Stammbauss Achel recht,
Biss es endtlich an Württemberg
Ist kommen, drom fleissig Auffmerokh. ---
Alls Nun ietzt naoh der Long erzehlt
Wie die Zwen Graffen hooh erwehlt,
Nemlich Cono Und Luithold
Auss andacht Eiffer Unnd mit Huld
Fast ir gantz Herrschafft Und Vermögen
An diss kloster gstifft Und than legen,
Die Übrige Herrschafft Unnd Lanndt
Sie mitt Brieder Und Vetter handt,
Mitt Werner Graff Von Grioningen
Gethellt, hierin weitter vernimm,
Weil er ir freiudt Unnd Vetter wer,
Wie Vor ist angezaiget klor. ---
Von der thailung findt man geschriben
Dz das dorff Reuttlingen sey bliben
Unnd Erblichen hab zugehörtt
Graff Rudolfen Von Achaln werth
Und ihm Erbsweiss sey Zugefallen
Vor ander Ortt der Herrschafft allen,
Auch haben offt Und Vil ernandt
Graffen Unnd Stifftsherren baidt sandt
Ettlich korn Unnd wein gefell
Im dorff Reittlingen ghabt ohn Hehl,
Dorzu ein Hoff Unnd Bebausung fein
Erbawt, da man hatt gsamlett ein
Und Uffbehaltten wein Unnd frucht
Unnd wz man dann Jerlich einzug;
Derselbig ist noch hie bekandt,
Wirtt S. Johannsser Hoff genandt,
Unnd disen Hoff Unnd gfell alldor
Im Dorff sie ihn behaltten vor,
Sonsten ir gantz Vermögen ist

An dises kloster glegt Unnd gstift,
Wie gnuogsamm angezeiget ist. —
Wann Und zu welcher Zeitt es sey
Dz dise Stiffter Beede frey
Gstorben Und Von der Wellt abgschiden,
Dz selbig findet man beschrieben,
Verzeichnet in der Cronica
Des klosters Zwyfalltach allda;
Gott gnad Achalmer Stamm Und Hauss,
Geb in die Ewig frewd Vorauss. —
Ein alltt Burgstell, Wie ich Veralmm,
Zwischen Newhauss Unnd Metzingen,
Findet man noch am selben ortth,
Ist ietzt ein Hoff gebawen dortt.
Welcher Vor Vilen Zeitt Unnd Jor
Ein Gräfflich sitz gewesen wor,
Dorauff da hab gewohntt mit friden
Ein Graff Unnd sich Von Achaln gschriben.
Es haben auch die Graffen werth
Den Achelberg bewohnt, wie ghört,
Mitt Vilen fleckhen Unnd Einghör,
Wie auch Pfullinger Dorff, ich hör,
Ein Zugehör der Achel war. —
Vor ettlich Hundert Jor, ich sag,
Da man Neinhundert Achzig zehlt
Unnd Vier Jar auch Uff diser welt,
Da wohnt ein Graff Wolffgang genantt
Welcher kam in Gaistlichen standt,
Schrib sich ein Graff Von Pfullingen
Unnd Achelberg, wie ich vernimm;
Sein gantz Herrschafft hatt Resigniert,
Zu Regenspurg er wirtt Creirt
Zu einem Bischoff Ausserkohren,
Weil er vonn Stammen Hoch geboren,
Drumb er Pfullinger Residentz
Hatt Resignirt, seins Vatters grentz;
Da wardt Pfullingen sein Herrschafft

Denen Von Achaln gor Verschafft;
Graff Wolff Verliess sein Vatterlandt,
Begab sich in Gaistlichen standt;
Gehn Reichenaw ins kloster kam,
Den Münchorden daselbst an nam,
Bis er kam in ein höhern Orden,
Zu Regenspurg ein Bischof worden,
Wie er dann auch daselbst mit frid
In seinem orden todts Verschid;
Draus abermal abznemen ist
Dz dise Graffschafft Achel, wist,
Vor Alltten Zeitten Und Vil Jor
Mitt ihr Herrschafft ansehlich war
Unnd fürnehm Graffen in dem Reich,
Wie sie dan auch bey Ihrer Zeitt
Vil krieg Unnd Unfridt baudt erlitten,
Doch allzeitt Ritterlich gestritten;
Wie dan Luitholdus der Uhralltt,
Von Achaln wor in gleichor gstalltt
Dem Caroli Martelo gnantt
Vor alltten Zeitten Wol bekandt,
Mitt welchem er angriffen hatt
Leittfriden, welchen mitt der thatt,
Den Hertzogen im schwabenlandt,
Ausstilgen woltt mitt gwehrter Haundt,
Aber word Laider, muoss ich sagen,
In disem krieg Luithold erschlagen
Mitt Andern Graffen Und grosn Herren
Die im gehollfen mitt Ihrn wehren;
Die Schlacht ist gschehen da man zalltt
Siben hundert zwainzig der gestalltt;
Am Feiler Forst Luitholdus starb,
Ein Graff Von Achaln da verdarb;
Die schlacht ist voren mitt Belieben
Mitt allen Umbständen beschriben;
Gott gnad Achalmor Stamm Und Haus,
Geb in die Ewig frewdt Verauss. ——

Alss Albrecht der gar streittbar Held
Ein kriegs Man wor in diser weltt,
Ein Graff Von Achaln wol geborn,
Vom gschlecht wor er Ausserkhoren,
Die Reichstatt krieget Mächtig hartt
Mitt schwertt Und fewr, [sein gselle wardt
Graff Eberhartt Von württemberg,
Der durchleichtig genantt, vermerckh],
Und uhn Leibserben gstorben war,
Albrecht Von Achaln gantz Und gar
Ohne Nachkömmlingen Verstarb,
Von Achaln hör der Stamm Verdarb —.
Nach seinem todt Unnd Ableiben
Die Württembergische sich schreiben
Alss Possesores seiner gräntz
Unnd Inhaber Ihr Residenz.
Biss dz sie endtlich nach Und nah
An Württemberg ist kommen da;
Hatt ettwan kostett auch Vil Geltt,
Wie hernach auch soll werden gmeltt,
Biss sie die Herrschafft Uberkamen,
Die Suma ist alls grechnet zsamen. —
Es hatt auch dz Hauss Osterreich,
Wie auch dz Römisch Reich zugleich.
An dise Graffschafft Achelberg
Anfordrung ghabt, wie ich vermerckh,
Vor Langer Zeitt Unnd Vilen Jor,
Wie ich daun find geschriben klor,
Dz Conradinus Kaysser guott,
(Der Ander sich auch nennen thuett),
Ein könig zu Jerusalem
Unnd Sicilien, ich vernimm,
Graff Ulrichen Von Württemberg
Verschriben hatt den Achelberg
Umb ein gewiso Summa gelltt,
Vier hundert Marckh silber gezehlt,
Uff Achel Unnd Roittlinger dorff,

Die er auch umb Nein hundertt Marckh
Silber Gewichts Und Colmarisch,
Under Pfandtsweiss, wie ich bericht,
Hat bsessen drumb In solcher gstalltt;
Hatt er Graff Ulerich allsbald
Von wegen seinr getrewen dienst
So er ihm erzeigt ohne lengst
Unnd forthin noch erzaigen mecht,
Und dz er auch mitt aller Krefft
Ihm Und seim allerliebsten Sohn
In allem Hilff Unnd Beistandt thon,
Uss allen kräfften Und Vermögen,
Wer sich dann Wider ihn wollt legen
Durch kriegsmacht oder ander gwalltt,
Wider ein yeden, — doch dergstalltt
Dass, wan nun dise Summa Gelltt,
Nein Hundert Marckh, wie vorgemellt,
Bezalltt Und wider usgelöst würden,
Soll's auch ferers mit keiner Bürdin
Beschwertt werden, sonder alls frey,
Wann dise Summ erleget sey,
Wider komen in seine Hanndt
Unnd dise Güetter alle sampt
Ledig Unnd Unbekimert fein
Ihm widerumb haimgfallen sein;
Solche Versatzung gschah, ich sag,
Actum zu Augspurg, alls man zallt
Der Jor Zwelff Hundert sechzig zwey
Der sechsten Römer Zinszal frey,
Den Sechzehden decemberis
Im obgemellttem Jor gewiss;
Unnd weil dise Versatzung nun
Zu Nutz des Heilgen Reichs gethan,
Auss ehhafften Ursachen gschah,
König Und Fürsten's Reichs aldar
Dorein auch Consentirten bald;
Zu Speir wurdt solchs bestettigt alls,

Drey zehen Hundert Dreyssig Jor
Man eben damal zehlen wor.
Dz Schloss uff Hohenstauffen haben —
Ein Stammhaus der Hertzogen von Schwaben —
Dorzu dz Schloss Unnd Achelberg,
Auch Oesterreich die Herren, merckh,
Dem Willhelm Von Riedthelm verschreiben,
Zwelfftausendt guldin drauf her z'leihen
Uff Achel Unnd für Hohenstauffen,
Hatt's Gelltt hörgschossen uff ein Hauffen;
Jedoch hatt's gmeltter Von Rietthaim
Dise zway Schlösser In gemain
Graff Ulrichen Von württemberg
Eingraumbt Und übergeben, merckh,
Anno dreyzehen Hundert Jor
Unnd Sechsundtsibentzig, dz ist woor;
Wurdt confirmirt unnd betettigt alls
Von kaysser Carlen also bald,
Welcher genanntt der Viertt im Reich
Diss Namens, da man zellt zugleich
Dreyzehen Hundert sibentzig
Unnd Acht der weniger, sag Ioh —
Seind dise Schlösser, wie gemeltt,
Verschriben Württemberg umb's Geltt;
Dann der Graffschafft uff Achaln war
Der Gräfflich Stamm abgstorben gar,
Drumb sie Württembergischen Landen
Theils kaufft uand Erblich zugostanden,
Wie voran ghörtt unnd noch wirtt ghörtt,
Dz Leopoldus unnd Albertt,
Gebrieder Unnd Ertzhörtzogen
Auss Oesterreich einhellige Sinns
Gräff Ludwigen Unnd Eberhartt
Ihrn beeden jungen Herren zartt,
Von Württemberg Graffen genautt,
Den Schlossberg Acheln wol bekandt,
Sampt all derselben Zugehör,

Mitt fleckhen Derffer Und was mehr,
Verschreiben Und Verpfenden bald,
Solchs innzuhaben der gestallt
Von ihm Unnd dem Hauss Oesterreich,
Zu b'sitzen in Underpfandsweis;
Unnd soll auch ihn ir Leben lang,
Von den von Oesterreich kein Zwang
Nit zustehn noch abglöset werden
So lang sie Leben auff der Erden;
Und ist dorumb geschehen diss,
Weil obgemeltter Graff Ludwig   ,
Sich wider d'Schweitzer Und Aidtgnossen
Allss ihre feindt sich brauchen lassen
Unnd sie Verfolgt mitt schwertt Und fewr,
Den Hertzogen zu Hilff Unnd Steir.
Dise Verpfendung gschah Ungfohr
Da man zellt Vierzehen Hundert Jer
Unnd Viertzig fünff dorzu, ich sag,
Der weniger Zal find ich das. —
Ess wardt auch diss Schloss Achelberg
Den württembergischen Herren, merckh,
Von kaysser Carlen eingenohmen,
Dem Vierten, da man zalt in Summen
Dreyzehen hundert seohzig Jor;
Doch bald in zehen Jor hernach
Widerumb kamen an dz Lanndt,
Weil sie vom Reich Verschreibung hanndt;
Dordurch dann, wie vor efft gehörtt,
Der Schlossberg worden sey zerstört,
Wie man dann noch heittigen tag
Solche Warzeichen finden mag. —
Lettstlich findt ich auch zum Besohluss,
Dz Kaysser Maximilianus,
Anno 1503
Den Schlossberg Achel, sag ich frey,
Haben gegen württemberg Verpfendt
Umb Achttausendt guldin parer Münz,

Uff Widerlosung bey seinr Zeitt;
Dz allso dise Achel reitt
Hundertt unnd zwaintzig Jor verflossen
Bey württemberg bleibt unverdrossen,
Versteht, noch heitt unuasgelöst;
Fein still dorzuo, dz ist dz best. —
Also sei's Umbständtlich erzehlt
Wie es sich ganntz mitt Achel heltt,
Wer sie anfangs erbawen hab
Unnd was sonst sonders druff vorab
Mitt dem Gräfflichen Stamm fürgangen.
Wie sie dz kloster mit Verlangen,
Zwyfalttach, gstifftet Unnd verehrt,
Auch Ritterliche thatten wehrt
In schlachten Unnd thornier erlangt —
Ist all's anzaiget mitt Umbstandt;
Auch wie's Endtlich an württemberg
Ist kommen, wie mir han vermerckt;
Gott gnad Achalmer Stamm Unnd Hauss,
Geb ihn die Ewig frewd Vorauss. —

Anno 1247 wardt Heinrich ein Landtgrave auss
Dieringen Wider Hertzog fridrichen aus Schwaben
zu kaysser gwelt, der zog für die Statt Reitt-
lingen, belagert dieselbig, hatt auch bei sich
den allten sturmblockh der noch am Ratthaus
ligt, Aber er wordt von Hertzog fridrichen
abgetriben, der kurtz davor Reittlingen mitt
Mauren umfangen hatt. Dornoch zog der
Landtgraff für Ulm, Und word dor verschossen,
behiellt allso Fridorich dz Reich.

Volgt Jetzundter der Statt Und Reuttlinger
krieg, Sampt aller derselben Namen so
Vor der Statt Reuttlingen Von Graffen
Herren Und Von Adel sind erschlagen
worden.

Anno 1377.
Actum freitags Vor Pfingsten.

Münsterus schreibt, im dritten Buoch
Seiner Weltbeschreibung Nachesuch,
Dessgleichen Sebastian Brandt
In seiner Cronic Macht bekandt,
Dz alls man zellt zwelff Hundert Jor
Und Zwoyundt sibentzig, dz ist wor,
Alls die Graffen Von württemberg
Mitt den Reichstetten, ich vermerckh,
Ein grosen krieg gefangen an,
Die in irem Lanndt lagen schon.
Graff Eberhartt der Rauschenbartt,
Der Greiner auch genenett wardt,
Wor damals Mechtig in dem Reich,
Im Landt so wor ihm keiner gleich,
Under seim gwallt Unnd schirm er hett
Uff die Vierundtzwaintzig Reichstett —
Kempten, Ravenspurg, Esslingen,
Hallbron, Bibrach, Unnd Reittlingen,
Buochaim, Lindaw, Constantz, Rottweil,
Ulm, Überlingen, Dinkhelspil,
Donawerth, Leukirch, Nördlingen,
Pfullendorff, Wangen, Dopffingen,
Gmündt, Kauffbeiren, Memmingen, Hall.
Die 24ig Reichstett all
Wollt er nach seinem Gfallen bastgen,
Doraus ein groser krieg thett wachsen,
Vil Hundert Dörffer giengen Z'grundt,

Zu Bederseits verbrandt, dorumb
Ein starkher Bundt Von Stetten gmacht,
Ein Ander Hilff z'thon tag Und Nacht.
Darauff die Statt Reittlingen bald
Hinaus gfallen mitt gewalltt,
Mitt 6 Hundertt Mann bey der Nacht
Unnd uff den Raub sich auff gemacht
Diewells damal an allen Ortth
Wor nichts dann Rauben, brennen, mordt,
Wie's dan im krieg pflegt zu zugohn. —
Zogen gor still in eil dorvon,
Für Die Statt Urach, wie ich sag,
Kamen's am Morgens frie vor tag,
Doch liesen sie dieselb mitt Ruoh,
Zogen dem dorff Dettingen zuo,
Dz thal hinab daselbig mal,
Satzten im zuo mitt groser gfahr,
Zändten dz Dorff dettingen an
Dz es uff halben theil verbran,
Schluogen auch ettlich drinn zu todt,
Wer sich Zur wehr gestellett hatt,
Unnd Raupten auch hinwegk, sag ich,
Ihnen bey drey Hundert Haupt Vich,
Damitt uff unnd Reittlingen zuo,
Die in der Statt hatten mit fuog
Deshalben fleisige Obacht
Uff ihre Burger mitt Bedacht,
Weil der Graff Oben Uff dem Bergk
Mitt seiner Ritterschafft lag, merkh,
Und wartten dorumb fleissig auff
Mitt gwöhrter Haundt dass mann zu Hauff
Ihre Burger mitt eim Raub her kemen,
Sie eilendts in die Statt einz'nemen.
Allas solchs Graff Ulerich vermerckt,
Uff Achel dem sehr hohen Bergk,
Genantt Graff Greiners Sohn fürwor,
Rüst er sich mitt seiner Ritterschar,

Vil Herren, Graffen und vom Adel,
Die alle wolltten sein ohn tadel,
Mitt andern Herren Und Rütter guott,
Auss recht freidigem Heldenmuoth,
Vermeint durch seine Macht und gwaltt,
Den Raub ihn abzutringen bald,
Damitt die Statt auch anzurennen,
In Hoffnung keinr solt im entrinen.
Dorauff erhuob sich, wie ich sag,
Hinder Sant Liert ein Bluottig sohlncht
Unnd Ranntten vonn Dem Berg werts hör,
Alls wann der windt den schnee weht hör,
Der Graff mitt seinem gantzen Zeig
Uff der Roittlinger Burgers Leitt.
Aber die Burger unverzagt
Mit Irem Raub sampt Pack unnd sackh
Stelltten sich Ritterlich zur Wehr,
Liessen's Vich lauffen hin unnd hör
Unnd kehrtten gegen Graffen sich
Gantz Unerschrockhen Unnd mannlich.
Die Burger in der Statt, wie g'hörtt,
Hielten solchs für kein Ungfehrt,
Woren dorzuo vorhin gerist,
Dz wann der Graff wolltte mit List
D'Statt oder Burger Überfallen,
Dz man zu Hilff in sollchem allem
Eillends Und unverzogen käm,
Sie Unnd den Raub in die Statt nehm.
Alls nun die Statt In dem Ufstaadt
Vernam dz d'Burger wider z'Lanndt
Kamen unnd war Nachrichtung da,
Dz der Graff Inen elllet nah
Mitt gewehrtter Hanndt unnd Höreskrafft,
Mit all sein Herren und Ritterschafft,
Fielen sie eilendts Unnd geschwindt,
Wol mitt Sechs Hundert Mann gerundt,
Hinaus zur statt an einem orth

Mitt iren Söldner Uand gesindt,
In solcher eil Unnd also geschwindt
Umbzogen sie den Graffen hert,
Gantz Unvermerckht, fein hinderwerth;
Dann sie ein grossen Umbschweiff namen
Und hinderm Hohenschiltt hörkamen,
Bis sie ihrn feindt umbzogen han;
Die andern woren voraen dran
Unndt wurdt der Graff mitt all soim Gsind
Von den Reittlingern ganntz umbringt,
Welchs er sich nitt versehen hett.
Alda begab sich uff der Stett
Ein Würgen Unnd ein bluottig schlacht,
Griffen ein Ander an mitt Macht,
Mitt spiessen, schwerttern Unnd mitt stangen,
Wie einr den andern kundt erlangen;
In solcher unversehnen Eil
Liessen's dem Graffen wenig Weil,
Sampt all sein Herren Unnd Rattern gutt,
Recht alls man gegen feindten thuott.
Der Graff mitt seinem gantzen Gsindt,
In diser schlacht war mitten inn
Unnd nidergeschlagen ritterlich
Mitt Wehr Unnd Waffen gantz mannlich;
Ir Gegenwehr wolt nichts erschiessen,
Vil muesten's Leben gar einbiessen,
Dann es wor ein Ernsthaffter streitt
Bey so vil Graffen Unnd Edelleit;
Dann der Graff hett all seine Macht
Bey sich von Herren Unnd Ritterschafft;
Die Mehrertheil seind kommen umb,
Uff Sechsundtachzig in einr Summ,
Allso dz endtlich auch beseits
Der Graff entranne uss dem streitt,
Übel verwundt entran mitt Macht,
Mitt seinr Übrigen Ritterschaßt,
Unnd Uff den Achelberg salvirt.

Ich hab auch ghörtt dz, wie beriehrt,
Er auss der Schlacht entrunnen frey,
Hinder Sannt Liert dz selbig mal,
Damitt er sich errötter da. —
Alls nun Reittlingen der gestaltt
Den sig erhalltten mitt gewalltt,
Gott Lob ohn sonder Bluott Vergiessen,
Und hoben nit mehr than einbiessen
Dan dreyzehen Mann, wie ich sag,
Dz wor fürwor ein sonder Gnadt,
So in Gott hatt verlihen hie;
Dorauff sie Iren Raub Unnd Kieb,
So sie im thal hatten geraupt,
Hin unnd wider zusamen klaubt
Unnd mit vil kriegs Munltion
So in der schlacht wor hinderlan,
Mitt frohlocken unnd guttem Sig
In die Statt Reittlingen eintrib,
Und endet sich die Schlacht, wie ghörtt,
Dorunder so vil Graffen währt,
Herren und Ritterstandts Personen
Umbkommen, will ich Ihre Nahmen
Ernennen unnd beschreiben dir,
Wie ieder hab gehalsen hie
Mitt seinem Namen Würdt Unnd Ehr,
Wer solchs gern hörtt der mörckhe mehr:

Namen der Graffen, Herren Und Ritterstands-Personen, So Vor der Statt Reüttlingen Umkomen.

Erstlich Graff friderich Von Horn
Und schalcksburg. Ritter wol geborn,
Graff Ulerich der Scherer gnantt,
Pfalltzgraff von Tüwingen bekandt,
Genantt ein Herr zu Herrenberg,
Der Lettst diser Graffschafft, Vermerckh;

Dorzuo ein Graf von Schwartzenburg;
Herr Götz der Schöderer auch wurdt,
Ein Ritter, in dem Streitt erschlagen;
Von Winshaim hat den Fahnen tragen;
Schweickhartt Freyherr von Gundelfing,
Reichartt von Neittberg blib auch drinn,
Bald Ritter Württembergische Räth;
Unnd auch Johann von Söldeneckh,
Wentzel aus Franckhen, Wolff von Stammen,
Die Beide thett der todt auch langen;
Zwen Burckhardt Stummfeder und Franckhen,
Sindt in dem Streitt auch Todts versanckhen,
Mitt Bentzo Keib von Hohenstain,
Johann von Rüdenberg gemain,
Hanns von Lustnaw, unnd Seyfried;
Conradt von Höfingen auch blib,
Wellcher wor Herr Baltsen Sohn;
Von Hohenfelss kam nitt dorven
Herr Waltter, und Von Gemmingen
Ist bliben Schweickhardt auch dorin;
Von Bernhausen, genantt der Scharb,
Mitt Seyfrid Woler todts verdarb;
Hanns Walker kürcher, Zuttelmann,
Conz Truchsses, war Herr Hansen Sohn,
Von Buchishausen Ritter gnott,
Albrecht von Killer auch sein muott
Der todt in disem Streitt erlegt,
Mitt Hainrichen von Liechteneckh;
Eberhartt von Stoffen und Bonlandt;
Ein Freyherr wor auch wol bekandt,
Von Sternenfelss Herr Eberhartt,
Ein Vogt im Zabergöw er wardt;
Herr Hannss genandt von Sperberseokh;
Andreas von Gaisslingen keckh;
Von Liechteneck einer Ulrich hiess,
Diebolt von Neidtling braucht sein Spiess,
Mitt Contz von Stammen yedoch blib;

Conradt der Kifer auch verschid,
Mitt Wolff Hochschlitz von Pfaffenhofen;
Von Jungingen der moost auch kosen;
Conradt Kiener, wor von Schlossberg;
Waltter Spoet von Ehstetten merckh;
Ein Mönch Hainstett, von Haintz der Mayer,
Seyfridt von Sachsenbahm, im Hader
Blib mitt Vom Erbach Seyfridt;
Herrmann Veittbach, ein Franckh, auch blib;
Herr Hanns von Grumbach, auch ein Franckh,
Mitt Contz von Leipach todts versanckh;
Von Krailshaim einer Willam hiess;
Dürer, ein Franckh sich nennen liess;
Herrman, ein Franckh von Bornstain;
Diepolt ein Franckh, wor von Winshaim;
Stummfeeder, Franckh, ein Edler knecht,
Andreas Zobel unnd Ruprecht,
Von Gobsidel auss Franckhenlandt
Woren baid Edelknächt zuhaandt;
Contz Von Hedeckh vom Ottenwaldt,
Raffe von Liechtenstain auch fallt
In todtsgefahr in diser schlacht;
Herr Hansen Sohn von Riettbach;
Wolff von Urnheffen hörtt auch drein;
Es blib auch Volckhlin von Krautheim,
Des Vitztombs Schwager ungenantt,
Kamen allsampt in Todtes Banmd;
Hanns und Henslin, Essel von Lar,
Die alle sind gebliben zwar,
Mitt ettlich knechten in gemain,
Sollen dreyzehen gewesen sein,
Wie dann ir Namen unnd Wappen schon
Verzeichnet uff dem Ratthauss stohn
Zu Reittlingen in Unser Statt;
Der Liebe Gott ihn allen gnadt. —
Ess seind auch nach der Schlacht, wie ghörtt,
Vil Ross, Harnisch, Spiess Unnd schwertt

Sampt viler kriegs Munition
Gefunden und erbeittet nun,
Unnd mitt eim grossen Raub, ich sag,
In d'Statt einzogen selben tag. —
Hierauff so wurdt bald mitt Bedacht,
Weil gschehen war so Bluotig schlacht,
Ein Anstandt gmacht uff ettlich Zeitt,
Dz man die Graffen unnd Edelleitt,
So vor der Statt worden erschlagen,
Gepürlichen auch möcht vergraben;
Dorauff der Herren Knächt in gmain
Kamen in d'Statt Reittlingen ein,
Suchten alda mitt grosser klag
Ihr Herren unnd wor diss ir Sag,
Dz man Herren unnd Edelleitt
Mangle uff Sechsundt Achtzgt der Zeitt;
Die wurden ihn gantz williglich
Hinausgegeben uff Bericht,
Doch dz sie vorhin zaigten an
Die Wappen und Ihr Namen schon,
Dorauff man inen diser gstalltt
Anlegett weisse klaider bald;
Derfft auch keiner worden weg gefehrt,
Er wer den vor anzeigt, wie b'riehrt. —
Graff Ulerich Von Württemberg
Enttran blösslich und kam gar herb,
Mitt groser Mieh nund sehr verwundt
Uff sein Schloss Achel er entrun. —
Die Statt Reittlingen alls sie nun
Solichen Sig erlangett hohn,
Wurd's gar bald kundtbar in dem Reich
Unnd Sonderlich Rottweil zugleich.
Eröffnet dz sie also gschwindt
Mitt dem Graffen Unnd seim gesind
Gefohren Unnd nach krieges recht
Kamen in solch ehrnsthafft gefecht,
Derselben merer theil erlegt,

Dordorch sein gantze Macht geschwecht;
Dz haben sie in der gstallt
Thon miessen weil der Graff mitt gwallt
Uff Ihre Statt Unnd Burger tranng,
Meint z'bringen in sein gewallt Und Zwang. —
Alles nun der Anstandt, wie gehörtt,
Nach der Schlacht vor Reittlingen wehrt
Vergieng, drin so vil Graffen, Herren
Und Ritterstandtspersonen weren
Erschlagen Unnd Umbkommen sein,
Dorvon der Adel in gemain
Mitt Andern Graffon Unnd Herrenstandts,
Noch mehr erbittert also ganntz
Auff die Reichstsett in Schwaben gor,
Desswegen man in diser Gfohr
Zu beederseits starckh Bindtnus gmacht
Und yeder thoil seinr Schantz nahm Acht;
Schwäbisch Unnd Reinisch Stätt ietzundt
Machten ein steiff Unnd starckhen Bundt,
Ein Ander bey z'stohn Uff begehren,
So lang Stett, Leib Unnd Guott mög währen.
Desgleichen auch Von Württemberg
Die Graffen, alls sie solchs vermerckt,
Sich mitt dem Adel starckh verbunden,
Dorunder sich auch Gaistlich funden. —
Jedoch Graff Eberhartt Uff anstanndt
Entthielt sich still Uff ein Zeittlang,
Wie wol kaysser Corol der Viertt
In zu den Waaffen Reitzet schier.
Die Reichstätt aber trutzig sich
Erzaigten, uff erlangten Sig,
Fielen dem Graffen in dz Landt,
Brandten Vil dörffer ab zu Hanndt,
Belegertten auch Stuttgartt bald
Mitt Heereskrafft Unnd gantzem gwaltt,
Unnd lagen dorvor ettwa lang,
Thetten der Burgerschafft gross Zwang.

Dooh weil sie sahen der gestallt
Dz nitt zu 'robern dann durch gwalltt,
Seindt sie dorvon gezogen ab,
Vil Derffer zu merckhlichem Schadt,
Die sie im abzug blindertt hanndt,
Vil uff den Fildern gor verbrandt;
Deswegen dann zu beeder seltt
Erhueb sich gross Unruoh Unnd streitt,
Wor Allenthalben nichts fürwor
Dann gross Unfridt Uand kriegsgevohr,
Vil Morden, Wirgen, Brinnen, Rauhen,
Die Leitt todtschlagen alls die tauben
Untrewen Hundt zu Beederseitts,
Verjagt Unnd gmacht Vil Armer leitt,
Derffer Unnd Stett Übel zerstortt,
Verhergt, Verbrentt Unnd gor umbkhörtt. --
Augspurg Unnd Ulm, noch andre stett,
Mitt denen es auch Reittling holt,
Fielen Graff Eberhartt ins Lannd,
Welcher der Greiner wortt genandt,
Vorwisten Vil derffer Unnd feckh
Dem Graffen Und seim anhang keckh,
Unnd solch Unruoh wehrt ungevor
Biss man zellt dreyzehen Hundertt Jor
Unnd Achtundachtzig auch dorzuo;
Uff Vil Jor wehrt Solche Unruoh,
Biss Endtlich beid thail Ire Macht
Verlohren durch ein Bluottig schlacht,
Wellche bey Weil der Statt geschah,
Nun merckhet wie es sich begab. —

Volget Nun die Schlacht Und das Bluotige
Treffen, so bey der Statt Weil fir gangen,
in der Stätt Krieg.

Alls Nun die Stett, wie Vorgenandt,
Fielen dem Graffen in dz Lanndt

Mitt gantzer Maoht Unnd Heeresgwalltt,
Ruckten uff Teffingen gor bald,
Ein fleckhen nah bey Weil der Statt,
Daselbsten es ein kürchhoff hatt,
Umbmaurtt Und ettwas wol bewahrt,
Dahin die Landtsleitt yeder fahrt
Ir fahrnus Unnd ir Haussgeräth
Dahin versamlett Und geflehut,
Unnd disen kürchhoff der gestallt
Haben die Reichstett biegertt bald,
Dorzuo vermaindt des Raubs geniessen,
Aber sie thetten grob einblessen.
Dann alls Graff Greiner kame für,
Was die Reichstett fir hatten hier
Unnd sie Teffingen zogen zuo,
Hatt der Graff weder rast noch ruoh,
Sonder brach uff mitt gantzem gwalltt,
Dz er sein Underthonen bald
Errette Unnd zu Hilff möcht kommen;
Zu Hilff hatt er auch mitt im gnohmen
Den alltten Pfaltzgraff Ruprecht gnantt;
Der jung Margraff mitt im auch randt,
Graff von Etting Unnd Helffenstain,
Bitsch, Katzenelenbogen fein,
Alle Vier Graffen in dem Reich;
Auch der Bischoff von Würtzburg gleich,
Sampt andern Herren Unnd Ritter guott
Und sonst Vil Adeliches Bluott,
So der Graff damal bey sich hatt,
Fünff Hundertt Reitter an der Statt,
Zwaytausendt Mann zuo fuoss, wol g'rist,
Ohn was der Beystandt gwesen ist
So oberzehlte Fürsten, Herren
Mitt ihn gebraeht uff sein Begehren;
Derselben woren auch voran
Zu fuoss Uff die Achttausendt Mann;
Mitt welcher Macht Und grossen gwalltt

Graff Eberhartt der Greiner bald
In nochzog auss hitziger Gibr,
Dz er sein allten schaden rier',
Den er vor Reittling hett empfangen,
Teffingen zu mitt Spiess Und stangen;
Kam eben hin zu rechter Zeitt,
Alls eben wolltten der Stett Leit,
Den kürchhoff stirmen Und einfallen,
Den Raub aussthellen under allen.
Da erhueb sich mitt gantzer Macht
Under in ein sehr grose schlacht;
Dan der angriff wor schrockhenlich,
Weil's ein Ander so darstiglich
Augriffen Und sich zu der Wehr
Mannlich gestellett beide hör. —
Damitt der jung Graff Ulerich
Dem Vatter sein Mannheit erwis,
Und dz er auch einglegten Spott
Vor Reittlingen, so ihm werd Gott
Gnad geben, mannlich rechen well —
Drauff er zuforderst an die Stell
Getretten alls ein hertzhafft Mann,
Der Edel Graff zu vorderst dran
Vor Andern all die schlacht aufangen,
Mitt seinen Graffen Und Ruttersmannen,
Wagt sich zu frisch under die Feindt,
Da er gor bald wurdt tödtlich wundt,
Wie wol gauntz Rütterlich sich wehrt,
Endtlich vor schwachheitt felt vom Pferdt;
Im ersten Antritt solchs geschah,
Mitt im vil Herren bliben da.
Der schwache Graff zur erden sunckh,
Auss der schlacht trug man tödtlich wundt,
Beseitts auff einen allten Bam,
Der Todt im bald dz Leben nam,
Gab uff sein gaist Uff grioner Haid,
Der junge Graff mit Dapferkeit.

Jedoch man disen wenig acht;
Ob man schon disen Graffen schwach
Unnd theiren Helden sehr beklagt,
Dannoch truckt immer forrt die schlacht
Ganntz grimmig unbormhertziglich.
Auch drumm der allit Graff, wirtt bericht,
Den Unfahl seines Sohns vernimbt,
Krschrackh er nit, wurdt nur entzündt,
Sprach sein Landtsknechten dapffer zuo:
Erschrecket nit, schlagt zu mitt Ruoh,
Mein Sohn ist wie ein anderer Mann,
Stellt mannlich, last ihn ligen dann! —
Dorauff mitt zwoyen schwerttorn bald
Der allite Graff grimmig einfallt,
In yeder Handt ein blosen schwertt,
Ganntz durstig er seins feindts begehrt,
Schlug nider was ihm vorkam zwor,
Schrey zu sein knechten in der gfohr:
Secht, secht, die feindt flieben zu Hanndt! —
Dorauff gor bald der feindt sich wandt
Zu sehen welcher geb die flucht,
Welchs den Stettischen wenig frucht,
Sonder jagt ihn ein Schreckhen ein,
Weil der Reichstott Volckh in gemain
Sich umbsah unnd zu Ruckhe wanndt,
Zu sehen welcher hett kein Bstandt;
Dorauff der allit Graff listiglich
Mitt dem Graffen von Bitsch, sag ich,
Zu sampt dem Vogt von Rossenfeldt
Unnd andern Edlen, wie gemeltt,
Mitt zwoyen schwerttern in der Hanndt
Der Reichstatt kriegsvolckh gor zertrannt
Unnd endtlichen schluog in die flucht;
Mancher tödtlich zur Krden kucht
In solchem Niderschlagen, Morden,
Biss endtlich gor zertrennt sind worden
Unnd der allit Graff erhielt dz feldt,

Doch nit un sonder Widergollt;
Dann Uff seinr seitten kamen Umb
Vier Hundertt Mann in einr Summ,
Darunder abermal so werth
Vier Graffen sich gelegt zur erdt,
So in dem Streitt mannlich erschlagen;
Hatt Bluottigen Sig dervon tragen.
Kratlichn Graff Ulerich, Greiners Sohn,
Der Mannlich heldt must's Leben lobn
In disem Streitt, ganz unverzagt
Zuerst sich undern feindt gewagt,
Damitt er seinen alltten Schad
Möcht rechen, aber ihm Gott gnad. —
Ein Graff blib auch, Lewenstain,
Unnd einr von Werdenberg gemain,
Desgleich ein Graff von Zollern gundt,
Standthafft vergossen sie ir Bluott. —
Uff des Reichs Seiten kamen Umb
Derselben auch ein grosse Summ,
Wie derven Frischlinus thutt sagen
Dz Zwaintzig tausent Mann erschlagen
Den Reichstetten in disem krieg,
So in der Schlacht allein verblib;
Münsterus schreibt von tausent Mann,
Desgleichen Sebastian Branndt.
Dz wor für wor ein grewlich schlacht,
Welchs ietziger Zeitt wol in Acht
Zu nemen Und zu merckhen ist.
Kss Wurden auch zur selben frist
Gefanngen Sechstbalbtausendt Man,
Dorauss man kler ab nemen kann
Wie steiff Unnd starckh damals die Stätt
Sich mitt ein Ander verbunden hett,
Bis sie zusam ein solche Macht
Gebracht Und durch ein eintzig schlacht
Wider verlohren alls zumal;
Welchs man betrachten soll zuvor,

Dz an Bindtnus Unnd Macht nit ligt,
Wann Gott sein gnad der zuo nit gibt;
Dann wann Gott straffen will ein Volck,
Hilfft kein Macht, weder Gelltt noch Gold,
Sonder krieg, Sig, ja alles sampt
Allein bsteht alls in Gottes Hanndt. —
Nun alls die Schlacht fürüber wirtt,
Die Gfangnen man rantzionirt,
Dorunder die Vernembsten waren
Von Stetten's Reichs, wie man erfahren:
Einer, Rappus, ein Herr von Wil,
Der die Reichstett verhetzet vil
Wider den Graffen Eberhartt
Von Württemberg; mitt im auch ward
Ein Herr gefangen, hiess der Spiess
Von Nörlingen; dise Zwen liess
Von Ehingen Burckhartt genandt
Vornähm, vom Adel wol bekanndt,
Mitt sich weckfieren in sein Schloss,
Hiess Frondeckh: doch sich des erbott,
Wann sie im geben so vil Gelltt
So vil Graff Eberhartt im Söld
Für seine kriegs Dienst schuldig wer
Wolltt er's entledigen, aller Gfehr
Versichern unnd's Leben gschenckt;
Desshalb sie im gegeben hendt
Bürgschafft Unnd auch ir Haundtgeschrifft,
Dorauff er sie mitt sonderem List
Graff Eberhartten übersandt
Alls Gfangne, der sie da zu hanndt
Rantzionirt uff ir Verschulden
Unnd strieff umb fünffzehen tausendt fl. —
Dornach auch einr von Augspurg, merckh,
Herr Hainrich hiess von Abensperg,
Johann Lang Menttel von Rodaw,
Diser löst sich uff gutt Vertraw
Vom Pfaltzgraven Ruprecht genantt,

Mitt Sechstausendt guldin zu Hanndt
Für sein Räntzion unnd Straff. —
Den schmerzen hatt der alltte Graff,
So er wegen seins Sohns empfangen,
So tödtlich in der Schlacht vergangen,
(Weil er wor ein einiger Sohn,
Thett's im gar nach zu Hertzen gohn) —
Durchauss verborgen Unnd vertruckt,
Biss endtlich durch ein sonder glickh
Über den andern tag hernach
Ihm Bottschafft kam wie dz im da
Ein Enckhlin auss seim gschlecht und Stamm
Geboren wer in Gottes Namm,
Von seines Sohns Sohn fraw erboren;
Da ist er wider lustig woren,
Hatt Gott gedaunckt, sagt frewlich Amen,
Spricht dorauff: Finckh hatt wider Samen. —
Man schreibt auch von Graff Eberhartt,
Dem alltten Greiner, als er wardt
Bericht von der bluottigen Schlacht
Vor Reittlingen, wie dz er hab
So vil gewallttiger Helden guott,
Graffen, Herren, vil Edels Bluott
Verlohren, hab er zorniglich
Zwischen im und seim Sohn Ulrich,
Der bey im an der taffel sass,
Mitt Einem Messer dz Tischlach
Enttzway geschnitten, so doch nun
Graff Ulrich sein einiger Sohn
Für sein Person gantz Rütterlich
Gestritten Unnd erzoigt mannlich;
Deshalber er auch tag Unnd Nacht
Betrachtet wie er disen schad
Möcht rechen Unnd sein Vatter alltt
Wider begiett in gleicher gstalltt;
Welchs er zwor widerumb gethan,
Aber hatt driber's Leben g'lahn

Vor Weil der Statt in disem Streitt;
Der lieb Gott im genädig sey. —
Dise Victory Und auch sig
Welchen Graff Eberhartt für sich
Vor Weil der Statt erhielt ohn spott
Ist zuzuschreiben auch, nechst Gott,
Einem alltten beriembten Mann
Vom Adel, welcher zuvoran,
Weil er ein dapffer kriegsman war,
Der Gleissendt Wolff genandt für war,
Graff Eberhartt sein Dienst an bott,
Wor doch sein feindt, Je doch weil d'Noth
Den Graffen mitt dem krieg bezwang,
Unnd im die Reichsstett machten bang,
Im z'Dienen willig sich erklertt,
Mitt all sein gsindt zu fooss Unnd Pferdt.
Solchs Eberhartt der allt Graff hatt
Mitt sein kriegsrätheu berattschlagt,
Weil diser Wolff wor wunderbor,
In ein besen Verdacht auch wor,
Solt man im fir sein auerbietten,
Dannckh sagen, mitt Anttwortt begietten,
Der Graff hette uff solchen fuog
Für dissmal Leitt Unnd kriegs Volckh gnuog;
Für welche Antwortt der Wolff zwar
Ruowig Unnd wol zufriden war,
Alls aber der alltt Wolff thett sehen,
In was gross gfahr der Graff thett stehen
Zu Tefflngen, hatt er zu hanndt
Sich ghrist, Unnd sein Volckh auffgemandt
Nach Tefflngen in schneller eill,
Kompt eben zu der rechten Weil,
Da d'schlacht am gfehrlichsten bestundt,
Des Sigs wor noch kein rechter grundt
Unnd eben der Graff schrye recht,
Der feindt fleucht! liebe Landsknecht, secht!
Springt der gleissende Wolff mitt gwaltt,

Under der Reichstett Velckh ger bald,
Macht also einen schreckhen gruss,
Alles wann ein gantzes Hörr hersohoss;
Ob sie gleich wol den Sieg beyr Haundt,
Dannoch weil sie sich umbgewandt
Seind sie vom Walffen Unnd sein geindt
Uff ein News worden angerundt,
Dordurch dann d'Stett mit gresem schaden
Von im zerstrewt Und worden geschlagen. —
Graff Eberhartt der greiner guandt,
Hatt disen Reitterdienst erkandt,
Bedaunckt sich gegen Wolff uff's Höchst,
Ob er schon sey sein feind gewest,
Mitt Bitt, weil sich so Vil bemichen
Unnd mitt im nach Stuttgortten ziehen
Unnd dz glaitt geben auch dahör,
Woll im erzeigen alle ehr,
Dann sein Bemiehung Unnd Zusprung
Sey wol werth einer Besoldung;
Dorauff der alltt Wolff im verspricht,
Dz glaitt zu geben Unnd Raisen mitt,
Rütt mitt uff anderthalben Meil,
Würfft sein Gaul herumb in schneller eil,
Und spricht: Herr, mitt guttem Bescheid,
Ich hab Ewer gnad weitt gnuog beglaitt,
Behiett euch Gott ein ander mal,
Wellen wir Ettwas handlen da,
Was zwischen Unns ist für geloffen,
Wollen doch beed des Bessern hoffen,
Obschon der Sach wass thutt gepresten,
Gutt Nacht, es stett in allten rechten; —
Unnd riss damitt vom Graffen auss,
Zog mitt den seinen wider z'Hauss;
Doch uff der Raiss, alls er Ungfehr
Stiess uff des Dorffs schaaffhausen Herdt,
Davon er ettlich Vieh trib wegk,
So zugehörtt demselben fleckh,

Loffen die Bauern Stuttgart zuo,
Klagten des alltten Wolffs Unruoh,
Wie dz er in ir Vich geraupt,
Hinwegk getriben unerlaupt,
Doriber dann Graff Eberhartt
Anfieng Unnd des sehr Lachen wortt,
Unnd sprach, alls er hörtt solche ding:
Wolff hatt geschawt dz er fleisch haimbring,
Dz alltt Wolfflin hatt unerlaupt
Abermal flaisch in d'kuche ghraupt. —
Doch schawt hernach Graff Eberhartt,
Dz er sich mit dem Wolff vertrag,
Schickt ettliche vom Adel hin
Zum alltten Wolff dz sie mitt im,
Alln Zwytracht Und ohneinigkeit,
So zwischen inen allerseits
Begeben Und hab zuogetragen,
Alles todt ab sein, Unnd Uffghaben,
Dorauss dann aller fridt erwuchs,
Dz hernach diser allte fuchs
Des Graffen lieber Diener war,
Zuvor sein feindt Unnd Widerpartt. —
Man sagt auch dz nach langer Zeitt,
Alls gschehen dise schlacht da sey,
Zu Teffingen bey Weil der Statt,
In einem holen Baum man hatt
Gfunden menschlich Cörper Unnd Bain,
Miess von der schlacht drein gschloffen sein
Auss grosser Nott Unnd forcht des todts,
Da die schlacht gschah an disem ortth,
In welchem er dan must verbleiben,
Weil er den nimmer kundt ersteigen,
Dorauss nun abzunemen ist,
Was grose gfohr da gwesen ist,
Bey diser grausamlichen schlacht,
Weil beide theil all ihre Macht,

Zusamen bracht Und angeründt,
Bis nam ein nolich bluottig endt.

Volgt ingemain Von Graff Eberhartt ein kurtze Bschreibung.

Ess ist diser Graff Eberhart
Gwest, wie man Von im schreiben ward,
Ein wunderbar seltzamer Herr,
Hochmietig, trutzig war auch er,
Und wie er Wunderbarlich sonst,
Also war auch seine Ankunfft
In dise wellt gantz Wunderbar,
Wie man dann Von im schreibet klar,
Dz er in seiner Muotter Leib
Soll greinett haben wie man schreibt;
Vileicht dorumb dz er mitt schmertz
Seiner lieben Muotter brach dz Hertz;
Welche ob im tödtlich Vergieng,
Eh sie geberen kondte in,
Desshalb er auss irm zartten Leib
Geschnitten word vom Edlen weib,
Drum er der Greiner wardt genannt,
Weil er greint eh er d'Welltt erkanndt;
Sein gemahel Fraw Elisabeth,
Gravin Von Hennenberg, versteht,
Sein Vatter war Graff Ulerich,
Die Muotter ein Gravin Von Pfirth, sag ich;
Württemberg war zu seiner Zeit
Zertheilt in vil Herrschafften weitt,
Welche doch alle Nah Unnd nach
Durch käuff Unnd Erbsweis kamen da
Under ein Handt Herrschafft Unnd gwallt,
Deswegen dann Graff greiner bald
An Macht Unnd gwallt sehr name zuo,
Bey frieden hatt er wenig Ruoh,
Drumb er der strettbar Graff genannt,

Der Rauschenbartt wor wol bekanndt,
Unnd mitt zwoy Hundert Pferdten sich
Legt wider koysser Hainerich;
Er bekriegett auch Graff Albrecht
Uff Achol, versteh du mich recht,
Weil selbigo noch gantz Unnd gor
Von Württemberg abgsondortt wer,
Biss endtlich der Stamm gar verstarb
Unnd solchs auch Württemberg erwarb,
Dorvon der Graff sich thett erhaben,
Welcher auch hatt mancherlei Gaben
Unnd sonderlich VII glickh im krieg.
Von denn Reichstetten hett vil sig,
Dieweil er under seinem gwallt
Uff Vierundtzwaintzig Reichstätt bald
Hett, über die er Schirmherr war,
Ein mächtiger Graff Überal,
Doch überhuob er sich des alls,
Der kaysser gar günstig des falls
Im word, der Viertt Coroly genandt,
Weil er die Reichstett alle sampt,
So under seinem Schirm Unnd Schutz
Beherschen thett mitt sonderm trutz,
Welchs doch in d'herr wellt than kein guott,
Bis endtlich auch erwuoch der Muottb
Den Stetten Unnd in namen für,
Abzuschitten solch Ungobür,
Von sich zu legen dises Joch,
Zuosamen sich verbunden dooh,
Wider denn Graffen Mechtiglich.
Dordurch Unrueh erwuechs, seg ich,
Unnd gerietth zu einem offnen krieg,
Gleichwol der Graff behielt den Sig,
Doch nit on sonder Bluottvergiossen,
Sein Sohn thett's Leben drub einbiessen,
Es wurden durch dx gantze Lanndt
Uff Zwelffhundert derffer verbrant;

Die Eckher mitt Senff übersoet,
Die Wisen umbkhertt Und verheert,
Fruchtbare Beim umbghawen gantz,
Groser schad gschah im gantzen Laudt,
Bis endtlich kam zu einer schlacht,
Welche dem Jammer ein endt macht,
So Eberhartt der Graff, Vermerckh,
Erhieltt bei weil der Statt dz feld,
Die Reichstett er alda erschluog,
Doch den Sig bluotig darvon truog;
Die Reichstett er Rantzionirtt,
Eh diser krieg volendet wirtt;
Suma er braucht sein Wehr Unnd Waff,
Teglichen Unnd un Underlass,
Dz er durch seine Macht Und gwaltt,
Dem gantzen Reich gab z'schaffen bald,
Doch wie reich starckh Unnd Mächtig sehr
Er immer wordt, yedoch kundt er
Dem todt in keinem Weg enttrinen,
Als die Stunde kam muest er von Hinnen,
Unnd Scheiden ab auss diser welltt,
Lies hinder im Laundt, Leitt Unnd Gelltt,
Der dapfer Graff Unnd streittbar Held,
Verschid, zog den weg aller welltt,
Da man zelt 1300 Jor
Unnd 93 ig dz ist war,
Den fünffzehenden Mayj tag,
Legt man in d'Stuttgartt in dz Grab,
Zu ruowen bis an Jüngsten tag.

Des Hailigen Reichstatt Reuttlingen Holtz-
gerechtigkeit im Schönbuch betreffent laut
dero dariber Uffgerichten Brieff Und
sigel, in Anno 1310. Und Von
Kaysser Ludwig Confirmirt Und
bestettigt worden.

In Gottes Namen sey bekandt,
Wär Graff Rudolph der Scherrer gnandt
Von Tübingen, sey Jederman
Mitt diesem Kauffbrieff kundt gethan,
Die in ansehen oder lesen,
Dz wär mitt einhelligem wesen,
Gewohnlich Wortten Unnd geberden,
Uffrecht Und sonder all Gevehrden,
Den Burgern Unnd gantzer gemain
Von Reittlingen die nun ietzt sein,
Unnd forthin Immer werden wehren,
Dz Recht Unnd gwehr nach ihrm Begehren
In Unserm Wald der Schönbuoch guantt,
Alls geschriben ist bekandt,
Unnd han Von in empfangen drumm,
Siben Hundert Und Viertzig Pfundt
Pfening Heller in gutter Müntz,
Des Landts Wehrung wie wirs ernendt;
Diss gwehr Unnd diso Recht allein
Haben Wär Graff der gantzen gmain,
Für Unns Und für all Unser erben
Unnd Nachkomen uhn all Gevehrden,
Den vorgeschribnen Burgern all
Gegeben anch in disem fall,
Zu einr Ewigen Lehenschafft,
Die dagesessen Unnd verhafft,
Seyen Gaist- oder welltlichs standts,
Ohn Underschaids beyd fraw Unnd Mann,
Es seyen Juden oder Christen,

In dem Waldt allesampt ohn Lüsten,
So ligt Jenet der Eche gnandt,
Holtz hauwen zu Helzer oder Brandt,
Dorzu mir dann auch globen Heitt,
Dz in dem Wald kein New gereitt
Von Ecker oder Wisen mehr
Gemacht soll werden Ungefehr,
Und weil der Schönbuch diser Waldt
Alls ein Lehen in gleicher gstaltt
Gegeben ist Vom Römischen Reich,
Hierauff so globen wür zugleich,
Wür Graff Rudolff der scherer gnandt,
Für Uns Unser erben allsampt,
Unnd all Nachkommen in gemain,
Dz wür dieselben Lehen fein
Mitt gantzen trewen ohne list,
Zu tragen wie geschriben ist,
Den vorgeschribnen Burger all
Der Statt Reittling der gestaltt
Auch zu verferttigen vom Reich,
Unnd was die Notturfft fordert gleich,
Mitt Unser selbsten Leib Unnd guott,
Auch Botten Brieffen andrer Huott,
Treff gleich Gold oder silber an,
Dorzu mir dann auch für Unnss han
Zu all holligen globt Unnd gschworen,
Diss alls zu halltten onverwohren,
Wir haben auch all Recht zugleich
Des Waldts geliehen jeder Zeitt
Dem Ratth zu Reittlingen zur frist,
Zum Lehen so Heitt Unnd Immer ist,
Dz ers soll tragen Unverleimdt,
Für sie Unnd ire gantze gmaindt,
Dagegen Unnss ein Ersam Ratth
Getrew Und hold sein globet hatt
Für sie Unnd ir Nochkomen all,
Ewig zu laisten disses fall,

All Irem Reshten Lebenherren,
Getrewlich Und ohn alls Gevehren;
Gescheh's aber, dz Gott verhiett,
Dz Wûr oder Unsere solch Glett,
Hie disen Wald Verkauffen miesten,
Dannoch so sollen Wûr begletten
Den Ratth zu Reittlingen zur frist,
Der hellt Uand immerzu auch ist,
Dem koffer Solches kundt auch thon
Uund sagen alle Recht dorvon,
Die Wûr der Statt gegeben handt
In disem Wald zum Lehenpfandt,
Unnd auch doriber uffgeriobt,
Mitt Brieff Unnd Sigel Unns verpflicht,
Unnd sollen wûr in sonderheit
Der Statt all Ihr gerechtigkeit
Aussdingen dem der disen Waldt
Erkauffen wolltt in gleicher getalltt,
Unnd soll den Borgern ander Brieff
Aller der Reoht Unnd Handtvest hie
Und der Geding, so wûr dorumb
In Unserm Brieff geschriben hond,
Den sie Von uns zu recht empfangen,
Wider zu geben Uff Erlangen,
All Ihrer reoht Unnd grechtigkeit;
Allsdan so sein Wûr unbeschreitt
Für Unns Unnd Unsere Erben all
Von der Statt Reittlingen dissfalls
Umb disen Waldt zu allen stunden,
Ledig Und nimer mehr gebunden; —
All dise Red Unnd dies geding
So in dem kauff geschehen sindt
Unnd In dem Brieff geschriben stähn,
Haben wûr, Graff Rudelff, diss nun
Gelobt Unnd für Unsere Erben all
Unnd Nachkomen in disem fall
Zu halltten Unnd vertheidigen

Was Vorgeschriben ist hierin,
Alls bey dem Aidt den wûr derumb
Geschworen haben in einer Summ,
Getrewlich Unnd ohn all Geverdt
Zu Urkundt dises Brieffs, drum der
Bestelt, gevest Unnd beigleit ist
Mitt Unsers Schwogers Graff Hainrichs
Von Scheickhlingen Insigel guott,
Unnd mitt des Herren Appts dorzu
Von Bebenhausen Insigill,
Unnd mitt dem Insigel mitt Will
Der gmainht Unnd einer Bürgerschafft
Zu Esslingen, alles Worhafft,
Zum Zeugnus Solchs damitt bestelt,
Alls was hieren geschriben stett;
Diss gschah Unnd wardt drum diser Brieff
Gegeben zu Roittlingen hie,
Da man zeitt Von Gottes geburtt
Drey Zehen Hundert Jor man wurdt
Unnd Zehne dorzu, wie ich sag,
Zehlen, alls der Brieff geben ward,
An Unser Frawen Abendt zwar,
In der Erndt, ist gewisslich war. —

Und laut die Kaysserliche Confirmation hierüber Usgangen Von wortt zuo wortt Ungfahrlich also

Wir Ludwig Von Gottes gnaden
Römischer Kaysser Hooherhaben
Allzeitt Mehrer des Hailigen Reichs
Verjehen Offentlich zuo gleich
Mitt disem Brieff, than kundt allhie
All den so in lesend ye
Oder demselben hören lesen,
Dz die Gewarsamj, so eben

Der Edelman Rudolf genandt,
Kin Graff Von Tibingen bekandt,
Gehabt hatt, den man nennt den Scherer,
Gen Unsern Burgern Und all deren
Von Reittlingen usser dem Wald,
Den man nennet den Schönbuoch alls,
Den er, Graff, für sich Unnd sein Erben
Vom Reich zum Lehen thett erheben,
Den Burgern z'kauffen geben hatt,
Auch Brieff Unnd sigel an der Statt
Dorumb gegeben Unnd bestett,
Ist Unser gunst Unnd willen es,
Unnd b'stetten auch den Brieff alls bald
Von Unserm kaysserlichen gwallt,
Mitt allen stuckhen so hierinen,
Unnd Articuln thetten bedingen,
Die er ihn hierinen an Statt,
Uff truckts Pittschiers verschriben hatt,
Mitt Urkundt dises Unsers Brieffs,
Den wir ihn driber geben hie,
Wellcher zu worem Urkundt ist
Versigelt also diser frist
Mitt keysserlichem Innsigill,
Der geben worden zu Rottwil,
Des Dornstags vor Sant Völtins tag,
Nach Christj geburtt alls man zellt
Kin tausendt Unnd dreyhundert Jor
Unnd Sibenundt dreissig, dz ist wor
Unsers Römischen keyssertumb
Dz Eilffte Jor gezehlt Jetzundt:

Ich war Willens Und Vorhabens, Alle die Ge-
rechtigkeit, so gemaine Statt allhie des Holtz
halber im Schönbuoch gehabtt hatt, allhir zu
setzen, Wie ich dessen alles ein Verzeichnus
bey handen hab, Aber weil selbige gerechtig-
keit des Schönbuochs einer Burgerschafft nimer

gestattet wirtt, Was die Ursachen oder ob man
Umb die Befreyung des Schönbuchs komen
oder Vileicht Verschenckt Unnd Vergeben wor-
den, Wie ettliche wöllen, lass ich's die Obrig-
keitt Veranttwortten, dorumb ich's auch lass
ansteben. —

Grindtliche Und Warhafftige Beschrei-
bung der Belegerung Und eroberung des
Hailigen Reichs Statt Reüttlingen in
Anno 1519 Von Hertzog Ulrich Vonn
Württemberg beschehen Unnd firgangen
Neben einer ausliehrlichen erzehiung,
wie er Vom Schwäbischen Bundt bekriegt
seines Landts Vertriben Und wie er endt-
lich selbiges auch mit dem schwert wid-
erumb erobert habe.

Alls man zalt fünffzehen Hundert Jar
Und Neinzehne die Jarzal war,
Alls Kaysser Maximilian
Verstarb, der Erste dises Nam,
Den Zwelfften January gwiss,
Zuo Wels in Oesterreich, ich lis,
Dz er verliess diss Leben arg,
Alda er in ein holtzin Sarch,
Den er zuvor gebawen hett
Unnd allzeitt mitt ihm fiehren thett
An alle Ennd Unnd Ortb fürwor,
Gelegt der fromme kaysser war,
Auch ohnne Pomp Unnd Pracht Vergraben,
Wie Unnss die Cronic dz thutt sagen
An dem Loblichen Kaysser fromm —
Ist Hertzog Ulrich, sag ich nunn,
Worlich sein Glickh Unnd Hail abgstorben,

Ist bald hernach Vertriben worden;
Dann disser kaysser liebt In sehr,
Die Weil er war ein frischer Herr,
In allem wor er im gewogen;
Des er zu vil sich Überhoben,
Dz er im Jenner, wie ich sag,
Am freytag Vor Sannt Bastinstag,
Mit groser Macht Unnd Hörresgwalltt
Sich legt für die Statt Reittling bald,
Zuo Ross Unnd fuoss, ganntz un Ursach,
Gor Unversehen, unabgsagt
Dieselb belegert Unnd Umbreudt,
Dorzu an allen Ortten g'schenndt,
Also dz man Noch heittigs tags
Kein Worhafft Ursach haben mag
Worumb soliches sey bescheben,
Dz man köndt gründlich sollches jehen; —
Jedoch hatt sich ettwas enttdeckt
Unnd in der Blegerung erreckt,
Von Junckherrn Herttern g'zogen an,
Der Batth für kein Ursach nam an,
Weil d'Statt kurtz ettlich Jor zuvor,
Wider in Schirm gnohmen wor
Unnd ein Vertrag Uff Fünffzig Jor
Mitt Hertzog Ulrich gmacht fürwor. —
D'Ursach solltt sein, dz kurtz dorvor
Ein Vogt off Achel, welcher wor
Bey Hertzog Ulrich in gross gnaden,
In der Statt Reittlingen erschlagen
Von einem Burger, welchem er
Uff Leib Unnd Leben nachgsetzt sehr;
Doriber Hertzog Ulerich
Erzürnet Unnd ergrimmet sich,
Fordert den Thetter flnchs Unnd bald
Von der Statt Reittlingen ab mitt gwalltt,
Solchen ihm in sein gwalltt zu stellen,
Wolltt selbst dz Urtl über in fellen;

Dz wollt ein Ersamer Ratth nit thon,
Hieltten ihm dz enttgegen schon,
Sprachen, es blib noch ungerochen,
Der Vogt von Urach hab erstochen
Ein Burger Unnd auch zwen verwundt
Von Reittlingen, sie auch nie haudt
Umb solche freuenliche thatt
Beauttwortt ein Ersamen Ratth;
Zum Andern wor diss auch die sag,
Dz man dem Fürsten vorbracht hab,
Dz man in seinen Wassern frey
Die fisch fieng unnd dz Gwildt verscheyb;
Zum dritten, dz auch dise Statt
Die Leitt uffhielt so in die Acht
Unnd Aberacht worden erklertt,
Unnd Was der reden sonst mehr ghörtt,
Damitt er suochte ein Ursach
Unnd einen Zanckh Vom Zaun abbrach. —
Dz nam ein Ersam Ratth nit an,
Woltten's auch für kein Ursach han,
Dann solche sachen also bar
Kendt man in Gott ablegen zwar,
Wie sie dann auch nach solchem gleich
Veranttwortt durchs gantz Römisch Reich
In offnem Truckh all diser Gferden,
Wie hernach soll anzaiget werden. —
Aber der Hertzog ungeacht
Er hab recht oder unrecht Sach,
Fuohr mitt der Biegerung immer fortth,
Verwachet sie an allem ortth,
Dz Niemandt Weder auss noch ein,
Kein Bott noch Bottschafft komen rein;
Wie wol sie auch viel Botten z'gleich
Abgferttigt an die Stend des Reichs,
Wurdten sie doch in diser Gschwindt
Vom Hertzogen Unnd seim gesindt
Uff ghebt Unnd Niedergworffen bald

Unnd abgestrickt ir Uffenthaltt. —
Kss wurden auch genohmen ein
All ihre seckhen gross Unnd klein,
Dieselben zwang mitt ganzten Gwaltt
Dz sie ihm musten schweren bald
Unnd hulden ihm alls Irem Herren;
Die Arme Leitt thett's hoh beschweren, —
Dorzuo er nit verschonett doch,
Nahm dem Spittal Wegen Unnd Ross,
Alles wie nach Gomeringen bald,
Frucht abzuholen der gestalltt,
Des Spittals Knecht gefahren auss,
Eben am tag alls er zog auff;
Zudem so waren auch Ungfahr
Der Burger eine zimmliche Scharr,
Bey Hundertten, wie ich vernimm,
So selben tag waren von hinn
Auss Unser Statt zogen von Hauss,
Ihrem Handwerckh nach seindt gangen auss,
Die Jormärckht brauchten in dem Landt,
Kamen dem Hertzog all in d'Haundt,
Alls sie unwissendt diser sach
Der Haimet zuzogen allgmach
Dor durch er Unnser Statt voran
Enttzogen ettlich 100 Mann. —
Weil er die seckhen all eingnommen,
Kondten's der Statt zu Steir mit kommen. —
Er liss auch alle Bronnen frisch
Vir Vich Uund Leitt in d'kuch Unnd tisch,
Zusampt dem Wasser, d'Echats gnanntt,
Abgraben, welches er enttwandt
Unnd abstrickht einer Burgerschafft,
Dor durch dann wurde verursacht
Mangel an Victualien;
Wann sie lang wurden blegertt drin,
Die weil man nitt mehr mahlen kundt;
Ettlich Rossmihlin man wol fundt

In Unser Statt, yedoch mitt Weil,
Kundt man des tags ein kleine Zell
Ermalen mitt grosser Unruoh. —
Der Hertzog satzt auch hefftig zuo
Der Statt mitt schlessen tag Unnd Nacht
Auss grossen stuckhen ohngeacht,
Also dz er ohn Underlahn
Über Siben Hundertt schütz gethan
In die Statt Reittlingen hinein,
Dordurch er ihn abgnehmen fein
All Ihre Wehrin mitt gewalltt,
Hoh Unnd nider in solcher gstalltt
Unnd disem graussamlichen schlessen:
Weib Unnd kind sich verschlieffen miessen
In d'klifft Unnd keller Under d'Erdt;
Wie wol sie sich auch dapffer gwehrt,
Eh ihnen word in diser gfahr
Ihre Wehrin abgetrungen gar;
Kein Gegenwehr wolltt nichts erschiessen,
Der Hertzog thett teglich zu biessen
Mitt Volckh, Unnd sterckt sich immerzuo,
Liess der Statt weder Rast noch ruoh,
Sprach auch, es solt in nit Verdriessen,
Unnd Sollt er's Halb Land drein Verschlossen,
Eh er wolltt wider ziehen ab;
Dorumb er auch der Statt mitt Schad
Ein Thurn, so in der Rinckmaur stund,
Uff halben theil geschossen z'Grundt,
Stett noch also Uff disen tag,
Haist der abgschossen thurn, ich sag;
Wiewol es war Umb selbe Zeitt
Grimmkalltt also dz die kriegsleitt
Übel zerfroren in dem feld;
Dahin die Statt ir Hoffnung gstellt
Solche Belegerung solltt nit lanng
Wehren Und solcher Übertranng,
Oder sollt etwan in der Zeit

Ihn Hilff zukommen Von dem reich;
Aber ir Hoffnung wor umbsonst,
Wor auch zu 'rlangen keine gunst,
Beim Hertzogen in solcher gstallt,
Wollt kurtz d'Statt haben in seim gwallt,
Dorumb er auch da hingesandt
Einen Vom Adel, Heriter gnantt,
Und abgefertigt in der Zeitt,
Zu bereden die betrangte Leitt,
Die Statt Reittling dahin bewegen,
Dz sie sich dem Hertzog ergeben. —
Der sprach ihn freindtlich zu allsampt,
Einr gmainen statt, dz sie Ungsampt
Sich Unnd Ihr Weib Unnd kindts eins theil
In acht nemen in dem Unheil.
Unnd Nitt durch Unfürsichtigkeit
Dz glickh Versuchten in der Zeitt,
Dor durch dann im Widrigen fall
Sie in alls Unglickh kemen zmal;
Der Fürst sey ein gnediger Herr,
Der sie in solcher Nottb Unnd gfehr
Wider zu gnaden nehmen an;
Zu dem sie auch Von yedermann
Verlassen Unnd keinr Hilff vertrest,
Dz sie anderst Würden erlest,
Dann durch Uffgebung irer statt. —
Solchs hatt ein gantz Ersamer Rath
An ghörtt, betracht mitt grosem schmertz,
Mitt gantz Beschwerttem gmieth Und Hertz,
Begehrten drauff ein Zeitt Stillstanndt
Dz Man ein Burgerschafft allsampt
Ihr Meinung auch doriber hör,
Was in zu thon in diser Bschwörd;
Dorauff bald klein Unnd groser Ratth
Zu samen kamen in der Nottb,
Erwagen Und Rattbschlagten wol
Was man in diser Sach thon soll,

Weil man kein Hilff noch Rettung spirtt,
Wo auch kein Hoffnung dz hinfürtt
Ihnen Hilff Unnd entsatzung kem,
Die Weil der Hertzog alls uffieng,
All Brieff Unnd Botten Nider warff,
Wa man sich dann Umb Hilff bewarb,
Zu dem sie auch Belegertt hartt,
Kam ihn nichts zu Von keiner Artt
Allerlej Victuallen,
Würd Endtlich grosser Mangel drinn,
Bronnen Unnd Waser abgegraben,
Zur Nottarfft kendt man Nimmer malen,
So wer man auch der Burgerschafft
Zimlich enttblest Unnd Mangelhafft,
Welche der Hertzog hielt gefangen,
So Uff die Jormärckt aussgegangen,
Die Baur Unnd Moyerschafft abtruagen,
Die in zu Hilff nit köndten komen,
Zu dem so loffen Weib Unnd kindt,
Schrien Unnd batten ohne Endt,
Fielen den Männern Umb den Halss,
Eim Ersamen Ratth zuo fuoss diss falls,
Dz man ir wolltt in diser Notth
Verschonen sie Unnd d'statt vom todt,
Eröffnen Unnd sie geben auff
Dem Hertzogen Unnd seinem Hauff. --
Gor bald ein gantz Ersamer Ratth
Uff Umfrag eines grosen Ratths
Im Reffenthal mitt grosem schmertz
Dahin erkendt betriebtes Hertzs
Unnd bschlossen dz sie ire Statt
Unnd sich in des Hertzogen gnad
Ergeben, weil je zwungen Aidt
Seyen Gott Unnd der wolltt ye laid. --
Disen Decrot Unnd schloss man hatt
Eröffnet einer Burgerschafft;
Die Consentürten alle frey,

Weil Ja kein Rettung z'hoffen scy,
Dz man die Statt soll geben auff,
Dorumb die Burgerschafft zu Hauff
Sich samptlich bald versamlet hatt,
Bis man den Hertzog in die Statt
Mitt ettlich Wenig Volckh berieff,
Ganntz fridtsam in die Statt ein liess,
Da ime dan der Gaistlich staandt,
Auch ein Ersamer Ratth zu Hanndt
Der Statt Schlüssel enttgegen truog,
Dorauff er in die Statt einzug,
Mitt solcher still Unnd Bschaidenheit,
Ohn alles Jubilier Unnd gschrey,
Dz man sich gäntzlichen dorab
Uffs allerheochst verwundert hab;
Ergaben sich in sein gewaltt,
Anttwortten im die schlüssel bald. —
Der Hertzog sprach gor freindtlich zuo
Einr Burgerschafft, dz sie zu Ruoh
Sich geb, soll keim nichts Widerfahren,
Ein gnedigen Herren an im haben;
Dorauff ein gantze Burgerschafft
Mitt einem Aidtschwuor wurd verhafft,
Ihm ghorsam sein Unnd Underthan,
Der Statt ein Vogt gesetzt zum Hohn;
Gab auch Ander Wappen Unnd schillt
Der Statt, zu ein sondern Vorbild
Dz sie Jetzt Under seiner Hanndt,
Weil ers durchs schwertt Vom Reich enttwandt.
Aber es schluog bald Übel auss,
Kam ihm bald alls Unglickh zu Hauss.
Vermaint er thett Reittlingen gwinen,
Must Bald hernach nach Weittling rennen;
Dann er Von Landt Unnd Leitt Vertriben
Ist fünffzehen Jer im Elendt bliben,
Biss er sein Lanndt Wider erjagt,
Wie hernach auch soll werden gsagt. —

Alss Nun die Statt Reittlingen gar
Ein gnohmen Unnd enttwendet war
Vom Reich durch Hertzog Ulerich,
Die Stendt des Reichs empflengen Bricht
Diser Uffgebnng Unnd Elanam,
Welchs ihn hoch zu Unstatten kam,
Auch ein Errsamer Ratth versagt
Bey'n Stenden's Reichs, alls Hetten's d'statt
Ohn Notth Unnd sonder Wehr uffgeben
Von Württemberg dem Hertzog eben,
Welche zulag ein Errsam Ratth
Durchs ganntze Reich veranttwort hatt
In Offnem truckh, wie noch zu tag
Man des ein Abschrifft haben mag,
Unnd lautt Solch Veranttworttung klor,
Von Wortt zu wortt also Ungfohr —

Verantwortung der Statt Reüttlingen Iher ein Nehmung Und ibergebung halber in Offnem truckh den stenden des Reichs zu erkennen geben.

All Und Jeden Hochwirdigsten
Durchleichtigaten, Hochwirdigen,
Durch Leichtigen Und Hoch geboren,
Ehr Würdigen, Auch Wol gebornen,
Edlen, Wirdigen, Wolgestrengen,
Vesten, fürsichtig Ersamen,
Weisen Uand Erbarn, Was Wirdih
Standts oder Wesens yede sind,
Churfürsten, Fürsten Unnd Prefaten,
Graffen, Freyherren, Rütters Artlen,
Amptleit, Burgermaister Unnd Schullheissen,
Richtern, Rätthen, Und Gmaindt dergleichen,
Unserm gnädigst, gnädigen Herrn
Unnd gutten freindten all in Ehren,

Entbietten Burgermaister Unnd Ratth
Der Statt Reittlingen immer fortth
Unser ganntz Underthanig Dienst,
Gantz Willig, freindtlich, was wir sonst
Ehrn, Liebs Unnd gutts vermögen zwor,
In Underthönigkeit zuvor; —
Ewer Churfürstlich, Fürstlich gnaden,
Gnaden, Würden Uand Gunst, die haben
Ohn Zweiffel ghörtt in welcher gstallt
Der Hertzog Ulrich mitt gewalltt
Von Württemberg vor schener Zeitt
Gegen Unnss Und gmainer Statt un Scheiw,
Beschwerlich, gfehrlich Und unrecht,
Unfürstlich ghandlett, widerrecht
Dieselb. belegert Unnd getrangt,
Dahin gebracht dz Wür ohn langkb
Die Statt im Übergeben miessen,
Enttschuldigung wolltt nichts erschiessen;
Jedoch ist Unns glaublich anglangt
Unnd zugemessen das uhn langst,
Wie Wür hetten mitt Ungepür
Dem Hertzogen, ohn sonder Wehr
Und Notth die Statt gegeben auff;
Erfordert die Gepür dorauff
Zu veranttworten solche sach
Die Unns zuugmessen wirtt mitt schmach. —
Ewer Churfürstlich, Fürstlich Gnaden,
Würdin Und Gunst den Grund soll haben
Der Handlung, wie die Sach beschaffen
Unnd sich Volgender gstalltt verloffen: —
Vor Michelstag dreyzehen Jor
Verschinen woren Ungefohr,
Haben Wür Unns in Vorgemelts
Hertzogen Schirms Vertrag eingstelltt
Und geben uff die Fünffzig Jor
Ein Ausstrag aller Sachen klar,
Der Spen so zwischen beeder selts

Unser der Underthonen leitt
Begeben, Unnd verainigt drum,
Laut aller deren Verschreibung
So zwischen Unns ward uffgericht
In dem Vertrag, wie beyglegt ist;
Dz schirmgeltt auch alls sonder bor
Geliffert fleissig alle Jor;
Desshalber Wär keinr Ungnad schon
Zum Hertzog nit versehen han,
Vil weniger eins Überzugs,
Noch Einnehmen andern Unfugs
Über Unnd wider denn Vertrag
So bsigelt Unnd verabschidt war; —
Unserthalb gantz Ubn all Ursach
Seind Wär Von dem Hertzogen gach,
Ohnabgesagt Unnd Unverwahrt,
Eilendts Unnd ganntz grimmiger Arlt
Den Einundtzwantzigisten tag
Überzogen mitt grosser klag
Der Unsern Und der Burgerschafft,
Willens Unnd Mainung, Unser Statt
Unnss abzutringen mitt gewalltt,
An Leib Unnd guott bschedigen bald,
Unfürstlich, wider alles recht
Unns bschedigen er da gedächt;
Wie dann die Württembergischen
Sich hernach liesen vernemen
Und anzaigt haben irn anschlag
Gestallttet gwesen selben tag; —
Doch wandt Gott ihr Fürnehmen umb
Durch sonderbarliche Schickhung,
Dz nichts draus ward Uff selben tag; —
Jedoch so haben sie un Zag
Der Statt Reittlingen gnohmen ein
Siben dörffer, so fast alle sein
Dem Spitaal zugehörig da,
Dieselben bschwertt Unnd trengt also,

Dz sie ihn da gehuldigt bald;
Zu dem haben sie gleicher gstalltt
Des Spittalsknecht gegriffen an
Mitt zwoyen Wägen Uff der Bahn,
Alls sie noch Gomeringen wollen,
Dem Spitaal frucht Und Anders holen,
Die Ross aussgsetzt Unnd abgeraubt
Gewallttiglichen, ohnerlaupt,
Wider Gott, Ehr Unnd Redlichkeit
Die Arme Leitt sehr hoch belaidt,
Uff Unsern Derffern wohnendt hie,
Auch Uff die Hundert Burger schier
Der Unsern usserhalb der Statt,
Keinr keins Unfals gesorgett hatt,
Ihrer Handtierung Unnd geschefft
Nachgangen, auss der Statt gewest,
Unnd also bey Vier Hundert Mann
Enttzogen Unnd Unns abgewandt;
Unnd sie hernach Uff selben tag,
Wie vorgemeltt, Abents vorab,
Mitt Herres krafft Unnd gantzem gwaltt
Für Unser Statt gezogen bald,
Dz gschitz in Merckblicher Anzal
Für Unnss gelegert Überal,
Darauff mit schreckhen Unnd mit Pein
Den gantzen tag geschossen ein,
Ermelts Monate für Unnd für,
Iu Unser Statt mit Ungepür;
Dorzu sie auch bey tag Unnd Nacht
Mitt Leitt Unnd gschitz gesterckt sein Macht. —
Dagegen waren Wür auch, wist,
Zur gegenwehr gantz ohngerist
Gewesen, weil Unus unbewust
Der Überzug Unnd feindtlich Rust;
Haben in solcher Übereil
Erst Unser gschitz bey diser Weil
Und unversehnen Überzugs

Erst legen miesen mitt Unfug;
Er liess Unns weder Ruoh noch Rast,
Bey tag Unnd Nacht mitt Herresmacht;
Item so hatten Wür auch hier
An Leitten grosen Mangel schier,
Biss man die Wehr Unnd thor besatzt,
Fandt sich ein gring Zal uff dem Platz
So zu der Wehr tauglich Unnd guott,
Damitt man möcht Dem feindt sein muotth
Abbrechen Unnd enttgegen stehn
Besiegter Wels, wie sich gezehm. —
Und wie wol Wür in disem strauss
Vil Botten gschickht Unnd gschriben auss
In Unser Blegerung allhie
Umb Hilff Unnd Rettung, seind doch sie
Vom Hertzogen Unnd sein gesind
All nidergworffen in der gschwindt,
Dordurch sie dann an Endt Unnd ortth
Nit komen noch gelangen fortth. —
Ist auch noch Uff denselben tag
Zu Unns Frid gschrien Über das,
Durch Willhelm Hertter solcher gstallt,
Wür solten Unns ergeben bald,
Irm Herren die Statt geben ein,
Sonst woll er handlen alls ein feindt,
Von dannen woll er auch nit ziehen,
Un Underlass sich thon bemiehen,
Kein kost noch Gwallt sich lahn verdriessen,
Unnd sollt er's halb Landt drein verschiessen;
Dagegen Wür zur Anttwortt gaben,
Womitt solch Ungnad verdientt Wür haben
Dz Wür un Ursach Unnd un Scheiw
Vonn Jme Überzogeu sey,
Wür betten Unns Gäntzlich versehen,
Wann Unnss von Andern wer solchs gscheheu,
Dergleichen Macht Und Überzug,
Hetten Wür bey Ime mitt fug

Aller Hanndt Hilff Unnd Rettung gsuocht,
Alls Unserm Schirmherrn Unnd Zuflucht. —
Drauff Unss von gnanttem Hertter wider
Zur Anttwortt worden: Weil man sider
Dem Hertzogen Vonn Württemberg
Sein Liben Diener hab ermördt,
Den Vogt Uff hohen Achel guott,
An Unns woll rechen er sein Bluott; —
Drauff Wär Unns Unschuldig anzaigt,
Solchs zu veranttwortten genaigt,
Sey auch zur Ursach gor nit gnuog
Eins solchen schnellen Überzugs,
Behelffen Unns derhalb in Summ
Unserer Schirmsvereinigung. —
Ist doch der Hertzog ungeacht
Uff seim Fürnehmen ohn Betracht
Strenglich gebliben Unnd gehandelt,
Vor der Statt alls ein feindt gewandelt,
Dz fliessendt Wasser mitt gewalltt
Unnd Bronnen Unns entfiehrt der gstalltt;
So hatt er auch in Zwayen tagen
Alls Mittwoch, Donerstag Wür sagen
Mitt Schlangen Unnd Carthanen schon
Über Siben Hundert schitz gethan
In Unser Statt mit grosem krachen,
Dordurch zerstörtt all Unser Wachen
Und Unser Wehrin getrungen ab,
Hoch Unnd Nider die selben tag;
Unns wurden auch zum selben endt
Zwo korn Mühlin im grundt verbrendt,
Unnd kondten zu den Andern Wür
Nitt kommen dz Wür malten hier,
Zu Unserm Auffenthallt der Statt,
Gwalittsam alls abgetrungen hatt;
Wir haben auch zur Uffenthallt,
Die Statt zu b'schitzen vor seim gwalltt,
All Unser Vorstett angezindt

Unnd Uff dem Boden Weggebrennt,
Verhoffendt dordurch z'haltten auff
Die Statt vor feindtlichem anlauff;
Aber Ungachtet alles diss,
Der Hertzog immer stercket sich,
Anderseits auch ein Löger schluog,
Der Statt mitt Volck Unnd geschitz satzt zuo,
Dordurch mir daan an zwayen ortt
Geengstigt wurden immer fortth.
Zu dem grausamen schiessen auch
Vil feir ein warff mitt Dampff Und rauch,
Suma, an allen Ortt Unndt Endt
Zu Wehren hätt all Unser gsindt,
Weil Wür ein Vich Unnd Hewstatt haben
Kein Hilff noch Rettung nichts voraben,
Weder Mündtlich noch schrifftlich kam,
Von yemandt ye gehabt dorvon.
Darauff Uff Umfrag grossen Ratts,
Mitt schmertzlichem gmieth Unnd thatt
Drangt Und genöttigt mitt Gewalltt
Dz Leben zu errötten bald,
Die Statt Uff geben in sein Handt
Dem Hertzogen mitt bschwerttem standt.
Es ist auch einer gantzen gmain
Die Übergabs Red kündigt ein
Unnd kundt gethan Vor yederman,
Hatt keinr dorwider ein red than. —
Dem allem nach gelangt Und ist
An Churfürstlich genad zur frist,
Fürstlich gnaden, Würdin Unnd gunst
Wür Underthönig Bitten sonst,
Anrüffen than demiettiglich,
Die all ihrn tag mitt fleiss trewlich
Sampt Unsern Vorfahren zugleich
Dem Haillgen Römischen Reich,
Auch dem Loblichen Bundt in schwaben
All irs Vermögens gedienet haben,

Anhengig Unnd gehorsam gsein,
Mitt sampt ir Statt Und gantzen gmain,
Die selb mitt gnaden zu bedenckhen,
Der Aussgab keinen glauben schenckhen,
Dz Wür die Statt in solcher gstalltt
Auffgeben hetten ohn Gewalltt
Unnd Unns mitt Willen ohne Wehr
In Andre Hännd gegeben hör,
Sonder disen grindtlichen Brioht,
So Wür gethan, Verachten nicht
Unnd des Hertzogen Überzug
Wider Gott, Unnd Unfürstlich gnug,
Behertzigen Unnd recht vernehmen,
Besser dann Würs erzehlen können,
Ermessen Unnd erwegen wol,
Die wollen auch zu disem mal
Unser gnädigst Unnd gnädig Herren
Ginstig Verbleiben wie bissherre,
Dz soll Unnd wöllen yeder Zeitt
In aller Underthönigkeitt,
Umb Ewr Churfürstl. Fürstlich gnad,
Gnad, Würdin, gunst, ein gantzer Ratth
Nach Unserm arm Und gring Vermigen
In Ewig Zeit Umb selb Verdienen,
Geben zu Urkundt mitt der Statt
Reittlingen Secret Unnd Pittschafft
Besigelt Uff dem Sechsten tag
Des Monats Mayj alls man zalt
Nach Christj des Herren geburtt für wor,
Fünffzehen Hundert Neunzehen Jor.

Volgt ietzunder wie Hertzog Ulrich
Vom Schwäbischen Bundt bekriegt
seines Landts Verjagt Und Vertriben
Und wie er endtlich selbiges mit dem
Schwert wider erobert habe.

Alls nun die Reichstädt Sonnenklar,
Und auch der schwäbisch Bundt alldar
Hierauss geschepfft ein woren grundt
Worauff die Sach mitt Reittling bstandt,
Kamen sie gleich in solcher gstaltt
Zu Ulm zusamen schnell Unnd Bald,
Den Sechsundtzwaintzigsten Martlj gwiss
In disem Jor, wie vorgsetzt ist,
Da man zeltt fünffzehen Hundert Jor
Und Neunzehne die Jorzal wer;
Rattschlagten Was in solcher gstaltt
Wer fürzu nemen also Bald
Mitt disem angezendten fewr,
Damitt gröserm Unheil zu Steir
Man käm Und sich auch wol fürseh,
Dz solcher Unruoh in der Neh
Bey Zeit gedempfft Unnd gwehret würd,
Damitt Andere Stendt hinfürtt
Gesichert Unnd keins Überzugs
Zu förchten hetten solchs Unfuogs;
Schickten dem Hertzogen zu Hanndt
Zwelff Edle knaben in dz Lanndt,
Der Jeder truog ein Absagbrieff,
Unnd Uff der Achsel fehrt ein spiess,
Damitt sie dem Hertzogen handt
Abgsagt zu Wasser Unnd zu Lanndt,
Weil er hab Wider Gott Unnd Recht
Unfürstlich's Haillig Reich Verschmächt,
Angriffen Unnd den Bundt zerstörtt,

13 *

Unrecht gehandlet mitt Gevehrdt,
Deswegen sie einhällig sinn
Gegen ihn zu handlen alls ein findt. —
Aber der Hertzog Ulerich
Empfieng die knaben sehr freindtlich,
Schänckt jedem Auch insonderheit
Ettlich Goldtguldin mitt Bescahidt
Unnd liess sie wider ziehen hin
Mitt friden, Lieb Unnd angenehm;
Drauff baid theil sich bemiehten sehr
Unnd griffen semptlich zu der Wehr,
Brachten zusamen schnell Unnd Bald
Yeder ein mechtigen gwalltt. —
Der Hertzog hatt zum Obersten,
Hiess Lienhartt Von Reisach, vernimm,
Ein dapffern Helden Unnd kriegsman,
Fihrt fünff zehntausendt schweizer an,
Ohn des Hertzogen Volckh im Landt,
Uff ettlich tausendt, die all handt
Sie zsamen gschlagen in der eil
Unnd sie gelegertt umb Blawbeür. —
Der Schwäbisch Bundt auch zsamen hatt
Gebracht dreyssigttausendt Mann an d'statt
Zuo fuoss, Unnd woren auch zu Pferdt
Achttausendt Mann beysamen werth;
Der Bundt hatt auch in dem Uffstandt
So vil bey den schweitzern erlangt
Dz sie ihr fünffzehtausendt Mann
Wider haim gfordert ab der Bahn,
Alls die wider Wissen Unnd Will
Hinder ir Obrigkeit in Still
Dem Hertzog Ulerich gedient, —
Die zogen wider haim ohngriembt,
Ihres Wegs wider Uff schweitz zuo;
Erweckht Hertzog Ulrich Unruoh,
Alls er Uff dismal ganntz Und gar
Von den Schweitzern Verlassen war,

Schorndorff, Cantstatt Und Woiblingen,
Dz Schloss Württemberg, Beittelspach,
Winenden, Brackhana, Morpoch,
Binikhaim, Besgehn, Biettigbaim,
Lauffen, Meckmihl Unnd Haimbsin,
Weinsperg, Maulbronn, Vaiben, Kalb,
Hirsaw, Wildbad Unnd Herrenalb,
Wildperg, Nagolt, Dornstett dissfalls,
Schiltach, Horuberg, auch Uff dem wald
Tuttlingen, Baling, Ebingen, -
Dorzu auch die Statt Tibingen. —
Obgleich wol Hertzog Ulerich
Ettliche Stett besetzt zugleich,
Wor's doch Vergebens Und Umbsonst,
Kundt nit mehr themmen dise Brunst
Die er im selbst hett angezündt;
Eillendts kam er nach Tibing gbrindt,
Dann er dahin geflehnet hett
Seine Liebe Kinder an die Stett,
Von dennen er nooh selben tag
Mitt nassen augen schide ab,
Nam Urlaub in eisserster Notth,
Sie Und dz Landt befable Gott,
Gesegnett sein Fürstliche kinder fromm,
Weinendt einander flengen umb,
Sohid ab mitt Seiffzen Unnd mitt klagen,
Mitt Ettlich Wenigen Vom Adel
Unnd sein getrewsten Diener schnell,
Den sibenden tag Aperell
Durch den Schwartzwaldt nach Mümppelgardt.—
Wie mainst dz disem Fürsten zartt
Damals zu Muoth gewesen sey,
Da er sein Fürstlich kinder Zwey,
Ein tochter Unnd Hertzog Cristoff,
Verlasen must gantz unverhofft,
In grosem Ellendt hinder im;
Wie auch miess zumuoth gewesen sin

Denn Fürstlichen kindern all Bald,
Da sie Ihrn Vatter mitt Hertzlaid
Von Ineu saben scheiden ab,
Von Landt Und Leitt Ins Ellendt gjagt;
Worlich für wor kein Wunder wer's
Wann schou dem Vatter driber wer
Dz Hertz vor kümernus zerbrochen,
In solchem Laidt einander z'lassen. —
Nun alles dz Lanndt fast gantz Und gor
Erobert Unnd eingnohmen wor
Unnd Tibing auch ergeben nun,
Doch mitt diser Condition,
Am grienen Donstag, ich vernimm,
Dz dz Schloss Hohentibingen,
Schloss Neiffen auch, wie man thutt schreiben,
Dz die zwuo Vestung sollten bleiben
Den zwoy fürstlichen kindern fromm,
Anna Unnd Hertzog Christoff nun. —
Der Schwäbisch Bund gor bald zu Hanndt
Setzt ein Statthalter in dz Lanndt,
Namens Christoff von Schwartzenberg,
Einen Freyherren, mich vermerckh;
Dornach sie samentlich In gmain
Mitt Sig Unnd Raub gezogen haim;
Also die Statt Reittlingen gleich
Wider gebracht zum Römischen Reich;
Der Württembergisch Vogt sich hatt
Zeittlich getrollt auss Unnser Statt,
Die Burgerschafft Ir Aidt Unnd Pflicht
Erlasen, Unnd begeben sich
Hinweg an andre Endt Unnd fortth. —
Des andern Jor hernach man dortt
Die Stendt uff Remniscere
Ein Landttag hielten, mich versteh,
Zu Stuttgartten des Landts Hauptstatt,
Uff Welchem man berattschlagt hatt
Was mitt dem Lanndt wer fürzu nemen

Und wes man sich verhieltt hierinen,
Diewell in diser Zeitt Ungfahr
Groser kriegskost Uffgloffen war
Den Stetten Und den stenden Reichs;
Damitt eim yeden auch zugleich
Gepürender Abtrag bescheh,
Beschlossen sie wie dz man eh
Dz Lanud verkieff Unnd übergeb
Kaysser Carol bey seinem Leb,
Dem fünfften, welcher damals wor
Römischer kaysser Mächtig gor,
Umb ein gewisse Suma Gelltts,
Doch auch mitt disem Vorbehaltt
Dz Neiffen Unnd auch Tibingen,
Dise zwuo Vestungen hierin,
Hertzog Christophen soltten bleiben,
In Unnd sein Schwester nit vertreiben;
Dorauff der ganntzen Landtschafft, merckh,
Unndt Burgern des Landts Württemberg
Ufferlegt Und gebotten worden,
Dz sie kein Hertzogen mehr fordern
Von Württemberg, nooh sie erkennen,
Vil weniger Ibre Herren nennen,
Sonder sollen auss Oestorreich
Die Hertzogen erkennen gleich
Für ihre Herren Unnd Obrigkeit,
Ess wer ihn gleich Lieb oder Laidt;
Dorumb sie dann ihr Aidt Und Pflicht
Erstattet Underthöniglich
Durchs gantze Landt, Stuttgordt zuvor,
Erbhuldigung gethan fürwor,
Den lettsten tag february
Dem Erwehlten kaysser Carolj;
Ein scharpff gebott gieng auss hiebey,
Dz diser solltt sein Vogelfrey
Unnd in des Reichs höchsten Ungnad,
Welcher dem kaysser stiende ab,

Dagegen Hertzog Ulrich bey;
Wurdt allso koysser Carle frey
Ein Herr des Lanndts zu württemberg,
Liess doch die stett ohn alle gfehrdt
Bey irn freyheiten verbleiben,
Thett kein gewalltt im Landt nit treiben. —
Die zwoy Fürstliche kinder bald,
Hertzog Christoff wor Vier Jor alltt,
Sein schwester Frewlein auch dorzuo,
Flehnet man bald uss der Unruoh
Hinwegk auss Irem Vatterlandt,
In Bayern zu der Muotter gsandt,
Welche sich vor dahin begab —
Unnotth dz ich die Ursach sag. —
Alls dieselb Ulrichs Gemahl
Sah dz ir Herr vertriben war
Von Landt Unnd Leitt, ins Ellendt gjagt,
Dorumb sie bey ir beratthschlagt
Zuo ziehen ins Landt Württemberg,
Hatt von den dreyen Ständen, merckh,
Der Landtschafft, Edlen Unnd Prelaten,
Begehrt dz man Christoff dem zartten
Von Württemberg Fürstlichen Bluott
Einrumen wolt seins Vatters Guott,
Namlich dz Württemberger Lanndt,
Woll sich umsehen allerhandt
Unnd miglichsten fleiss wenden für
Dz aller kriegskost nach Gepür
Abtragen Unnd erstattet werd,
Erledigen auch aller Bschwerd;
Doch war's umbsonst wie sehr sie batt,
Mocht nichts erhaltten an der Statt. —
Alls auch Hertzog Ulrich vernohmen
Wie dz man gor nit wolltt einrumen
Dise zwuo Vestung, wie abgredt,
Neiffen Unnd Tibingen an der Stett,
Begab er sich haimlich ins Landt,

Solches zu rechen alles sampt,
Brach derhalb mitt den seinen auff
So mitt im ins Ellendt von Hauss
Gezogen, haimlich still ins Lanndt,
Nam Erstlich Lienberg ein zu Hanndt,
Mitt Haimbsen; Einr von Stadion
Hatt im hierin auch Hilff gethon,
Deßgleichen Philipp von Rechberg,
Der lang Freyherr genenntt, vermerckh,
Zu dem der Hertzog für sich selb
Tausendt zu fuess geflehrt ins feld,
Hatt bey sich auch zwoy Hundertt Roitter;
Mit solchen ist er zogen weitter,
Kam bis gehn Kürchen Unnder teckh,
Die hiessen wider ziehen wegk,
Owen wollt ihn nitt lassen ein,
Wie wol es war ein Stettlen klein;
Stuttgartten aber die Hauptstatt,
Die nam in auff in diser Sach,
Aber Neiffen Unnd tibingen,
Diewell die kinglsch Bsatzung drinn,
Die woltten in nit nemen an;
Vil auss dem Lanndt zogen dervon
Von Weib Unnd kindt auss forcht indem,
Flohen hinweg nach Esslingen,
Begaben sich under dz Reich,
Man schickt ihn nach kinder Unnd Weib. —
Hertzog Ulrich sich gar nit sumpt,
Im Augusto gehn Essling kompt,
Belegert die mitt Herreskrafft,
Schoss in die Statt mitt groser macht,
Alda man auch zu tag noch heitt
Der kugeln Lecher einem zaigt,
Verbergt, verderbt vil Weinberg da,
Thott grosen schaden drum also,
Zindt auch dz Dorff Mettingen an,
Gantz Uff dem Boden es verbran;

Die Esslinger fallen herauss,
Verbrannten auch in disem strauss
Hedelfing, Weiler, Obertürknen,
Reutt ob dem Wald von lautter Birckhen;
Hertzog Ulrich zog wider ab
Vor Esslingen, die weil er sach
Dz wider ihn der Schwebisch Bund
Unnd Hertzog Willm Auss Bayern kompt,
In abzutreiben auss dem Lanndt;
Die haben VII dorff abgebrannt,
Zusehens seiner Uand seins Volckhs;
Der schwebisch Bundt mitt nichten wellt
Seinr kein Gnad hon gantz hierin,
Scharmitzelten auch offt mitt im,
Biss endtlich kam zu einer schlacht,
Bey Undertürckhnen es geschah,
Da ward der Hertzog Unnd sein gsindt
Abermal vom Schwäbischen Bund
Erlegt, geschlagen Und überwunden,
Muost lassen auch sein g'schütz dahinden,
Vermant die seinen selbs zur flucht,
Weil sein Vornehmen kehne frucht
Gebracht, flob wider auss dem Landt,
Weil von Ulm auss auch kamen gsandt
Zu fuoss Uf sieben Hundert Mann,
Ungeliiter hiess der Capiten,
Denn Esslinger zu Hilff Unnd Steir
Wider denn Hertzogen ungheür. —
Im Monat auch Octteberis,
Den 14. tag gewiss,
Der Hertzog auch auss Bayern kam
Zuo fuoss Uand Ross gezogen an,
Sechzehen tausendt stark gerist,
Dorumb der Hertzog bald enttwischt;
Triben vil Muottwill in dem Lanndt,
Brandtschatzten die Leitt allerhandt
Umb vil Gelltt, unangsehen gar

Dz im Landt ein gross sterben war,
Allein im Stättlen Waibling klein
Dreyzehen Hundertt gstorben sein. —
Allss Nun Hertzog Ulerich gar
Widrumb des Landts vertriben war,
Zog er im Ellendt hin Unnd hör,
Yetzt da, dann dortt, belds nah Unnd fehr,
Sucht Hilff Unnd Ratth bey yedermann,
Ob er wider bekem sein Lanndt,
Zog zum Pfaltzgraffen an dem Rein,
Zum Hertzog in Lotthringen ein,
Fandt Nirgendt weder Hilff noch Ratth,
Wo er hinkam wor's alls zu spaat;
Der schwebisch Bundt gantz herb Und bitter
Trang uff ihn dz er Nirgendt sicher,
Ja wol auch nit zu Mümppelgardt,
Rlicort auch eingnohmen wardt
Von Graff Willhelm von Fürstenberg, —
Alls solchs der Hertzog auch vermerckt,
Dz er damal auch keine frist
Kondt haben, noch zum krieg gerist,
Wich er auss Mümppelgartt von fern,
Floh zu den Schweitzern gehn Lucern,
Da er auch nit recht sicher War,
Stund immer zuo in grosser gfahr,
Betrachtett seine grese Nott,
Wa im doch endtlich wolltte Gott
Hin b'laitten dz er sicher wer
Unnd enttlediget solcher gfehr,
Biss Endtlich er durch Gottes schickhung
Erfuor dz Hohendtwiel d'Vestung,
Welche des Klingenbergers Gmahl
Besass Unnd underdes fall wardt,
Da hatt der hoch verstendig Fürst
Hertzog Ulrich, Wie ich bericht,
Alls er sah dz er gantz Unnd gar
Von yedermann verlassen war,

Ja Nirgendt sicher an keim ortt,
Hatt er betrachtet bey sich dortt
Wie er die Vestung überkem,
Die wer ihm eben angenähm
In seiner flucht, weil er zuo Hanndt
Wor Nirgendt sicher in dem Lanndt, —
Damitt er auch ein bstendig ortth
Bekem da er möcht wohnen fortth,
Biss dz in Gott Unu's gliekh einmal
Erleste auss disem Unfahl;
Desswegen er den Berg geweltt
Erkauffte Umb ein Summa gelltt,
Anno fünff Hundert zwantzig Jor
Zeltt man, alls der kauff b'schlossen war. —
Der kauff wor dem Schwebischen Bundt
Ungschmackh, verdächtig zu der stundt,
Weil solcher Berg für sich alldar
Gar ein Mächtige Vestung war,
Wann er versorgt mitt krautt Unnd Lot,
Proviandt Unnd anderm Vorratth,
Geschitz Unnd auch Munition,
Wass zur kriegssach gehörett nun,
Versehen wor, dz er dorzuo
Für ein Mechtigen feindt starckh gnuog;
Dorumb bald Hertzog Ulerich
Sich dises Bergs bemächtigt sich,
Versorgt in wol mitt krautt Und Lott,
Mitt gschitz, allerlej kriegs vorratth
Unnd Andern Victuallen,
Zur Notturfft hierin angenähm,
Verwanndt dahin all sein Vermögen,
Liess sich gar nichts davon abwegen
Damitt er den Berg vester macht,
Spartt keine Mieh bey tag Unnd Nacht
Damit er einmal sicher wer
Und entlediget aller Gfohr
Uund nit mehr sich z'befahren hett

Vor yemanden in diser Vest;
Ist yetzt der Massen zugericht
Dz wol ein königlich Vestung ist. —
Frischlinus Schreibt von im allso,
Dz Hertzog Ulerich alda,
Allss er Vertriben war dz Lanndts,
Dz er Uff diser Vestung ganntz
Vilmals gantz treuriglich sich hett
Haimlich Absentirt Und Versteckht
Unnd hinauss gschawet in sein Landt,
Mitt nassen Augen abgawandt,
Seüfftzendt er da beklagen thett
Sein Jamer so im z'handen geb;
Dann die Vestung war Mächtig hoh,
Kundt Weitt ins Land nein sehen da. —
Hernach hatt kaysser Carolus
Seinem Bruoder ferdinandus,
In Anno zwayundtzwaintzig Jor
Der Weniger Zal, dz ist wor,
Dz Lanndt Württemberg Übergeben
Unnd eingeraumpt bey seinem Leben,
Dorauff er kammen in dz Lannd,
Welchs im gehuldigt mitt Bestannd;
Dorvon magst lesen Crusium,
Bey im findst den gantzen Actum. —
Under des gieng auss ein geschrey
Wie dz woltt Hertzog Ulrich frey
Dz Lanndt ein nehmen mitt gewalltt,
Drauff ein gebott aussgieng der gstalltt,
Bey Leibs Unnd Lebens straff man woltt
Dz keinr von ime reden solt,
Also dz auch ein Underthan
Seinen Vogt fraget auch dorvon
Ob er dem nitt dörfft an in denckhen,
Thett im zu Lohn des thurn schenckhen. —
Alls Nun der frieling volget da,
Der minder fünffundtzwaintzig Jer,

Umb Lichtmess aber mal erschallt
Wie Hertzog Ulrich kem mitt gwallt,
Mitt einem Mechtigen kriegsheer;
Dz geschray wor damals nitt Ungfehr
Enttstanden, sonder wurd bald wor,
Denn Hertzog Ulrich kam bald dor
Zu Ross Unnd fuoss mitt groser Macht;
Vil Volckhs man im enttgegen schafft,
Die legertt man bey Tuttling umb;
Zu Tibingen wehlt man auch ein Summ,
Dieselben aber thetten sprochen:
Kein spiess soll Unsern Herren stechen. —
Nun Hertzog Uierich zog au,
Hatt bey sich Uff Sechstausendt Man
Von schweitzern Unnd auch Andern gsndt
So mitt im auss gezogen sind
Von Mümppelgartt sampt ettlich gschitz,
Zog strackhs seim Landt zu in der Hitz,
Unnd folgten im gleich Uff dem fuoss
Vil gschitz Uff Räder zur Einbuoss;
Weil sie sich ettwas sumpten z'lang,
Kamen den von Duttling in d'Hanndt,
Wurd Hertzog Ulrich abgenohmen
Weil sie zu spaat hernach sind kommen;
Ungacht diss zog der Hertzog furtth,
Wirtt gwarnt vom Truchses von Waltpurg,
Welcher Ertzhertzog ferdinandt
Kriegsoberster war in dem Lanndt,
Wann er woll wider'n könig kriegen
Miess er sich im enttgegen flegen
Mitt gleichmässigem kriegsgewalt,
Woll sein enttschuldigt der gestallt. — —
Dorauff nam Hertzog Ulrich ein
Hernach Uff Invocavit fein
Herrenberg, Böbling, Sindelfingen,
Mitt Lienberg thetts im auch gelingen,
Kam bis nach Stuttgartt der Hauptstatt,

Hatt beide Vorstett bald einghabt;
Alda er sich ein weil hieltt auff
Biss kam der Schwebisch Bundt zu Hauff
Und folgett im starckh Uff dem fuoss,
War im damal ein hartte Buoss,
Dann er ward widerumb verlassen
Von schweitzern aber mals dermassen,
Weil er mitt Geltt war ungerist,
Der Schwäbisch Bund im Anzug ist,
Must er abziehen also bald
Wider sein Willen der gestallt;
Wor also diss dz drittemal
Dz er Vertriben wordt disfals
Aus seinem Lanndt Unnd Fürstenthumm;
Yedoch sah er sich Weiter Umb
Unnd Underliess kein glegenheit,
Versuchts Uff all weg in der Zeitt,
Ob er doch endtlich Widerumb
Ein mal kem in sein Fürstenthum,
Suma, Liess gor nichts Underwegen
Ob er sein Vetter köndt bereden,
Lanndtgraff Philiphs auss Hessen Landt,
Den sucht er haim in seim Zustaundt,
Nitt Weniger auch sein schwoger gleich,
Hertzog Hainrich auss Braunschweig,
Bey denen sucht er Hilff Unnd Rath
Wie er sein Landt mitt gwaltt Und thatt
Wider erobern möcht Und gwünen. —
Hierzwischen Und in disen dingen,
Alls man tausendt fünff Hundert zelt
Unnd dreissig Jor, der kaysser heltt,
Corolus Quintus gnenett wurd,
Ein grosen Reichstag zu Augspurg,
Uff Welchem Hertzog Christoff zartt
Für seinen Vatter bitten wardt
Vor allen Chur Und Fürsten, Herren,
Thett seines Vatters Lanndt begehren

Gantz demmietig mitt eim fuossfall,
Sprach Vor den Chur Unnd Fürsten all
Unnd Vor kaysserlich Mayestect,
Dz er sein Lieben Vatter hett
Sein Leben lang noch nie gesehen,
Mitt nassen Augen tett er's jehen,
Sprach drauff die Chur Unnd fürsten an
Ein fürbitt für sein Vatter z'than
Bey kaysserlicher Mayestett,
Dz man in Wider begnaden thett,
Batt hertzlich Umb gnad mitt Verlangen;
Hatt dorauff die Anttwortt empfangen
Von Ihrer Mayestett so wehrt,
Er habs Verloren mitt dem schwertt,
Des wiss er sich Wol zu besinnn,
Solls mitt dem schwertt auch wider gwinnen. —
Eben zuo Rechter Zeitt kam an,
Hertzog Ulerich, wie vor g'regt an,
Bey seim Vetter im Hessenlandt,
Lanndtgraff Philiphen wol bekandt,
Dz er im Hilff erzaigt hierinen
Ob er sein Lanndt Widerumb bekäm;
Des wor er Willig Unnd bereitt,
Hatt auch dorzuo gutt glegenheitt,
Wie dorvon schreibet Jovinus,
Dz er un das hab ghabt Verdruss
Am kaysser Unnd auch Ferdinandt,
Wegen einr Graffschafft hett ein Zanckh
Mitt Graff Hainrichen Von Nassaw,
Welchem der kaysser, mir vertraw,
Die Urtail für Graff Hainrich gesprochen;
Der Landtgraff wolltts nit lahn ungrochen,
Schidt auch zu Regenspurg gleich ab,
Im Zorn hinweg Von dem Reichstag,
Klagt sich wie dz im solcher gstaltt
Sein Recht abgschnitten mitt gewaltt,
Brifft sich von'r Urtl zu eim Krieg,

Zno dem er sich auch hören liess,
Wie dz er wollt mit Macht Unnd gwaltt
Sein Vetter Hertzog Ulrich bald
Einsetzen In sein Erblich Lannd,
Dz wolltt er than mitt gwehrter Haand,
Weil ie kein fürbitt woll erschiessen,
Auch keiner gnad nit lassen gniessen;
Dorumb gar kurtz Unnd bald hernach
Auss Hessen Philiph der Lanndtgraff
König Ferdinand abgesagt. —
Frischlin bringts anderst an die Statt,
Der schreibt, dz Anno tausendt Jer
Vierund dreissig man zehlen wor,
Mittwochs nach Quasimodj tag
Zu Cassel aussgieng, Wie ich sag,
Ein teitsch truckht Exemplar Unnd schreiben,
Dorinen sie sich ein verleiben,
Hertzog Ulrich von Württemberg
Unnd der Lanndtgraff auss Hessen, merckh,
An kaysser Carl, mich verstannd,
Unnd an sein Bruoder Ferdinand;
In welchem Schreiben lautter klar
Hertzog Ulrich anzaigt für war,
Ob er wol Anno zwaintzig eins
Rechtens begehrt hab, ihm doch keins
Megen gedeihn Unnd widerfahren,
Ob schonn ettlich der Meinung waren,
Namlich des Reichs Vicarius,
Churfürst am Rein, dz man den schluss
In diser sach dem Cammergrieht
Befell Unnd diser Urtl sich
Baid theil behelff un Widersprechen,
Sey dannoch er wider alls Rechten,
Wider Gott Unnd alle Billigkeit
Vertriben Vonn seim Lanndt Und Leitt,
Dorumb Woll er Unnd der Landtgraff
In zu lieb lahn sein keinen schlaff,

Unnd dz auss aller Billigkeit,
So vil migilch Niemandt zū Laidt,
Sein Erblich Landt Unnd Fürstenthum
Wideramb suechen; Aber nun
Wol er kein krieg fiehren, versteht,
Wider kaysserlich Mayestätt,
Wann aber er in diser sach
Verhindertt werdt durch Ungemach
Von einem oder Anderm thail,
Dordurch widerfer Unnheil,
Woll er hieran entschuldigt sein,
Drauff wöllen's bitten in gemain
Doran ine nitt zu verhindern,
Eins Unbill bechuldigen dest minder. —
Drauff griffen bald theil zu der Webr,
Hertzog Ulrich bemieht sich sehr,
Mitt im der Edel Lanndtgraff guott,
Hielten ir Sach in guotter huott;
Der Lanndtgraff kriegsoberster wardt,
Weil die Teitschen nach irer Artt
Für unbillich Und schendtlich balltten,
Hilff zu versagen solcher gstalltten
Denen so Hilff Unnd Rechts begehren,
Dess sich der Lanndtgraff nit thett bschweren,
Mitt Viln Vem Adel auch dorumb
Unnd Anderm Volckh ein grosse Summ,
So mitt fleiss für sich selbs hör lieff,
Ungwerben Unnd dorzue unbrieft,
Also dz er in wenig tagen
Mitt fünfftausendt Raisigen bschlagen;
Dorzuo sind auch, wie ich Vermerckh,
Von Graff willhelm Von Fürstenberg,
Eim Edlen dapffern Jüngling zartt
Der vorhin war sein Widerpartth,
Hertzog Ulriohen zu geflehrt
Uff dreissigtwusent Mann beriertt;
Strassburg Unnd Ulm war im auch Nöz,

14 *

Die gaben hör allerlej gschitz,
Dann die Freystett im schwaben Landt
Hatten zuvor ein starckhen Bundt
Gemacht Unnd samptlichen veraint;
Allss aber solcher auss sein scheint,
Nam iede Statt fein sonderbaar
Hierin Ihrer schantz selbsten wahr;
Braucht also Hertzog Ulerich
Deren Hilff Unnd freindtschafft zugleich,
Von welchem er, alls diser Bundt
Noch in seinen krefften bestundt,
Seins Landts verjaget Und vertriben,
Halffen im wider ein mitt friden. —
Dagegen woren Ferdinandt
Kriegsobersten gor wol bekandt,
Hertzog Philiph Pfaltzgraff bey Rein,
Unnd Conradt Hess, welcher thett sein
Der Teitschen Obersten zur fartt
Da die Statt Rom eingnohmen word,
Unnd demnach Maximilian
Von Eberstain auss Welschland kam,
Alle drey Wol erfahrne Herren,
In kriegssachen gar hoch zu ehren;
Und dise fiertten, wie genantt,
Ussländisch Volckh drey Regiment,
Zu welchen auch in einer eil
Auss Württemberg bey diser weil
Vil Volckhs Und gschitz brachten zusam,
Zuo fuoss Uff zehen tausendt Mann;
Jovinus schreibt dz alda wehrtt
Beysamen gwest Viertausendt Pferdt,
So alle könig Ferdinandt
Kamen zu Hilff Unnd Beystanndt;
Die Legerten sich schnell Unnd bald
Umb Lauffen dz sie den einfall
Ins Land Hertzog Ulrich verwehrten
Unnd im Ihre spiess enttgegen kertten. —

Nachdem aber der Lanndtgraff schon
Schnell Unnd bald übern Neccar kam,
Fiel er mitt seiner Macht Und gwaltt
Mitt dreyen Hören schnell Unnd bald,
So geschwind Unnd unversehnlich,
Welchs der feindt nitt versehe sich,
In dz Lanndt Württemberg eingfallen,
Drab sie hefftig erschrackhen allen,
Weil man kein Aussspeher zuvor
Hinauss geschickt in diser gfahr,
Auch vonn keim feindt wisten zu sagen,
Biss sie am nechsten Bihel haben
Gsehen Unnd Vor ihrn Augen stundt
Die wolgerüste schlachtordnung. —
Da diss der Pfaltzgraff Vorgenannt,
Der Oberst königs Ferdinandt
Verstanden Unnd mitt Augen gsehen
Was da wolltt gschehen in der Nehen,
Flehrtt er eillendts hinauss gerendt
Den reisigen Zeug in der Gschwindt,
Unnd sonderlich die leichten Pferdt,
Solchs zu erforschen alls vorhör;
Dorauff der Landtgraff rucket fortt
Mitt seinen fenlin an dem ortt,
Liss ab dz gschitz mitt grosem knallen,
Dorauff sie in ein ander fallen,
Von Reisigen in disem strauss
Wurdt ein ernster schormitzel drauss,
In welchem sie zu Beeder seits
Ettlich fuessknechter forne Leitt
In disem schorrmitzel einflehren,
Die Schlacht anfangen Unnd berlehren. —
Alls nun der Streitt was lang gewehrtt,
Dorzu auch des Pfaltzgraven Pferdt
Mitt einer Bleykugel geschossen,
Der Fürst auch selbsten wurdt getroffen
Durch einen knoden an dem fuess,

Dz under ihm's Pferdt fallen must,
Auch die königischen übermannt
Genöttiget Unnd sehr betrangt,
Also dz Philiph der Pfaltzgraff
Vom Schutz muost weichen auss der schlacht;
Dz selbig war des Sigs Anfang,
Der reisig Zeig hefftig noch trang
Dz der feindt endtlich wordt besteckht,
Die königischen ankam ein schreckh
In irem Leger under sie,
Der Lanndtgraff fiehrt auch schnell herfür
Sein Regiment vorsichtiglich
Und Übergibt sein Vorttel nicht,
Wie er dann auch gar wol verstundt
Wa der feindt wer mitt guttem gruadt,
Von Aussspehern Bericht empfieng
Sie weren z'Lauffen, er anfieng
Unnd spricht: Oho Liebe Landtsknecht,
Dz ist mir ein Bedeutung recht
Einer Victorien Unnd Sig,
Die weil nun ietzund höre ich
Dz der feindt jetzundt fliehe fortt,
Dann fliehen Unnd Lauffen ist ein wortt,
Sind zwoy Poor Hosen eines tuochs —
Unnd sein Worsagen hatt ihn gfrucht,
Dann aller königischer Kriegszeig,
Alls er noch redt mitt sein kriegsleitt,
Unnd die Schlacht kaum recht angegangen
Haben dieselben angefangen
Zu fliehen in schändtliche fluocht,
Mitt groser gfahr Unnd wenig frucht
Maximilian Unnd des Hessen,
Irer kriegsobersten vermessen,
Welche die Ihren mitt gewallt
Woltten uffhaltten der gestallt,
Wider in ein Schlachtordnung z'stellen,
Sie aber kein fuess haltten wellen

Da sie erfahren dz zu haundt
Der Kriegsoberst Pfaltzgraff genannt,
Geschossen Unnd ausagrissen wer,
Begehrtten sie der flucht dest mehr,
Ein Jeder floh Unnd risse auss
So gutt er kundt in disem strauss,
Vermeinten dordurch zu enttrinen,
Die muosten in dem Necoar schwimmen,
Ertrinckhen also Elendlich
Welcher nit kondt salviren sich;
Die Pakoywägen alle sampt
Kamen Hertzog Ulrich in d'hanud,
Dz gschitz aber, dz wardt salvirt,
Uff den Asperg flichtig geflehrtt. —
Damitt Nun aber sich der findt
Nitt Widerumb erholen kendt,
Eilt Hertzog Ulerich mitt macht
Uff Stuttgardt zu nach diser schlacht,
Welches die fliohtigen auch than,
Wurden aber nitt eingelahn;
Aber den Hertzog Ulerich
Uabens des fünften May, sag ich,
Alls Irem nattirlichen Herren,
Enttgegen tragen mitt gross Ehrn,
Mitt frolockung Unnd Anderm gschroy
Die Schlissel zu den theren frey,
So er mitt freyden angenohmen,
Der Lanndtgraf auch mitt im ist kommen
Gehn Stuttgartt in dz Wisenthal,
Die Bürger im da allzu mal
Hertzog Ulrich gehuldigt hahn
Alls Irem Herren billich schon;
Ist gleich dorauff gezogen ein
In die Statt Stuttgartt mitt der gmain,
Mitt gross freleckhen alles Volcks,
Welchs im glickh gwinscht Unnd nachgvolgt;
Hierauff Hertzog Ulrich zu Hanndt

Herumber zog im gantzen Lanndt,
Biss er's durch güte Unnd kriegsmacht
Ihm's gantz Landt Underthönig macht. —
Nachdem alls der Landtgraff auss Hessen,
Noch dises kriegs gantz unvergessen,
Ihm fürnam dz er in der Gschwind
Wolt in die Oesterreichisch Gräntz,
Von dannen in Italien,
Durch Anstifftung des Frantzosen
Zieben mitt Macht Und kriegsgewalltt,
Da wurdt durch Underhandlung baldt
Ettlicher Chur Und fürsten Herren
Fridt Unnd Vertrag gmacht uff Begehren,
Dabey es bleiben soll endtlich,
Also dz Hertzog Ulerich
Hinfortt sein Erblich Fürstentumb
Von dem Hauss Oesterreich dorumb
Lehens weiss an nahm Unnd empfieng,
Hierauff der gantze krieg zergieng;
Ist also Hertzog Ulrich zu Hanndt
Widerumb eingesetzt in sein Landt,
Welchs er durchs schwertt Unnd kriegesrechten
Ganntz rüterlich hatt than erfechten,
Allein dorumb dz, wie vorgesagt,
Er's Reich angriff, Reittlingen Statt
Belegert Unnd dieselb ein nam,
Davon im alles Unheil kam,
Wie gnugsam ist dorvon geschriben,
Dabey so will ich lassen bleiben. —

Von Hertzog Ulrichs Leben Und Endt
Ein kurtze Beschreibung.

Hainrich ein Graff Von Württemberg,
Ein Sohn Graff Ulerichs, Vermerckh,
Ein Bruder des Graff Eberharts
Welcher der ander Hertzog wardt,

Er hett zwoy Gmahl vor seinem endt,
Taugt aber nit zum Regimentt,
Auff Hohen Urach gstorben ist
Alls ein fromm einfelltiger Christ;
Elisabeth von Bittsch, sein Gmahl,
Die im Hertzog Ulrich gebar,
Von wellchem wür jetzund wellen
Ettwas in sonderheitt erzehlen, —
Derselbig war der dritt genandt
Hertzog im Württemberger Laand,
Ward ufferzogen in der Lehr
Und gutten künsten, diser Herr;
Ime wordt ein Praeceptor geben
Der alle tag mit im fein eben
Uff vier Stundt lang must bringen zuo
Mitt Lehr Unnd yebung in der Ruoh,
Damitt durch kunst Und yebung er
Zum Regiment auch tauglich wer,
Und damitt ettwas fruchtbarliohs
Bey ihme würde ussgericht,
Hatt man Uff alle Sonttag recht
Für Jungen Herren thaa Gebett
Uff allen Cantzlen mitt Gepür
Angeruoffen dz ganntz Himmlisch Heer,
Die Muotter Gottes Mariam, —
Alls nun der Ander dises Stamm
Und Junge Hertzog Eberhartt
Von Württemberg uffgeben wartt
Dz Regiment Uff gwiss Beding,
Verzigen sich dessen gering,
Hatt kaysser Maximilian,
Der Erste kaysser dises Nam,
Den Jungen Herren hoh geliebt
Ulrichen von Eilf Jor, erkiest
Zum Hertzogen in Württemberg,
Dorneben auch Gesetz Und Gmerckh
Gegeben, wie man sich hierinn,

Biss er zum rechten Alltter kem,
Verhallten solt wie sich gepirtt,
Damitt dz Land wird recht Regiert,
Deswegen im zu Rätthen bstellt,
Graffen Und Herren im erwehlt,
Auch sonst ander gelehrtt Leitt,
Die ihr Obacht in solcher Zeitt
Uff in hatten in der gepür,
Vorneme Leitt satzt er im für
Des Lanndts, von Rütter Unnd Praelaten
Unnd ansehliche Potentaten,
Die all kaysser Maximilian
Im zu Retthen genohmen an,
Eim Jeden ortt Unnd endt bestimpt
Unnd ordenlich sein Ampt ernennt,
Biss Hertzog Ulrich der gestaltt
Der Jor Sechzehen worden alltt
Under der Pfleg Unnd Vormundtschafft,
Hatt ihn ihr Mayesteet auss krafft
Derselben enttledigt, ich sag,
Gschehen zu Wormbs Uff dem Reichstag,
Zum Regierenden Fürsten gmacht,
Dz er soll herschen eigner krafft,
Der Vormundtschafft Enttledigt sein,
Soll eigen Herr Unnd Regent sein;
Dann diser kaysser liebt in sehr,
Die weil er war ein Wackherer Herr,
Mitt Reitten, Jagen, Fechten, Springen
Und andern Rütterlichen dingen
Wor er geschickt Unnd abgericht,
Fein zierlich kundt erzeigen sich. —
Gor bald erhuob sich ungevahr,
Alls er alltt siben zehen Jor,
Der Bayerische krieg, sag ich,
In Welchem Hertzog Ulrich sich
Uff koysser Maximilian
Begehren brauchen liess voran

Zu Hilf auss Bayern Fürst Albrecht,
Für sein kriegskosten woll er recht
Ihm zur Belohnung rummen ein
Widerumb die Herrschafft Haidenhaim,
Die vor Dreyundt fünffzig Joren schon
Von Württemberg an Bayern kam. —
Der Junge Herr wor willig b'reitth,
Zu disem Krieg begierig gnuigt,
Gor eillendts Unnd bebendt sich riet,
Schicket ein Absagbrieff uff diss
Dem Churfürsten wol an dem Rein
In die Statt Heidelberg hinein,
Unnd fiertt zu fuoss drauff in dz feld
Uff zwaintzigtausendt Mann gezehlt,
Zu Pferdt fiehrt drey zehen Hundert Reitter,
Mitt solchen ist er zogen weitter
Uff Maulbronn zu dem Closter recht,
Schoss Maur Uand thirn daselbst hinwegk,
Besgen unnd Knittling nam auch ein,
Dornach dz Schlösslen Lewenstein,
Meckhmil, Weinsperg Und Newenstatt;
Dem Churfirsten auch der koysser hatt
Eingnohmen Vest Unnd Statt Ruoffstein,
Dorin der Bentzenawer gsein
Mitt Andern kriegsleitt Und Soldaten,
Mitt dem Schwertt gricht uff ihre Thatten;
Mitt dem der Pfaltzgraff wurdt gedempt;
Der koysser ein Stillstandt ernennt
Unnd wordt uff dem Reichstag, sag ich,
Der Churfürst Unnd Hertzog Ulrich
Mitt ein ander zugleich vertragen,
Dz Hertzog Ulrich inn sollt haben
Alle die fleckhen, end Unnd erth,
So er hab eingenohmen dortt,
Dz Reiche Closter auch Maulbronn
Für sein kriegskosten bhaltten drumm;
Der Hertzog auch für sein Gepür

Auss Bayern ihm auch halllten wür,
Gab ihm die Herrschafft Haidenhaim
Mitt aller Zugehörung ein;
Hatt also Hertzog Ulerich
Sein Lanndt erweittert Mächtiglich,
Alls er kaum eintratt in dz Landt,
Welchs er Regiert mitt guttem Batandt. —
Auch under diser Zeitt er hatt
Under sein Schürm Reittlinger Statt
Genohmen an, lautt der Vertrag,
Uff einundtfünffzig Jor, ich sag,
Sollen handlen, wandlen in dem Lanndt,
Ohng'rihrt Unnd ghindert von yemandt;
Solchs gschah alls man da zehlen wor
Fünff zehen Hundert Und fünff Jor. —
Hernach koisser Maximilian
Ein grosen Reichstag hieltt voran,
In der berlempten Statt Augspurg,
Uff welchem auch gesehen ward
Von Württemberg Hertzog Ulrich,
Mitt vil Graffen Unnd Herren sich,
Koysserlich Moyesteet zu ehren,
Einstellen thett uff sein Begehren,
Mitt seinem Schwager Hainerich
Hertzog Von Braunschweig zuglich;
Hatt bey sich auch 8 Graffen wehrt,
Des Rütterstandts auch Vil zu Pferdt,
Freyherren Unnd vil Edelleitt,
Summa, herroisch sich erzaigt
Der Junge Herr Und dapffer Heldt,
Dem koysser z'dienen sich einstelltt. —
Alls er recht Mannlichs alltter war,
Unnd erraicht Vierundt zwaintzig Jar,
Hatt ihm verordnet zum Gemahl
Unnd userwehlet ihm für all
Ihr koysserliche Mayestaat
Auss Bayern Sabinam die zartt,

Hertzog Albrechts tochter geboren,
Ein schöne Fürstin aussarkheren,
Mitt deren er vermehlett sich,
Hohzeitt hielt Überaus stattlich;
Fürsten, Herren Und Graffen wehrt,
So eingeritten seindt zu Pfordt
Zu Stuttgart in des Landts Hauptstatt,
Sibentausendt Pferdt man zehlet hatt;
König Und Fürstliche Personen
Thetten diser Hohzeitt bey wohnen,
Koysserlich Mayestat auch hatt
Bey diser Hohzeitt ihr Bottschafft,
Unnd schreibt man auch diss fir besonder,
Dz bey der Hohzeitt mit Verwunder
Dreyhundert fünffzig schenne Weiber,
Fürstliche Unnd Adeliche Leiber,
Gewesen sein mitt solcher Zier,
Welchs vor erhöret worden nie. —
In's Koysser Namen dahör fierth
Die Brautt zum Altar, schenn geziert,
In einem Guldin stuck, vermerckh,
Felix ein Graff Von Werdenberg;
Die Eh wurd auch bestettigt ganntz
Von Graff Hugo Von Costanz;
Zu dem wurd auch gerichtett an,
Wol wirdig dz man denckh daran,
Ein Bronnen welcher tag Unnd Nacht
Mitt zwoyen Rören guott Unnd geschlacht
Von Rott Unnd Weissem Wein thett flissen
Und in ein kasten sich ergiessen,
Tranckh Jungs Und alltt zu der Nottarfft,
Aber dorvon nichts tragen durfft;
Suma, es wurd da nichts vergessen
An frewd, kurtzweil, trinckhen Und Essen,
Biss dise Hohzeitt ganntz zergieng
Unnd yeder noch Hauss zog hin. —
Gor bald noch disen frewden gantz

Entstunde Unruoh in dem Landt,
Alls Hertzog Ulrich zog in Hessen,
Gor VII der Bauren sich vermessen
Wider zu stehen der Obrigkeit,
Es wer gleich Gott Lieb oder Laidt. —
Umb Schorndorff in dem Ramssthal hatt
Der Bauren sich Umb selbe Statt
Ein gantzes Heer zusamen gschlagen,
Liessen weder singen noch sagen;
Aber es schlueg ihn Übel auss,
Alls man zog gegen inen auss,
Worden's auss grosser fercht verjagt,
Ihr bess Gewissen macht sie zagt,
Der krieg wor der Arm Conradt gnantt. —
Die Anfenger man da zu Hanndt
Gfengliohen hatt gezogen ein,
Die Urtl ihn ergangen sein,
Theils gspist, geköpffet Unnd erhenckht
Unnd ihre köpff zum angedenckh
Uff thürn Unnd thor gesteckhet auff,
Zu einem Exempel Unnd Grauss,
Dz keinr wider sein Obrigkeitt
Uffrierischer weis sich erzeig. —
Hernach ist Hertzog Ulerich
Anno fünffzehen Jer, sag ich,
Der Weniger, von seiner Gmahl,
Ein Sohn geboren schon Unnd zartt,
Unnd auch ein tochter uss irm Leib
Geboren werdt bald nach der Zeitt. —
Under dess Maximilian,
Der fromme keysser lobesan,
Verstarb Und Gott ergeben sich,
Welcher den Hertzog Ulerich
Von gantzem Hertzen liebet sehr
Diewell er wer ein dapffrer Herr;
An disem Edlen keysser fromm
Ist Hertzog Ulrich, sag ich nun,

All Wolfarth, Glickh Unnd Hoil abgstorben,
Ist baldt seins Landts Vertriben worden;
Weil diser keysser in liebt hoh,
Wor er ettwas trutzigs zumal,
Fieng an ein krieg, weil er zu Hanndt
Von koyssers gnaden sich empfandt,
Belegertt Reittlingen mitt Macht,
Endtlich Under sein Handt auch bracht;
Aber es schluog im Übel auss
Unnd kam in alls Unglickh derauff,
Der schwäbisch Bnnd im bald absagt,
Bekriegt Unnd in dz Ellendt gjagt,
Von Landt Und Leitten gantz vertriben,
Ist 15 Jor im Ellendt bliben,
Biss er endtlich durchs schwertt Und Macht
In einer Offendtlichen schlacht
Mitt Wehr Unnd Waaff noch kriegesrechten
Sein Laand thett Widerumb erfochten,
Welchs hie vornen noch der Leng
Erzelet worden ist hierinn. —
Nach disem krieg, alls nun fürwar
Hertzog Ulrich wider eingsetzt war
In sein Erblandt Unnd Fürstenthumm,
Welches ist die Ursach nunn
Dz hernach Hertzog Ulerich
Durch Schickhung Gottes bekherett sich
Von der Papisten Gauckheley,
Nam an dz Evangelj frey,
Da man hatt fünffzehen Hundert zalt
Unnd fünff undt dreissig der gestaltt,
Alls man Erstmals die Mess schafft ab,
Wol an der heilig Liechtmess tag,
Die kirchen man reformiert hatt
Erstmals zu Stuttgartt in der Statt;
Desgleichen nam er in Gepür
Mitt den Clöstern auch solches fir,
Reformirt's Unnd putzt's sauber auss

Den Popstischen Unflatt zuo Hauff;
Vil Evangelisch worden sindt,
Vonn Pfaffen Unnd herrlosen Gsindt,
Zwyfalten er ein forcht einjagt,
Biss gen Wien floh derselbig Abbt,
Hinab zu könig Ferdinandt,
Jedoch vertrug's man bald zu handt
Dz er in ungfexiert liess eben,
Sollt 10,000 fl. geben
Der Abbt für d'Reformation,
Allso ist er kommen dorvon. —
Dornach alls der schmalkaldisch Bundt
Wider den kaysser kriegt dorum
Dz er ihn die Religion
Nitt frey liess, sonder sie dorvon
Mitt gwallt Und kriegsmacht wollt bezwingen,
Hatt Hertzog Ulrich auch hierinen
Dem Bundt Beystandt Unnd Hilff erzeigt,
Solchs g'rieth im abermal zu Hanndt
Dz er dadurch verlor sein Lanndt;
Der kaysser ihm schrieb der gstallt,
Dz er sich Unnd dz Land in gwallt
Ihrer Mayesteet sich ergeben,
Sonst werde er Unheil erwegen;
Dorauff wurden ihm geschickt zu Hanndt
Kriegsvolckh Unnd Spanier ins Landt,
Die namen's allenthalben ein,
Weil die Fürsten auch gwichen sein,
Von ime gäntzlich gfallen ab,
Also der gantz krieg uff ihm lag
Dz er muost weichen uss dem Landt
Uff d'Vestung Hohen Wil genandt. —
Doch gwann uff Underhandlung bald
Die Sach gar bald ein Andere gstallt,
Auff fürbitt Fürsten, Graffen, Herren,
Dz er ir Mayestatt zu Ehren
Ein fuossfahl than Unnd gleich zu Hanndt

Widerumb bitten Umb sein Lanndt,
Dem koysser zur Buoss uff Verschulden
Geben dreyhundert tausent guldin;
Dorauff ds Interim zu Haanndt
Wurdt eingfiehrt in dem gantzen Laandt;
Wolt doch kein Betaandt damit haun,
Ob man es schon muost nemen an,
Wurdt's doch in kurtzer Zeitt hernach
Wider zernicht Uad glegt ins Kath;
Welches man Hertzog Ulerich
Uff dem Reichstag gar hoh verwiss,
Unnd von dem kaysser angeklagt,
Alls ein Rebell vor'm Reich versagt,
Unnd dz er ihm vil Schaden thon
Mitt seinen Ghilffen ihm zu Hohn;
Aber es wurd Uff dem Reichstag
Nichts aussgericht uff's kayssers Sag,
Sonder Gott wolltt ietzt Pflaantzen fortt
Dz Liecht des Evangelj dortt,
Durch Gottes Sonderbare schickbung
Anzindt durch Doctor Lutherum;
Und ob wol diser dapffer Herr
All sein tag wor mitt krieg beschwertt,
Welche er so vil miglich in Zeitt
Ablegt, hatt er doch auch Hauss-Creitz
Gehabt, welchs ihn gefochten an,
Wegen seiar Haussfraw Sabinam,
Die er hatt in boesem Verdacht
Alls ob sie an im die Eh brach
Uand mitt eim Andern hielte zuo,
Welchs ihm gebäre gross Unruoh,
Dorumb er auch durch solchen Verdacht
Hanns Von Hutten hett umb bracht;
Sein Fraw wirtt von im absentirt
Uand in dz Bayerlandt gfiehrt. —
Alls nun Hertzog Ulrichen allitt
Matt Uand schwach werden der gestalltt,

Auch mitt dem Podagramm behafft
Unnd im enttgehn wolltt alle krafftt,
Schickt er dorauff in der Gepür
Nach seim Sohn Hertzog Christoff hier,
Fordert in ab von Mümpelgartt,
Welcher gor bald erscheinen wardt;
Dorauff man Hertzog Ulerich
Naoh Tibingen bracht gor krenckhlich,
Allda er auch mitt grosser klag
Den 6. November, ich sag,
Zwischen 5 Unnd 6 Uhren schlecht's,
Im Herren ist eingeschlaffen recht,
Seins Alltter Drey undt sechzig Jor,
Acht Monat, 26 tag klar,
Alls er regiertt hatt dz Lanndt
51 Jor 5 Monatt z'hanndt;
Zu Tibingen er ligt vergraben,
Gott woll mitt frewden ihn erhaben,
Am Jüngsten Tag erweckhen auff
Mitt allen Glaubigen zu Hauff. —

Hertzog Ulrichs Epitavium zuo Tib-
ingen In der Maur mit Guldin
Buochstaben laut also:

Der durchleichtig Hochgeborne fürst Und Herr
Herr, Ulrich Hertzog zuo Württemberg Und.
Tekh, Grave zu Mümppelgart etc. So lang er
under den Menschen gelebt, hat er Vil Un-
glickh erfaren, Ist Von seinem Vatterland Ver-
triben worden, Und 15 Jor Lang Im Ellendt
gewesen, Welches er mitt gedultt auasgestan-
den, Aber hatt sein Fürstenthumb wider mitt
gwalltt erobert, Und Verschafft dz hailig Evan-
gelium zu predigen, Und des Papsts, alls des
Antechrists, Abgötterey abgeschafft, die Löbliche.

Schuol zu Tibingen mit gelehrten Männern er-
newert Und besetzt Unnd mitt Fürstlicher Un-
derhalttung begabt, sein Landt Unnd Leitt Löb-
lich Regiertt bis in sein lettst stundt, Endtlich
hatt Gott ein end an sein Ellendt gemacht,
sein Seel Gott dem Allmächtig bevollen Und
seinen Leichnam allhero zu legen bevollen;
hatt Regiert 52 Jor, 5 Monat, hatt gelebt:
63 Jor, 8 Monat, 26 tag; Starb Anno CHI
1550. 6. Novemb.

Umb den Grab Stain steht:

Du Müssgünstiger Todt, hast können dz Haupt
Hertzog Ulrich hinwegk Nemen, Aber sein
seel hastu nit Nemen kenen, Uff diser Erden
ist er sterblich gewesen, Aber letz ist er an
einem Edlen Orth.

Beschreibung Und erzchlung der kaysser-lichen Ein Rütt Von Kaiser friderich dem driten Unnd Maximilians dem Ersten diss Namens bscheben in des Hailigen Reichs Statt Reüttlingen Anno 1480.

Tausent Vier Hundert Achzig Jar
Und finffe auch die Jarzal war,
Alls Kaiser friderich der dritt
In Unser Statt gantz Mechtig rüt,
Am Sonnen Und Pelagi tag,
Am abent kam, wie ich auch sag,
Der kaysser Friderich so werth,
Hatt mit im bracht Vier hundert Pferdt;
Von Rottweil kam gehn Hechingen,
Desbalben die Von Reittlingen
Schickten Ersam Legation,

Den kaysser bitten underthan
Dz Ihre koysserliche Mayesteett
Ihn so vil gnad beweissen thett
Unnd würdigen die Gmaine Statt,
Bey inen dz Nachtleger batt. —
Die Burger wartten gor sohenn auff,
In Hornisch ein gar gresser Hauff,
Ir Moyesteett begleitten all,
Zuvor im thetten ein fuossfall,
Zogen dahör mitt Pompt Unnd Pracht,
Mitt Fahnen, spiessen, gantzer Macht,
Biss in die Statt ins Losáment,
Dem kaysser zugerist bohenndt. —
Dorauff verehrten sie im fein
Ein Becher, nit voll retten wein,
Sonder mitt Goldstuckh aussgeflehlt,
Reinisch Goldguldin dorin miltt,
Hundertt Und fünffzig dorin lagen;
Dornach verehrtten, muss ich sagen,
Zwen faiste Ochsen, so nitt mehr galltten
Dan wie Wür Von Unsern Voralltten
Auffzeichnet Und gschriben finden,
Dan Sechzehen guldin sagen kenden;
So wollfail wor damal all ding,
Dz fleisch unnwerth Und gschätzt so ring. —
Dornach so haben's für die Ross
Sechzehen scheffel reichten bless;
Hundertt stuckh Fisch, neun Aimer Wein
Dem kaysser sie verehrten fein,
Des kayssers diner auch Vil schenckhten
Damitt sie an Reittlingen denckten,
Welchs ich nit alls erzehlen will,
Der Gaab Unnd Schenckin waren Vil,
Welche sie hin Und wider verehrten
Damitt sie hetten gnädig Herren;
Dan Schenckhen Unnd Gaaben machen freindt,
Versehnen auch offt grose feindt. —

Endtlich von dannen schide ab,
Ein gantz gnädig Valete gab,
Ihr kaysserliche Mayesteet
Auff Rottenburg zu reisen thett;
Zu Reittlingen der Ersam Ratth,
Auch Burgerschafft Unnd gantze Statt
Beglaitten ihn sehr starckh hinauss,
Glückh zu dem Oesterreichischen Hauss. —
Dornach verlessen sein Ungfahr
Von diser Zeitt dreyzehen Jar,
Kam hör kaysser Maximilian,
Der Erst diss Namens lobesahn;
Diser war auch ein werder gast,
Der Statt Reittlingen willkom fast. —
Dreymal kam Ihre Mayestaat,
Empfangen vom Ersamen Ratth;
Der Churfürst kam auss Sachsenlandt,
Mitt dem kaysser Fridrich genantt,
Hertzog Albrecht auch dahör ritt,
Hertzog Johann der kam auch mitt,
Von Augspurg kam auch der Bischoff
Gehn Reittlingen Von kayssers Hoff;
Von Brixen der Bischoff hör kam,
Den Fürsten von Mecholburg mitt nam,
Mitt welchen der Fürst von Anhaltt
Zu Reittlingen eingritten bald,
Der war im Landt zu württemberg
Ein Vormundt Hertzog Ulrichs, merck,
Dann der Jung fürst war Ungevahr
Tretten damal ins Eilffte Jar;
Vil andre Fürsten Unnd gesandten
Eingritten kamen, wol bekandten;
Neapolis hatt geschickt auch ein,
Ein Spanier kam auch hörein;
Ess waren diser Reitter wehrtt
Eingritten Uff Fünffhundert Pferdt. —
Alles Nun Sonntag Morgen vorhanden,

Die Reittlinger Uff dem Markt standen
Vor koysserlicher Mayestaat,
Mitt allem Volckh, eim Ersamen Ratth,
Schwooren alda nach allttem Sitt
Vom Römischen Reich abwelchen nit,
Sondern alls gehorsam Underthonen
Under des koyssers gwalltt zu wohnen
Unnd sich Verhalltten nach Gepür,
Schwuor alles Volckh, dz glaub du mir;
Dorauff man koysserlich gnad
Gantz Underthönig verehret hatt
Ein sohönnen Becher, dorin lagen
Reinisch Goldguldin, muoss ich sagen,
Hundert Und Fünffzig an der Zal,
Zwen Ochsen gab man auch dissmal,
Hundertt stuckh fisch, Habern dorzuo,
Sechzehen Malltter war da mitt fuog,
Neun Aimer Wein Und Anders mehr
Dz ich nicht will erzehlen sehr
Wie fleissig man auffwartten thett
Der koysserlichen Mayesteet. —
Jacobus Becht ein glehrter Mann
Vorm koysser hatt die Red gethann,
Holdseelig, unnderthönig gnuog,
Dann er war ein Magister kluog. —
Der koysser in Reittlinger Statt
Im Pfarrhauss da sein Wohnung hatt,
Sein Wappen noch ist da vorhanden,
Doran noch solche schrifften standen:
Ich bin ein Mann wie ein andrer Mann,
Ohn dz mir Gott der ehrn gahn. —
Dornach verloffen war Ungefahr
Von diser Zeitt ein ganntzes Jar,
Kam wider diser Koysser fromm
In Württemberg Hertzogthum,
Zu Reittlingen wider einritt,
Vier Hundertt Pferdt bracht er mitt,

Vier tag bläb er da Ungevahr
Unnd wider wol empfangen war,
Wie sich denn in allem gepihrt,
Kostfrey er aussgehallten württ,
Bald wider Von der Statt abschid,
Wünschet ihr Vil glickh Uand fridt. —
Die dritt ankunfft des koyssers war
Nach dem verloffen sind Vier Jar,
War Abermals Empfangen recht
Von obgedachtem Jacob Becht,
Mitt schenner Red, Underthönig Gschanckh,
Für Wellche sagt der kaysser dannckh. —
Zwoy Hundert Pferdt ir Moyestatt
Gehn Reittlingen eingritten hatt,
Fünff tag lang Jhr Mayestatt zubracht
Biss sie wider z'weichen gedacht
Unnd alle ding worden volendt,
Wie sich gepirtt, der Hauff zertrentt;
Allso koysser Maximilian
Wider fortt zog sein Strass Unnd Ban,
Vil freyheit, gnad usstheilen thatt
Der Reittlinger gemainer Statt;
Also, sag lob, dz wor Vor Zeitten
An treffenlichen hohen Leitten
Der koysser, könig, Fürsten, Herren,
Die Statt Reittlingen Unnd mitt Ehren
Ein Heerberg, Underschlauff Und schutz
Denselben Nach ihren gmainen Nutz
Vermögen, Gutt hat Uand vil Ehr
Erwisen hatt Unnd Anders mehr,
Desshalben sie dem Reich ist zwar
Ein liebe Statt von vilen Jar,
Bey Unserm kaysser Rudolff gnantt
Wol Respectirt Unnd gnuog bekandt;
Die viertte Chur gibt sie im Reich,
Bezaltt Ihr tribut allweg gleich,
Verheltt sich demmlettig Uffrecht,

In Gottes Wortt fein schlecht Unnd recht,
Hatt nit stoltz Übermiettig Leitt
Sonder dieselben schlecht all zeitt,
Dz wortt Gottes hatt lieb Unnd wehrt,
Dahör sie friden hatt Uff Erdt,
Bey Gott Unnd Menschen findt sie gnad,
Bey kaysserlicher Mayestaat,
Bey Württemberg, Under irm Schuz
Daher kan gruonen der gmain Nutz;
Dann wa man Gottes Wortt lieb hatt
So gruonet eine soliche Statt
Unnd württ der Ander Gottessegen
Reichlich dorauff folgen allwegen,
Was man darff zum zeittlichen friden
Erlangen Und Von Gott enttschiden. —
Ess hatt auch keysser Carolus
Der Statt Gutts than mitt Unverdruss,
Und Freyheit geben wie sie hatt,
Unnd wol begabt die gmaine Statt;
Sein Brueder König Ferdinandt
Dieselben hatt mitt Eigner Hanndt
Bestettigt Und bekrefftigt wol —
Die Brieff man fleissig b'haltten soll. —
Der durchleichtig Unnd hoch geboren
Ulerich, ein Hertzog Ausserkhoren
In Württemberg, ein Fürst bekandt,
Da er kam Wider in sein Lanndt,
Hatt's alls mitt Brieffen approbiert,
Mitt seim Insigil Confirmirt
Was dise keysser han uffgricht
Zu Reittlingen, bekandte Gschlecht. —
Ess hatt auch Hertzog Ulrich guantt
Geschriben selbs mit eigner Hanndt
An der Statt Reittlingen Gemain,
Er Woll ihr gnediger Schirmherr sein;
So hatt auch Hertzog Cristoff millt
An die Statt gschriben Unnd erfüllt

Alles Was sein Herr Vatter hatt
Verheisen diser gmainen Statt,
Dieselbig andern Schirm Unsd schutz
Genohmen Und den gmainen Nutz
Zu Reittlingen gantz wol bedacht,
Ihrn alltten schaden wider bracht. —
Gott Lob der fridt hatt Ungevahr,
Bey Unns gewohrt schon Laange Jar;
Dann seidt da starb Hertzog Cristoff,
War frid Unsd bliben all thiren off,
O Gott erhalltt Unns lenger hie
In fridt Unsd Ruoh noch ye Und ye,
Dann kleine Ding oft nemen zuo
Unnd werden gross in fridt Unsd Ruoh,
Herrgegen aber gar umbbracht
Reichtumb durch Hader Und Zwytracht,
Kein Gluckh in Kriegen ist, kein Holl,
Der fridt ist noch der Beste thail,
Dann er erhelltt laanngwürigs Leben
Und will Unnss alle Gutthat geben. —
Wass soll ich reden Und Vil sagen
Was sich zu Unser Zeitt zutragen;
Ludwig der Fürst Unnd Hertzog fromm
Im württemberger Hertzogthum —
Disser hatt Reittlingen sehr lieb,
Hatt sie auch Niemalen betriebt;
Zwoymal war ihre Fürstliche gnad
Zu gast allhie, Von einem Ratth
Gor Stattlich Wol empfangen, gladen
Unnd allweg kommen mitt sondern gnaden;
Wann ich die Frewd Und alle Speiss
Erzelen solltt mitt sonderm Vleiss,
So wird diss Buoch sehr gross Unnd dickh,
Gnuog ist dz Unser Hertzog Ludwig
Allhie gewesen mit alln tugent,
Unnd solches waist Und b'helt die Jugent,
Ihr Lebenlang doran gedenckt,

Zu eim Memorial angbenckt
Denn sachen fein gedenckhen nach,
Dorumb ichs in die Reimen bracht;
Ihr Lebenlang württ's Reittlingen
Gedenckhen Unnd darvon singen,
Ja sagen Von dem Fürsten fromm,
Wie auch dz gantze Herzogthum,
Dz er im gantzen schwabenlandt
So frommer Fürst war weitt bekandt,
Welcher der Statt, wie sein Vorelter,
Ein Schirmberr war Und ein Statthaltter;
Dann Reittlingen in gleichem Werckh
Under dem Schürm Von Württemberg
Zwoy Hundert Jor gewesen ist
Unnd driber, wie man solches list. —
Nitt weniger auch der alltte Herr
Hertzog Fridrich, ietzt weitt Und fehr
In Franckhreich Und in Engelland,
Ein Fürstenmässig Rütter bekandt,
Ihr Fürstlich, hoh, reich, miltte gnad,
Die Statt Reittlingen Und Ihrn Ratth
In Schutz Unnd Schirm hatt Uffgenohmen,
So bald er in dz Landt ist kommen. —
Derweil Nunmehr die zwaintzig Jor
Von Hertzog Ludwig sein Ungfohr
Verloffen Und noch mehr volendt,
Jetzt alle Ding im friden stendt,
Gott Lob Unnd Danckh Uff diser Erdt,
Damitt die Statt erhaltten werdt,
Wie sie dann auch Uff disen tag
Erhaltten württ ohn einig klag,
Undrem Schutz Johann Friederichs
Reittling Ruowig thutt haltten sich,
Des durchleichtigen Fürsten miltt,
Seines Herren Vatters Ebenbild,
Zu Württemberg Teckh Unnd Mümppelgart,
Regiertt nach seines Vatters Artt,

Hatt Gottes Wortt lieb alle Zeitt,
Befürdertt gern die grechtigkeit,
Auch gmainen Landtfriden Und Nutz
Hatt Reittlingen in seinem schutz,
Ist diser Statt gnedig genaigt
Unnd ir vil Liebs Unnd gutts erzaigt,
Gott well ferners sein gnad geben
Dz sie noch mehr im friden leben. —
Also ist dise Statt uffkommen,
Wie wür bisshör haben vernohmen,
Von Ursprung alltt gerechtigkeitt,
An Gebewen, kürchen, thürn derzeitt,
An klöster, Hofen Unnd Spittal
Ist sie reich, zierlich Überal,
Und Sonderlich an Gottes Wortt
Ist sie beriembt für andere Ortt,
Welche die Erste Statt ist gwesen,
Wie wirs in alltt Cronica lesen,
Die sich hatt Evangelisch gnantt,
Dahör sie Jetztundt Weitt bekandt;
Allss docttor Lutther hatt die Lehr
An tag gebracht Unnd Gottes Ehr,
Allein gesucht sein Hailigs Wortt,
Dz Liecht gieng uff an disem ortt
Unnd leicht im gantzen Schwabenlandt
Und württ auch Endtlich weitt bekandt;
Dann Reittlingen Uand Statt Nürnberg
Zumal annahmen Gottes Werckh
Die rein des Evangelj Lehr,
Wie es dann da zunahme sehr,
Biss Endtlich es gar Weitt ussbrach
Unnd Überhandt nam solche sach,
Wie aussweist die Relligion
Unnd Augspurgisch Confesion,
Die Gottes Wortt pur, lautter, rein
Bisshero hatt erhaltten sein,
Unnd, ob Gott will, also wirtt Verbleiben

So lang man wirtt lesen Umd schreiben,
So Lang der Fisch im Wasser lebt
Unnd' Achel Uff dem Schlossberg klebt,
So Lanng die Eobantz Laufft durch d'statt
Unnd Iren alltten Ursprung hatt. —

Eigentliche Und ausfierliche beschreibung Und Erzehlung Von der Statt Reütt-lingen,

Welche die allererst im gantzen Römischen
Reich Ja in aller Christenheit gwest, so Von
Gott erleicht Und dz liecht des Hailigen Evan-
gelj erstmals angenohmen Und bekandt Und
zuogleich auch von Doctor Mattheus Aulber
dem aller Eltesten, Ersten, Und bestendigsten
Lehrer Und Prediger des Hailigen Evangelli
in disen Teitschen Und Schwäbischen Landen,
durch welchen dz hailig Evangelium in diser
Statt angezendt Und Uffgangen, Welches er in
52 Jar geprediget Unnd bestendig biss an sein
Endt dabey Verharret Unnd seeligs daruff ab-
gestorben seines alters 74 Jar, Und Anno
1570. As Sant Barbara Abent, daran er ge-
boren, Wider begraben Worden, sampt andern
Sachen Wass sich hier zwischen begeben Und
zugetragen.

Undter Allen gutthaten gmain
Die Gott der Herr erzeiget fein
Dem Menschlichen geschlecht hier auf erdt,
Gab iedem ein vernünfftige seel,
Derdurch der Mensch dan württ erkandt
Vor Andern thieren durch Verstand,
Dz er kan durch fürsichtigkeit
In allem haben Underschaid,

Erkönnen was gutt oder bes
Unnd was ihm Nutz Und guott ist mehrs
Zu Uffenthaltung zeitlichs Leben,
Welchs er keinr Creatur sonst geben,
Solchs ein sehr grose gutthat, wist;
Auch Gott hoh drum zu dannckhen ist
Für Leibsgsundtheit, Nahrung Und Ehr,
Was er Unns dann erzeiget mehr;
Solchs ist doch alt, wie erst gemelt,
Die greste Wolthatt in der weltt;
Die höchst Unnd grest ist dises Ortts
Wann er gibt dz rein Göttlich wortt,
Sein Hailigs Evangelium
Zu predigen in einer Summ
In Einem Ortt, Laud oder Statt;
Fürwar kein hehern theirern schatz
Kan haben man in diser weltt,
Ist Über alles Gutt Unnd Gelltt;
Dann wa man Gotts wortt findt Und hatt,
Dzselb liebt Über alle gsatz
Unnd sucht am ersten Gottes Reich,
So bschertt Gott Narung auch zugleich,
Ess gruentt Und wechst der gmaine Nutz,
Solche Statt hatt Gott in seinem schutz,
Hatt fridt Unnd seegen hier auff Erden,
Endtlich den Himmel anch zu erben. —
Soliche hohe gutthat nun
Hatt Unser Statt Reittlingen schon
Durch Gottes sondre gnadt empfangen
Ungfahr Vor Hundertt Jer vergangen,
Dz sie empfieng dz Göttlich Wortt
Unnd an nam dises Edlen Hortt,
Dz Reine Evangelium,
Gottes klore wortt in einer Summ,
Wie Wür es dann Jetzundter wöllen
Klärlich Und Umbstäudtlich erzehlen,
Zu was Zeitt Unnd in welchem Jar

Ess sich begeben Ungevahr,
Desen ich dich grindtlich bericht;
Der merckh uaff wer gern hörtt allit Gschlobt. —
Anno tausendt Vierhundert Jor
Unnd Fünffundtneintzig, dz ist wor,
Den Viertten Decembris, ich sag,
Geboren ward Uff disen tag
In dise wellt der dapffer Held
Den Gott neben Luthern erwehlt
Zu predigen sein Göttlichs wortt
Und usszubreitten an alle Ortt;
Mattheus Aulber wer genandt,
Reittlingen war sein Vatterlandt,
Von Gott wardt er begabt zur frist
Dz er wurdt Docktor hailiger schrifft;
Wie solchs geschehen auch wür wöllen
Hierinen ordenlich erzehlen. —
Sein Vatter Jodocus er hiess,
Ein Goldschmid er sich Nennen liess,
Ein Burger hie in diser Statt,
Auch ein zimmlich Vermögen hatt;
Sein Muotter Anna war genantt
Schellingerin, fromm Und wol bekandt. —
Dise zwoy Ehleit fromm Unnd schlecht
Die haben ufferzogen recht
Den ersten gemeltten Aulberum.
In disem Jor zog auch dorvon
Von Württemberg der Hertzog zartt,
Eberbartt genantt, der Erst im Bartt,
Verstarb, den Mann vergraben hatt
Zum blawen München im Schuenbach;
Gar baldt in kurtzer Zeitt hernach,
Ueber ettlich Jor ungevahr,
Wie Wür solches geschriben finden
Under Aulbers schrifften dahinden,
So er selbs uffgezeichnett hatt,
Wie dz ungvohr in unser Statt,

Alls man zallt fünfzehen Hundertt zwey,
Irr ich mich dann, so sey es drey
Der Weniger Zal, im selben Jor
Ein grose Brunst begeben dor
Zu Reittlingen in der kromergass,
Die hatt erdult Vulcanis Hass;
Ein schrecklich Unnd sehr grosse Brunst,
Dorunder auch in disem Dunst
Des Aulbers Hauss must halten hör
Sampt hundertt Viertzig heiser mehr,
Noch Vier dorzuo in disem Brannd,
Die alle Vulcanus verschland;
Umb's Abents Essen kams feir auss,
Biss Mitternacht lags alls zu hauff,
Allsso dz in der schnellen frist
Vil Hab Unnd guott verbrunen ist,
Dz feur gar Mechtig umb sich frass,
Verbrann biss hinder die Newstatt,
Dorumb sie wegen dises Branndts
Württ noch die Newe Statt genantt,
Weil man die Heiser an der Stett
All wider New gebawen hett;
Aulber dem Goldschmidt oberal,
Hauss, Hoff, Unnd Silbergschürr zumal
Verbrann im alls in disem feir,
Dz war für war ein Unglickh their,
Hielten doch solchs für lautter gwin,
Nur dz sie's Leben brachten hin;
Dann doctor Aulber als ein knab
Die ganntze Nacht verlohren war,
Meint yedermann er wer im feur
Gebliben also ungehewr;
War ungvahr Umb die siben Jor,
Allss er ussgstanden solche gfohr,
Yedoch zog man in zu der Schuol,
Der freyen kunsten Edler Buol,
Unnd Ettwas gschwindts gelehrnett hett,

Mitt fleiss sein Jugendt er vertratt,
Dorauff er in die frembde gschickt,
Ins Ellendt, weil vermuottenlich
Der Vatter im gar baldt entfiel,
Derumb vil Armuott Unnd Ellends ye
Er hin Unnd wider versuochen miessen;
Die Wittib kundt nit Vil zuschiessen,
Dieweil durch dise Brunst ungheir
Ihr alls verbrann in disem feiwr;
Von hier nach schwebisch Hall er kam,
Auch Rottenburg, welliche an
Der Tauber, Unnd nach Strassburg gutt.
Ernehrte sich mitt gross Armuoth
Mitt singen Und mit partem sammlen,
Wie es dann damal manchem gangen
Mitt schlechter Hilff von yederman;
Die Studia damals voran
Hatten nitt solche Hilff Unnd gunst
Bey yederman, wie man ietzundt
Durch Gottes gnad was lehrnen kann,
Sowol der Arm alls reiche Man;
Dann man stackt damal mitt Verdruss
Noch in des Papstes finsternus,
Pfaffen Unnd Mänch solchs alls verschlempten,
Wenig zum rechten Gottsdienst wendten,
Wie ietzundt Gottlob Unsre gstifft
Angwendt zum Gottsdienst Und der schrifft.
Alls nun Aulber Alltters erreicht
Sechzehen Jor in dem Umschweiff,
Kam wider nach Reittlingen er,
Seim Vatterlandt, doch nitt ungfehr,
Wurd von eim glehrtem Mann alhie,
Welcher Georg Kolor nannte sich,
Befürdert zum Provisorat,
Ein Zeittlang ers versehen wardt
Mitt sonderm Vleis, Leb, Ehr Und Ruem,
Begab sich doch widrumb dervon,

Zog widerumb nach Tibingen
Zur Universitet, nach dem
Zum Elittern Brassicano kam,
Der ibn zum Provisor annam,
Dorauff mitt Hilff alls er volflerth
Sein Studium contenuirt,
Wurdt Baccalaureus erkannnt,
Gor bald dornach Magister gnantt,
Darzu Cruirt Unnd tichtig g'acht,
Weil man sein fleiss spirtt tag Und Nacht;
Gleich bald fieng er an Musicamm
Publice z'profitiren an,
Welicho artem er geliebt
Biss in sein gruob dieselbig g'jebt,
Wie er dann in Reitthnger Statt
Ein schenne Musio angricht hatt,
Welche gleich wol nach seim Absterben
Thett widerumb zu Nichten werden.
Er wurdt auch bekandt dem briemten Mann
Herren Philipho Mclanthon,
Den er zuvor Gramaticam,
Graecam Unnd auch Rhetoricam,
Dann auch terentium hören lesen;
Ist der Beriembsten einer gwesen
Neben Luthern dem theiren Mann. —
Solche Annotata er vorann
Biss in sein hohes Alltter liebt,
Dieselben Hoh Unnd werth erhielt,
Nach dem Wordt Philiph Melanthon
Gchn Wittenberg beruoffen schon,
Welcher dem Aulber unversagt
Bei Reittlinger gemainer Statt
Unnd eim Ersamen Ratth voran
Durch seine Comendation
Ein Stipendj Unnd gnadengelltt
Erlangt Unnd sein sach weitter stellt
Nach Freyburg der Acadamy,

Da Brockhinger theologj
Unnd Rasius der briempt Jurist
Profitiertten zur selben frist;
Allss er ein Zeittlang da verhartt,
Theologiae studiren wardt,
Uff seinen fleiss Unnd Eiffer guott
Man ihn gar bald Creiren thuott
Baccalaureom Biblicum
Unnd lass dorauff dz scheun Librum,
Sententiærum Lombardj,
Wardt uber kurtze Zeitt, sag ich,
Formatum Baccalaureus
Erkondt mit einhelligem Schluss,
Welchs dann zur selben Zeitt Uff dz
Nicht ein klein Ornamentum was.
Alls nun die Zeitt horkam Und ruokt,
Dz der getrew Unnd liebe Gott
Dz Liecht des Evangeliums
Wolltt zinden an in Hertz Unnd Mundt,
Solt leichten durch die gantze Welltt,
Dorzu er im dann hatt bestellt
Den Thewren Mann Lutherum gutt,
Derselbig mit bstendigem Muoth
Den abgottischen Antechrist
Unnd's Papstes grewel zu der frist
Gegriffen an ganntz unverzagt,
Auss Gottes Wortt gelegt zu Platz,
Sampt seim verdampten Applasskram,
Dorwider fieng z'predigen an
Alls man thett zehlen ungevahr
Der weniger siben zehen Jar,
Underdess Unser Aulber fromm
Von Freyburg auss nach Tibingen kompt,
Docttor Lempum Unnd Marttin Plantsch,
Sampt Andern anzuhören ganntz
Bei Loblicher Universitet;
Ganntz wunderbar Gott schickhen thett,

Dz eben auch zur Zeitt kamen hin,
Docter Luthers schrifften angenahm,
Welches die ersten waren gsein
Wider dz Papstum in gemain
Und dem verdampten Applaskrom
Unnd grosse schinderey zu Rom,
Welche mitt sonderm Vleiss Uff diss
Betracht von den theologis. —
Solche schrifften Aulber auch zukamen
Zu lesen sie in Gottes Namen,
Dorin Luther scharpff disputirt,
Der Papst bisshör d'leitt hab verfiertt
Mitt falscher lehr wider Gottes wortt,
Vil seelen dorduroh hab ermordt,
Und was der sachen weitters mehr
Dorin begriffen wardt zur Lehr,
Wellches der Aulber wol betracht
Unnd grindtlichen nam wol in Acht,
Darumb auch Gott wolltt disen Mann
Zu Auffbawung seinr kürch voran
In solcher Zeitt auch brauchen thon. —
Reüttlingen thett in Mangel stahn
Eins Predigers der Kürch alldar;
Des Docttor Aulbers nam man wahr,
Wurd auss Gotts sonderbaren Ratth
Vor Andern b'ruoffen in die Statt,
Zum Prediger genohmen an,
Weil es sein Vatterland war schon. —
Weil aber die Statt selbigs mal
Noch Underm Bistum Costantz war,
Versteh der Gaistlich kürchensatz,
Und kein Priester wurdt eingesatzt,
Er wer dann vor zu Costantz gweicht,
Deswegen Aulber dahin zeicht,
Dz er die Weihinen empfieng. —
Alls nun der Aulber kame hin,
Vom Bischoff bald empfangen hatt

Drey Weibenin; dann er Unnd d'statt
Stackhen noch ins Papstes Striokh Unnd Pinn,
Jedoch wurd er bald anders Sinns. —
Alls er Nun Priester wordt gewelcht
Nach Reittlingen er wider zeicht
Mitt Doctor Baltass Kelffelin,
Professor Theologiae z'tibingen,
Ein glehrter Mann so damal wort
Sein Glaittsman zu derselben Fortth. —
Dorauff fieng bald z'prodigen an
Ducter Aulber der beriemte Mann
Wider dz Papstum Ungeheiwr,
Dordurch wurdt angezündt dz fewr,
Gieng uff dz Liecht des Evangelj
In Unser Statt gar klar Unnd helle,
Alls man zeltt Eigentlich Unnd wor
Fünff zeben Hundertt Neinzehen Jor;
War Reittlingen die Erste Statt
Die sich damal bekheret hatt,
Underm gantzeu Römischen Reich,
Vor andern all von Gott erleicht,
Mitt Nürnberg, wie dann Jedem kundt,
Zum Liecht des Evangeliums. —
Nun möcht aber einr fragen frey
Was damals d'Ursach gwesen sey
Dz Reittlingen so schnell Unnd bald
Vom Papstumb abweicht eigens Gwalltt,
Verwürfft wass sie geglaubt bishör,
Allein Uff's Luthers schrifft Unnd Lehr;
Dzselb will ich dir zeigen fein
Was eins theil d'Ursach gwesen sein. —
Der Papst schickt Auss durch gantz Teitschlandt
Ein Applaskromer Tetzel gnantt,
Der sammlett Gelltt für Rew Unnd Laidt,
Gab Applasbrieff un Unterschaid
Wie hoh sich einer versindigt hett,
Wann einr Nur Gelltt dorfür erlegt

Werden im Solche Sind vergeben
Ob sie schon Wider's gwissen schweben;
Dordurch er dann fast alle Schetz
Auss teitschland an sich grisen hett,
Damitt betrog yederman
Mitt seim verdampten Applasskromm,
Gab offenbar dordurch an tag
Dz er der Antechrist, ich sag. —
Darnach wann wür betrachten heitt
Der vorigen Jor, derselben Leitt,
Auch allitte gschichten than erwegen,
So finden wir dz damals eben
Von Christi Unsers Herren geburtt
Nein Hundert an man zehlen wurdt
Biss Uff dz fünffzehen Hundert Jor,
Die Christenheit in grosser gfahr
Under dem Papstum ist gestanden,
Fast Uff Sechshundert Jor vergangen
Mitt lauter falschem trug Unnd List
Under der Römischen mehr dann, wist,
Egiptischen knechtschafft Joch Unnd Zwang
Gesteckht Unnd bliben also lang
Dz es wol zu erbarmen ist;
Die Untrew gross des Antechrists
In all drey stenden g'hausirtt hatt,
Alls dz Kindt des Verderbens dratt. —
Dann Erstlich, was den Kürchenstandt
Betreffen thutt, hatt er us Danneckh
Sich gsetzt, der Römisch Antechrist,
Der Mensch der Sinden mit seim Gifft
In d'kürch Unnd Tempel Gottes ein
Mitt seinen greweln all gemain,
Unnd sich erhebet allermaist
Ueber alls was Gott Und Gottsdienst haist;
Dann er die Bibel Unnd Hailig schrifft,
Welchs ein Liecht unser Fiessen ist,
Ein vestes Uand Prophetisch wortt,

Ein Liecht dz an eim tonckhlen ortth
Leichtet Unnd glantzet immer fortth
Mitt hellem schein zur Himmels Portth,
Der steckh Unnd stab im finstern thal
Dran wür Unns steüren Überal,
Dorin wür allzeit forschen sollen,
In Gottes Wortt unnss Brichts erhollen,
Wie Christus selbst Unnss weisst aldar
Beim Propheten Jesaia; —
Diss herrlich kleinott Unnd Beylag
Der Papst Unnd Antechrist, ich sag,
Den Leitten auss der Handt mit spotten
Gerissen Und zu lesen verbotten
Unnd Under d'stiel Unnd Bänckh gesteckt
Tieffer dann vor Zeiten dz Gsetz-
Buoch, durch grose Hinlässigkeit
Der Priester, wurd in staub gelait;
Sie waren auch so gar Verblindt,
Wie man solchs Von in gschriben fndt,
So Unbekandt in Hailliger schrifft,
Wie Jener sagt, man's von ihm list,
In Offentlicher Lection
Zu Pariss g'redt Unnd kundt gethan,
Unnd sagt: ich bin beim waaren Gott
Ubr fünffzig Jor, red's ohne spott,
Und habe doch nie erkunndt
Was da sey dz New Testament. —
Zu diser Seelen gwisen Verderb
Der Remisch Phare auch mitt Gferdt
Des Leibs der armen Leitt nit g'schont,
Sonder alls Sclaven ihn gelohnt,
Zu fronen underm Schein Verdiensts,
Unbarmhertzig anghaltten fernst,
Dz sie berfuoss mitt grosser Mieh
Weitte waßfartten gnomen für,
Sich peitschen, gaisslen, lassen schlagen,
Mitt Ruotten streichen, andern Plagen

Auff blosser Haut, gantz Heer in Hembder
Unnd Strickh getragen umb ihr Glender,
Auff blosser Erden Unnd in Strow
Gelegen, gwisser Speissen da
Ennthalten Unnd gefastet lanng,
Zu Abbruch irem Leib mitt Zwang,
Also dz auch ein Fürst zur frist,
Welcher ein Bettelmünch worden ist,
Von Anhalt, Wie Lutherus melt,
Der in geschen also bstellt
Dz er all Werckh im Closter schon
Gleich wie ein Anderer Münch gethan,
Auch Uff der strassen mit seim Packh
Gesammlet in sein bettelsackh,
Wörumb gezogen Ellendlich,
Zerwacht, zerfast, zercasteit sich,
Dz er gleich einem todten Bild
Gesehen word so dürr Unnd wild,
Von Elttel Hautt Unnd Bein für war,
Sey bald doruff gestorben gar,
Weil sein Leib, wie sich wollt gepüren,
Ein solch streng Leben nit kundt flehren. —
Über dz hatt der Papst auch z'handt
Fast alle Schetz auss dem Teitschlandt
Erseigert Unnd an sich gebracht,
Wie der Welsch Poet selbs recht sagt,
So Manttuanus wirtt genändt,
In seinen schrifften selbs bekendt
Unnd sagt, all schetz im Teitschen landt
Der Goltzig Papst zu seiner hanndt
Gerissen hatt durch Simoney
Unnd schedliche betriegerey,
Damitt er seinen Prass Unnd Brucht
Erfilt hatt Unnd zum Höchsten bracht;
Ess sagt auch jener Papist fein,
Vicarius auff Grimmenstain,
Vor mehr dann hundert Joren gschahs,

Alls er bey einer Maalzeitt sass
Unnd Uff den Royen trannckhen h'rumm,
Muost auch ein Reim erzehlen drum,
Sagt er: seit Christus ist geboren
Ist kein glaubige seel verlohren,
Wüste das die Christenheitt,
Dz wer Unns München Und Pfaffen laid. —
Sieh, lieber Christ, dz ellendt Wesen,
Vol Jammer, Angst Und Zwang gewesen,
Des Papstes tiraney Unnd gwallt,
Die Macht der Fünsternus wor gstallt
Durch Gottes Zorn Unnd Grimm also
Under dem Römischen Pharao,
Dorunder nit nur ein Volckh kam,
Wie Juda oder ein Anderer Stamm,
Sonder beynah die gantze Welltt
Wurdt in die Fünsternus verstellt,
Unnd dz nit Nur Uff 70 Jar,
Wie Babilonisch gfengnus war,
Sonder es wehrt solch Angst Unnd Pein
Wol Uff Sechsshundert Jor hinein,
Mitt Seifzzen, Weinen, Klagen, Wenden,
Wor Jammer, Angst in allen Stenden
Under des Papstes Zwanng Unnd Joch;
Zu dem so hatt es nit nur kost
Zeittliche hab Unnd gütter gmain
Begriffen Unnd genohmen ein,
Sonder dz Ewig Himmelreich
Unnd seeligkeit gekost zugleich;
Solch Jammer über Jammer, wist,
Mitt Hertzen nit z'begreiffen ist
Noch Ausszusprechen mitt der Zungen
Unnd mitt Bluott z'bweinen disen Jammer;
Secht, dz sind die Ursachen gsein
Dordurch man's Papstum in gemain
Verleignet Unnd im abgesagt. —
Zu Erst Reittlingen Unser Statt

Im Römischen Reich Vor Andern allen
Von's Papstes grewel abgefallen,
Weils Gott nit lenger leiden kuudt
Dz sein kürch sollt gehn gar zu grundt,
Hatt Endtlich Gott der starckhe Heldt
Lettstlich am Abent diser welltt,
Da der gläubigen Wenig gnuog,
Dz Wortt des Herren their dorzu,
Wenig Weissagung mehr Vorhanden,
Sonder trangsaal in allen Landen,
Bey seiner werdten Christenheit
Seiffzen, Vil trauren Unnd gross Laid,
Dorein gesehen Unnd mitt Macht
Seiner Christenheit bekandt sich gmacht,
Herrlich sein Namen in Israel,
Herrlicher dann die Römische
Raubberg in der Statt Rom Jetzunder,
Und dz mitt Übergrosem Wunder. —
Dann Anno Christi Ungevar
Fünff zehen Hundert siben zehen Jor,
Den Andern Novemberis, wist,
Durch Gottes gaist erwockhet ist
Unnd auffgetretten frewdigs muotth
Von Eyssleb Marttin Lutther guott,
Ein junger doctor Hailiger schrifft,
Der wider's Römischen Antechrist
Unnd sein Gottlosen Applaskrom
Hatt Offentlich anschlagen thon,
Gwallttig dorwider disputirt
Zu Wittemberg, allss sich gepirtt,
Ein gwallttige Im Prossa schonn
Wider dz laidig Bapstum thon. —
Allss Nun Reittllingen wordt bekhertt
Durch Aulberum, Wie vor anghörtt,
Irem Prediger in der Statt,
Dorzuo ihn Gott erweckhet hatt,
Eben im Jor, Wie vorgemeltt,

Da man hatt Neinzehne gezehlt,
In Welchem Jor, ich dich bericht,
Von Württemberg Hertzog Ulerich
Die Statt Reittlingen ein genohmen,
Mitt Wehr Und Waaffen sie bezwungen. —
Damal in Unser Statt fürwar
Der Priesterschafft ein grose Scharr
Gefunden ward, Pfaffen Unnd Münch,
Über Viertzig des faulen gsindts,
Baarfuosser Ordens nennen thett,
Einfelttig Unnd nit sonders glehrt,
Wohnten im kloster hie beysam
Unnd thetten all Uff holtzschuo gahn,
Theils hatten Lust Unnd gross Begehr
Zu der herfür glentzenden Lehr,
Welche sich nach Unnd nach ergaben
Unnd ihrn orden Verlassen haben,
Theils zogen auch weg auss der Statt,
Weil ihr schwarm ein endt gnohmen hatt, —
Darauff da fieng der Jammer an
Des Papsts dz in all Gassen bran,
Weil Reittlingen, ein Statt des Reichs,
Vom Papstum strackhs abfellt Unnd waicht,
Weil Doctor Aulber aller maist
Durch Gottes gnad Unnd hailigen gaist
Mitt Unverzagtem Helden Muoth
Predigt Auss Lutthers schrifften guott
Wider dz Papstum scharpff Und bitter,
Bstandthafftig alls ein gütter Ritter. —
Dz wurd dem Bischoff kundt gethan
Zu Costantz, mitt Verwundern schon
Was diser Mann mitt Newer lehr
Anfieng, darauff wurdt citirt er
Nach Costantz, aber nit hinkam,
Deshalb er wurd gethan in Ban,
Wurdt haimlich gwarnett durch gutt freindt
Die's in der Sach guott mitt jm gmaint;

Ettlich der Rotth im zeigten an
Was wider ihn beschlossen schon,
Wie dz er gfangen wegk wird gfehrt,
An Endt Und ortth behaltten wirtt
Da er Vileichten mitt Beschwer
Gar Nimmer mehr zu finden wer. —
Alles er nun auff des Bischoffs Ban,
Herr Aulber, nitt nach kostantz kam,
Wurd bald derauff ein Ander Acht
Von Rottweil Über d'Statt aussbracht
Unnd Über Ihrn Predigers guott,
Der Papst sich auch nitt saumen thutt,
Denn Aulber Excomunicirt;
Solche drei Aohten erst beriehrt
Wurden allhie geschlagen an,
Vom Papst Unnd Keysser erst voran,
Publice in gmain Offentlich
An Unser kürchenthür, sag ioh,
Damitt solchs kundt werd yedermann;
Da Aulber auss Unnd ein pflegt z'gahn
Da muost er mit sein Augen sehen
Dess Papstes Growel alda stehen. —
In was gross Notth Unnd gfahr voran
Die Statt Uand diser fromme Man
Damals bald thail gestanden sein
Kan yeder wol abnemen fein,
Erachten Unnd ermessen drab ;
Worlich der Papst in würd ein trab
Hahn geschenckht wann er worden erdapt;
Gott aber in erhaltten hatt
Unnd gab der Statt ein bstendig Hertz
Dz sie von im nitt aussgesetzt
Unnd dises alles unangsehen
Thett steiff Unnd vest wie ein Maur stehen,
Ob er schon Leibs Uand Lebens gfahr
Kein tag noch stand nit gsichert war,
Dannooh so truckht er mitt der Lohr

Fortt, drinn zu suchen Gottes ehr
Mitt Predigen Eiffriges Mutts,
Deswegen dann mitt Gutt Unnd Blnott
Die Statt ihm bey z'stehn sich erbotten,
Dieweil des Papstes lose Zotten
Entdeckt Und an dz Liecht gebracht,
Verworffen Unnd gantz hönisch g'acht. —
Hirzwischen, wie vor angehörtt,
Docttor Lutther mitt seiner Lehr,
Elias Gaist Unnd Helden Muotth
Truckt immer fortt Enffriges Muotths
In seiner Arbeit für Unnd für
Dz Meniglich Gotts Allmacht spirtt
Unnd starckhen Arm, so er bereitt
Gab zu Lutthers Thon Unnd Arbeit,
Weil seine Wortt Unnd schrifften fein
In Gottes wortt gegründet sein,
Auch Mächtig wie ein Blitz Unnd Donder
Hindurch getrungen mitt Verwundern,
Welchs dem Papst nit zu dulden was. —
Auch kaysser Carle ein Reichstag
Zu Wombs da hielte an dem Rein,
Da man thett zehlen Zwaintzig ein
Jor nach des Herren Christj g'burtt,
Dahin auch Luther gfordert wurdt
Uff kayssers Carlens ghaiss Unnd glaitt,
Alda er schenn mitt bschaidenheit
Unnd geben alda Rechenschafft
Was er bishör auss eigner macht
Gelehrt, seinr Wortt Unnd Predig gleich
Sich veranttwortt vorm gantzen Reich;
Unnd württ auch von im geschriben diss
Dz Underwegs ein Heerberg ist
Dorein er doctor Luther komen;
Alls Nun sein drinen hab vernohmen
Herr Jerg von Fraunsperg Wol geporn,
Der ihn angredt gleich ohn Zoren:

Seidt ihr der Mann der ohne Schew
Sich understett dz Papstum frey
Zu Reformieren mitt gewalltt?
Wolt ihr's ausrichten mit einfalt,
Oder wie köndt ir solchs verbringen?
Dorauff gibt er Antwortt ohn Leugin:
Für wor Ich bin der selbig Mann,
Verlass mich auch Uff disser Bahn
Uff meinen getrewen Lieben Gott
Dess Wortt Unnd Bruoff ich fuehr un spott. —
Fraunsperger sich dorab enttsetzt
Unnd Wider Anttwortt gab zu leitst
Und sprach: mein Lieber gutter freindt,
Ist wol Ettwas was ir sagt heint,
Ich bin eins grossen Herren zwar,
Kaysser Carols diener fürwar,
Unnd hab Vilmal Uff sein gehaiss
Gethan Manch Weitt Unnd gfahrlich Raiss,
Ihr aber habt zu diser frist
Ein grössern Herren dann der kaysser ist,
Der wirtt euch Helffen Unnd beystahn
Unnd euch hierineu nit verlahn.
Allss er auch Underwegs guott freindt
Gehabt, die's guott mit ihm gemaindt,
Dz er nit sollte Ziehen ein
Nach Wormbs Under so Vil der feindt,
Die auff ihn lauren mit Begir,
Dorauff zur Antwortt gabe er,
Er woll hinein, Wann er sollt wissen
Dz Wormbs mitt so Vil Teiffel b'schissen,
Allss Ziegel Uff den Techern sein,
Zog gleich dorauff mitt frewd hinein,
Mittwochs nach Misericordias
Anno Einundt zwaintzig gschah dz,
Hatt er seinr Lehr Unnd Predig halb
Vorm Römischen Reich Und stenden bald,
Offentlich juste Rechenschafft

Gethan Unnd glaistet Unverhafft;
Ins keyssers Glaitt zog wider haim
Zuo seiner kürch Unnd lieben gmain. —
Alles nun Aulber Prediger guott
Zu Reittlingen hatt schutz Unnd huott,
Wie vorangregt, ohn alles spotten
Ihm beyzustehen sich erbotten,
Unnd er aus der Schrifft grund erlangt
Dz Kürchendieners der Ehstanndt
Aus Gottes Wortt zuglassen frey,
Des Papsts Verbott Ergerlich sey,
Dorzu Gottlos Unnd auch verruocht,
Wie sie dann merthells in Unzucht
Des Papsts g'schmaiss Unnd b'schoren gründt
Verwickelt, Halttens für kein Sindt;
Derauff der Aulber zichtiglich
Mitt einr Jungfraw vermählett sich,
So Clara Bayerin genanndt,
Mitt deren er in dem Ehstanndt
Biss in die Sechs und Viertzig Jor
Gelebett hatt fridtlich fürwor;
In wehrender seiner Eh er hatt
Kinder Unnd Kindskind an der Statt,
Dieselben mitt sein Augen gsehen,
Uff sibentzig Kinder, thue ich Jehen;
Dz wor fürwor ein newe Sach
Zur selben Zeitt der Priesterschafft,
Dz Priester soltten Ehlich werden,
Eh solchs der Papst erlaupt auff Erden;
Man hielt solchs für ein Wunderdeng
Dz Aulber sich des Understend;
Der Teiffel auch's nit leiden kundt
Dz solt dz Evangelium
Auffgehen also klar Unnd hell,
Erwecklit ein Lermen also schnell,
Der Bauren Uffruor oder krieg,
Damitt er möcht sein feindtlich gsiesth

Erzaigen, dz damitt zů hauff
Der Stanndt der Obrigkeitt gieng drauff,
Durch allerlej Unruoh ietzundt,
Damitt auch Gottes wortt zu grundt
Gericht durch uffriersche Gaister,
Auss falschem schein, wollten doch maistern
Die Obrigkeit, dann auch zugleich
Dz Evangelj b'schitzen frey,
Deswegen sich zusammen geschlagen
Bey tausent Bauren, thuo ich sagen,
So sich versamlet allernechst
Bey Unser Statt alls bese gest,
Mitt falscher fürgab der freyheit,
Gotts Wortt zuo bschitzen alle Zeitt,
Vermainten d'Statt Unnd Burgerschafft
Sollt mitt ibn hierin sein verhafft,
Weil Unser Statt ohn dass bisherr
Were verhast wegen der Lehr,
Deswegen sie der Statt zuziehen;
Hierüber thett sich Vil bemiehen
Herr Aulber, Prediger der Statt,
Ibn hartt Unnd grob verwissen hatt
Ihr gsuochts fürgeben Unnd bes thon,
Auch Mörderische anschläg nun,
Ihren Legaten unverzagt
Vor gantzer gmaindt predigt Und gsagt,
Des Evangeliums Freyheit
Stanndt nit in spiess Unnd schwerttern braitt,
Mitt gwallt dz selbig zu verfechten,
Sie Hanndlen wider alles Rechten,
Sonder es bstanndt in fridt Und frewd,
In gedullt zu tragen Lieb Unnd Laidt;
Dorauff er dann so Vil aussgricht
Dz sie damals in ihrer Pflicht
Unnd ghorsamkeitt des Reichs bestand. —
Solch Unruoh kroch durch gantz Teittschland,
Dann Anno tausent fünff hundert Jor,

Fünff undt zwantzig die Jorzal war,
Allss sich der Baurenkrieg fieng an,
Erstlich in Schwaben im Christmon,
Unnder der Graffschafft Lupffen gnantt,
Loffen die Bauren allesampt
Uffrierisch zam mitt Wehr Unnd Waaff,
Ihr fürgab war dz man sie z'hoch
Mitt gilltten Unnd frondienst beschwertt
Ihre Obrigkeit biss daher,
Deswegen sie dann samenhafft,
Solchs zuverfechten eigner krafft
Unnd dise bird selbst legen ab,
Gewallttiglich mitt schwertt Unnd stab;
Vil gaben für auch underm schein,
Alls wann mans Evangelj gmain
Widerum wolltte tilgen auss,
Deshalb weren sie gezogen auss,
Dzselb zu bschitzen alle Zeitt,
Dorbey zu leiden Lieb Unnd Laidt. —
Aber laider disser böss anfang
Nam z'lettst ein bluottigen aussganng,
Weil durch ganntz Teitschland überauss
An allen orth ein grosser Hauff
Der Bauren Rottenweiss zusam,
Ihr Obrigkeitt zu widerstahn,
Welches auch doctor Luther guott
Ihnen gar grob verweisen thutt,
Mündtlich Unnd schrifftlich in gemain,
Worumb sie so Uffrierisch sein,
G'walltthettig wider Aidt Unnd Pflicht
Gegen Ihr Obrigkeit Unnd gricht,
Dann solchs ihr thonn Unnd frevlich handt
Werd in die Lenge han kein B'stannd.
Wie dann Endtlich getrungen Notth
Die Obrigkeit an allen ortth,
Dieweil kein Mittel ganntz dorfür
Nit helfen wolltt, wie hoch man sie

Zum fridt Unnd Billigkeit erbatt. —
Die Lehr, so Vom Lutther hör glossen,
Unnd deres Anhang gantz zerstören,
Mitt Macht Und gwallt steiren Und wehren —
Ettlich Artickhel man einfehrtt
Dorwider sie banndt Prottestirtt
Unnd dz Decret nit angenohmen,
Dahör ihn diser Nam ist kommen,
Dz man sie Protestierende nennt;
Unnd waren dazumal dise stendt —
Churfürst Auss Sachsen hoh geporen,
Der Landtgraff auch von Gott erkheren,
Sampt Hertzog Jerg Von Brandenburg;
Mitt Ernst Unnd Franz Von Lineburg,
Statt Reittlingen Unnd Nürnberg fein,
Diss seind die erste Stånnd gesein
So Ihr Mayestatt Uff dem Reichstag
Haben gethan iren Fürtrag
Worumb sie vom Papst abgefallen,
Dorumb sie von den Stenden allen
Schrifftlichen ir Confession
Demmiettig Übergaben nun,
Bekandtnus Unnd ihrs glaubens grundt
Worumb sie dem Bapstumb yetzundt
Urlaub gaben Unnd abgesagt,
Dz haben sie Stanndthafft geklagt
Worumb sie köndten Nimmermehr
Dem Papst ghorchen Unnd seiner Lehr,
Wie wol des Papsts Unnd keissers gwallt
Mitt List dor wider legten bald,
Sampt Andern stenden, fürsten, herren,
Mitt Hendt Unnd flessen thetten wehren
Damitt die wahr Lehr wird verruckt
Unnd Gottes wortt auch Undertruckt;
Daher gross Unruoh thett erwachsen
Gegen Hessen Unnd Hauss Sachsen,
Alls die den Lutther Unnd sein Lehr

Uffhieltten Unnd beschirmbten sehr,
Welchs gar in keinen Weg zu leiden,
Solche Newe Lehr sollt man Vertreiben. —
Alles Nun die Stendt solches verstanden,
Bewarben sie sich auch bey Andern
Fürsten, Herren Unnd Stenden guott,
Damitt man hett ein Hinderbuott
Wann sich wollt Ohnfrid thun ereigen
Dz sie ein ander Hilff erzeigen;
Deswegen wurdt angsetzt ein tag
Zuo Schmalkaden, Wie ich dir sag,
Dahin auch Reittlingen kommen ist,
Verband sich mitt aller frist
Mitt Andern Fürsten, Herren, Stenden,
Die sie sich damals liessch finden,
Uff disen tag ists noch bekandt,
Wurdt der Schmalkaldisch Bundt genantt
Unnd sich hernach sehr weitt ussbraitt,
Dem Papst Unnd sein Anhang zu laid. —
Hierbey sich Aulber Vil bemieht
Dz seine kurch blib Unbetriebt,
Zu deren er sich steiff Unnd satt
Warhafftig Underschriben hatt,
Desswegen Reittlingen gar schon
Hatt Vil gelitten Unnd gethan,
Ohngeacht dz sonst Vil Andere stette
Vil liber Anderst geehen hetten,
Die es nitt mitt ir hieltten zwar;
Dannoch bstunden's in solcher gfahr,
Also dz auch Luottherus guott
Mitt gross Verwundrung riemen thutt
Unnd zu Philiph Menanchton sagt
Was doch dz were für ein Statt,
Wie gross Unnd Vest, dz sie so steht
Beim Evangelio halttn thett. —
Mitt Macht zusamen sich auch thatt
Unnd diser Bauren ein grose Summ

Erschluogen Jämmerlich dorum,
Durch ganntz Teitschlannd an allen orth
Uff hundertt tausendt woren ermordt,
Dan sie un Underschid gemain
Stett, Schloss Unnd Clöster gnomen ein,
Vil frevel Unnd Muttwil getriben,
Woltten Uff kein Weg haltten friden,
Die Leitt un Underschaid verjagt,
Gaistlich Unnd Wellttlich Unverzagt
Ermordt Unnd alles hingeraupt,
Clöster Unnd Schloss mitt fewr Und rauch
Verhergt Unnd Jämmerlich verbrandt
An allen ortt durch gantz Teitschlandt,
Also dz sie auch endtlich Gott,
Die Gottlos Rott, gemacht zu spott,
Weil Uffruor im gar nicht gefallt,
Dorumb sie auch wider allenthalb
Dornider gschlagen Wie dz Vich,
Ganntz Unbarmhertzig, Weil man sich
Mitt gutte gar nitt kundt bezwingen,
Vil musten Über klingen springen
Die man erwischt in der Unruoh
Unnd anfenger waren dorzu,
Zum thoil gevicrtheilt Unnd erhenckt,
Gespist Unnd Ellendtlich ertrenckt,
Die anstiffter der besen Sach,
Also man sich an Bauren rach. —
Zur selben Zeitt In disem Jor
Die kaysserlich Regierung wor
Zu Esslingen der Statt des Reichs,
Da docttor Luther auch zugleich
In disem Jor verheirath sich
Mitt Einer Jungfraw zichtiglich;
Auss einem kloster er sie namm
Ehrlich Unnd zichtig war vom Stamm. —
Weil indem Aulber allermaist
Durch antrib des Hailligen gaists

Predigt Unnd lehrt auss grund der schrifft,
Seine Zuhörer wahrnt vorm gifft
Des Papsts Unnd seiner falschen Lehr,
Uff dz er sie grundtlich bekher.
Auch niehts gab Uff die Acht Unnd Bann
So wider In geschlagen an
In Unser kürchenthür fürwar,
Sich liess abschreckhen kein gefahr,
Wardt er Citirt in koyssers Nam,
Für's Regiment gehn Essling kam,
Da Fürsten, Herren, Graffen sassen,
Die stendt des Reichs allein der massen
Dahin kamen, weil damal war
Dz Cammergricht dz selbig mal
Der Pest halber Von speir dahin
Verruckt, wie ich brichtet bin;
Dahin wirdt Endtlich auch Citirt
Mattheus Aulber bschriben wirtt,
Dz er Von seiner Newen Lehr
Geb Rechenschafft was gfragt wird er,
Die selbig auch Vor yederman
Veranttworten, dz woll man han. —
Nun fassett sich der Wackher Mann
Unnd Machett sich balld auff die Bahnn,
Ganntz Unerschreckhen Unverzagt
Hinab gehn Esslingen sich wagt,
Saumpt sich nit lanng, zog Essling zuo,
Wurdt b'laitt mit Fünffzig Mann zu ruoh,
So ihm zugeben auss der Statt
Von eim Ersamen Weisen Ratth;
Zog in die Statt Esslingen ein,
Er alls ein ghorsamer erschein,
Wurdt fürgestellt gor schnell Unnd bald
Für solchen koysserlichen gwallt;
Da wurden im bald Uffgezwackt
Auss sein Predigen, wie er gsagt,
Deren Artickhel also VII,

Die im all wurden fürgehaltten,
Zu veranttworten gleicher gstallten;
Uff Welche er drey gantzer tag
Durch Gottes gaist Unnd gnad, ich sag,
Vor Fürsten, Herren Unnd gesandten,
Des Reichs Glider Unnd Verwandten,
Extempore in d'feder gredt,
Dz Meniglich Verwundern thett;
Bekenndt die Artickhel fein rund,
Dann keinen er da leignen kundt,
Die im Warhafftig für gelegt,
Bekennet er da Unverschreckt
Unnd allso Antwortt geben drauff
Vorm gantzen kaysserischen hauff,
Dz sie in wol lahn musten bleiben,
Mainten duch's Glaitt Von im abz'treiben;
Dann der Geystlichen Vil hinkamen,
Über Hundert Münch Und Pfaffen z'samen,
Die alle wollten Rütter guott
An im werden ohn gaistes muoth,
Unnd hofften all er sollt unghewr
Verdampt werden zum Schwertt Unnd feir;
Veranttwortt sich an yedem ortth,
Bewiss dieselben auss Gottes Wortt,
Dz sich Verwundertt yedermann;
Lettstlich kam felschlich auff die Bahn
Wie dz Aulber hett Übel gredt
Unnd Gottes Muotter Verachtet hett,
Sie Nur einer Lohnwescherin verglichen
Unnd übel mitt farben aussgestrichen,
Die Lieben Hailigen auch veracht
Auss lautter Übermuoth Unnd Pracht. —
Disse Articul er umbstiess
Unnd sich nit Überschreyen liess,
Sonder so bstándig redt dorwider,
Die Fürsten ihn hielten für bider,
Sprachen, er hatt Vor Unns bestanden,

All ander Puncten, so vorhanden,
So Unerschrockheu defendirt
Auss Gottes Wort, Vlleicht ihm württ
Zu einer Zugab felschlich dise,
Die er auch alls ander bewise,
Hierauff gedicht dz er negirt,
Dorumb er hie enttschuldigt wirtt;
Also dz Uff diss sich allein
Im Ratth sich einer liess hören fein,
Welchs nitt der gringsten einer wor;
Der stund im bey in diser gfohr
Unnd sagt: Ich halt Unnd glaub gwisslich
Dz allhie disser Maister Matthiss
Solches in keinen Weg gethan;
Weil er die andern all thutt beiahn,
Wie's ihm der Andern halben gieng,
Solt ihm der auch wol helffen hin;
Was welltt' er auss dem einen machen
Weil er sonst bstoht all Ander sachen. —
Von hohem Stammen einer fragt
Den Aulber auch des dritten tags,
Der sass am Brett zu oberst dortt:
Mein, gebt mir Richtige Anttwortt,
Ist auch ein Merckhlicher Underschaid
Oder sein gleich die Ablass all bald,
Des Papsts Unnd Christi Unsers Herren?
Dz möcht ich Von euch hören gern. —
Von Stunden an Aulberus sprach,
Alls er Vernehmen solche Sach:
Durchleichtigster gnediger Herr,
Ewer gnaden hie recht versteh
Unnd gnedig mich anhören well
Was ich dafür ein Urtel fell;
Die Ablass Christj mein Gewissen,
Mein Hertz Und Gmietth, wenn's siud beschmissen,
Reinigt, seibert Unnd Purgirt,
Des Papsts Ablass, mitt Gelltt geschmiertt,

Reinigt, lert Unnss die Seckhel all,
Dorumb ich Vom Papstumb abfall,
Weil man die Sind kan abbiessen,
Mitt Geltt die Ablass kauffen miessen,
Niemandt kann gellt gnuog hie Aufftreiben,
Wa will zu lettst der Arm Man bleiben,
Der wegen seiner Armuott nit kan
Die Ablass kauffen wie der Reich Mann?
So doch Christus hatt gnuog gethan,
Für Unsser Sind gebiesset schon. —
Also sprach Aulber zu der Stund,
Frey Demiettig Auss Hertzen grundt,
Ganntz Unerschrockhen in dem Gmach;
Der Umstandt allso leoblendt ansach:
Du hast dich wol verantwortt hie,
Magst wider deine Strassen ziehn,
Dahör du komen bist, sein still
Der Haimet zuo, ist Unser Will. —
Also Aulberus zog dorvon
Nach Reittling mitt sein fünfzig Man
Die er beim Zollhauss noch hatt funden;
Gott sey Lob, sagten sie zur stunde,
Dann Vil Leitt meinten er wer schon
Zum fewr Verdampt, kem nit dervon;
Aber der gantz getrewe Gott,
Der halff im sein Auss diser Nottb,
Thett im sein Mundt Und Zung regieren,
Sein Göttlich wortt recht usszufiehren,
Kan Grosser Herren Hertz bewegen
Dz sie sich nicht Wider Unns legen
Sonder miessen Passiren lassen
Gotts wortt Uff freyem Weg Und strasen. —
Also kam Aulberus dorvon
Unnd kondt wider sein Strasse gahn;
Dann Vil Leit stunden Uff dem Platz
Die Uff ihn wartten Ihm zu Tratz,
Durch Welche er gieng Unbekandt,

Die fragten in mitt Unverstandt:
Waan bringt man in zum fewr verdampt?
Sprachen die Burger alle sampt;
Zu welchen fuchs Aulberus sprach:
Er hatt verlohren schonn die Sach,
Mann verliadt im dz Urtail schonn,
Er muoss bald Uff die Wallstatt gahn. —
Gieng also durch dz Volckh getrungen,
Zum thor hinauss, weil's im hatt glungen,
Unnd thett also die Leitt Nur effen,
Luogt dz er köndt sein Burst antreffen,
Mitt frewden zuo Reittling ankam;
Die Statt ihrn Predigor auffnam
Und fragten Wie er bstanden wer,
Die weil er wider kam mitt ehr;
Da sie die Sach Von im Vernohmen
Ist er mitt frewden wol haim kommen. —
Solche sein Lehr Unnd bstendigkeit
Wurd Reichskundig sehr Weitt Und breitt
Unnd hoch gelobt Vonn Jedermann
Seinr Bstendigkeitt Unnd Gaaben schon. —
Der teiffel noch nit feiren kundt,
Ob er solch Lehr köndt richten z'grund,
Wa nitt gar, doch dieselb verwürren,
Die Leitt abfiehren Unnd verirren;
Deshalb erweckt zuo der Zeitt
Die Widortäuffer, schedlich Leitt;
Die understunden manigfaltt
Die schwachen kürchen solcher gstallt
B'schmaissen mitt Ihrer falschen Lehr;
Derselben kamen ettlich her,
Daselbst ir gifft zu speyen auss. —
Gar bald's dem Aulber kompt zu Hauss
Und solches in erfahrung bringt,
Nit lang er sich doruff besint,
Mitt sein Collegis hieltt guott wacht
Dz ihr schwarm nitt in kürch wird bracht,

Kam haimlich in ihre Convent,
Hatten schon Leitt allhie verblendt,
Kamen zusamen bey der Nacht,
Schewten dz Liecht Unnd hellen tag. —
Aulber nam solche Convent auss,
Macht seine Argument dorauff
Unnd widerlegt's mitt solchem gwaltt
Zu Hauss Unnd Uff der kantzel bald,
Dz sie mitt schanden muosten betahn,
Zogen mitt Hohn Unnd spott darvon,
Verstoben Wie die spreur Vom wind,
Solch hailoss Unnd unnitz gesindt,
Wie dann Gott Lob noch disen tag
Kein falsche Lehr nit hafften mag
In Unser kürchen Unnd gemain,
Gott wöll allzeitt Ihr Schutzherr sein. —
Zwinglius, der callvinisch Gaist,
Bemichen thett sich allermaist
Mitt Brieffen Unnd Epistel senden,
Ob er Aulberum köndt verwenden
Uff seine seitt Unnd schwermerey
Des Herren Nachtmals, ohne Schelw
Wider die hellen klaren Wortt
Des Herren Christi an dem ortt;
Jedoch liess er durch Gottes gnad
Sich nitt bewegen mitt eim Wortt,
Des Zwinglius Gloss Unnd sein Vernunfft
War alls Vergebens Und umbsonst,
Blib all Zeitt bstendig in seiner Lehr,
Wie dann auss Luthers schrifften er
Fleisig alls ein Disscipel guott
Im nach gevolgt mitt Hertz Unnd muoth
Wider den schwärm des Zwinglius,
Satzt sich dorwider mitt Verdruss. —
Zu dem so hatt auch täglich er
Vil kämpff Unnd Streitt Und anders mehr
Mitt Mûnch Unnd Pfaffen Und anderm gsind,

Die nooh vom Papstumb waren blind,
Welche im Außgang s'Evangelj
Im Mieh Unnd Arbeit machten vile;
Welche er alle mitt saufftmuetth
Uss Gottes Wortt ufrichten thutt,
Anzaigt den Rechten glaubensgrundt
Unnd Werauff die Recht Lehr bestandt;
Dann sie hielten in alle sohen
Für Ihrn Praeceptor Unnd Patron,
Dz er Wol mag Uff diser Erden
Der Ander Lutther gnennett werden,
Doran dan seiner kürch fürwar
Damal nitt Wenig glegen war
Dz er Uff selbe hett gutt Acht,
Dann yederman nooh wore schwach
In solcher Lehr Unnd glaubensgrundt,
Im Uffgang s'Evangeliums. —
Alls er nun also mitt Bestandt
Allerlay Secten uberwanndt
Unnd Widerlegt auss Grundt der schrifft,
Die Statt g'seibertt Von solchem gifft,
Auch Wider kemen glicklich zu Hauss
Von der Statt Esslingen heranf,
Enttrungen aller Angst Uund gfahr
Die Im damal stunde bevor,
Alls er Citiert für'n koysser war,
Zu vertretten sein Newe Lehr,
Die damals New Unnd ketzrisch gescheltten,
Hofften sollt werden im vergolltten
Mitt fewr Uund schwertt, wer ihr Begehr,
Zu dempffen Evangelisch Lehr,
Aber Gott hallff im glicklich auss.
Zu seiner kirchen haim nooh Hauss,
Die er doruff ye lenger ye mehr
Sterckt Unnd bekrefftigt in der lehr
Unnd underwiss in glaubens grundt,
Gäntzlich hinlegten dz Papstumb,

Die Statt Reittlingen gantz Unnd gar
Ward Reformierett Überal
Von pepstischer Abgötterey,
Kürchen Unnd klöster ohne schew. —
Doch Nach Unnd Nach krochen's herzuo,
Wellttlich Unnd ghistlich leitt mitt Ruo,
Zum Halligen Evangelium,
Stett Lanndt Unnd Leitt ein grosé Summ,
Welche sich nach Unnd Nach ergaben
Zum Evangelio ohn Zagen
Upnd mitt Solcher Stanndthafftigkeitt,
Also dz sie auch allberaidt
Zusamen sich standtbafftiglich
Vereinbartt Unnd Verpflichtett sich;
Ihr Religion Unnd glaubensgrundt,
Damitt es Jedem wirde kundt,
Anno dreyssigo Übergeben,
Alls kaysser Carlo hieltte eben
Ein Reichstag z'Augspurg, wie ich seg,
Wurd von inen die Übergab,
Ein Schrifft mässig Unnd Wol gegriadt,
Confession hie Übersendt,
Ihr Lehr Unnd all ir glaubensgrund,
Woruff Gäntzlich ir Lehr bestundt,
Dorumb auch Reittlingen die Statt
Bekanndt Unnd Underschriben hätt,
Kaysser Carolo Übergeben,
Mitt Höchster gefahr Leibs Unnd Lebens: —
Ess war ein hoh betriebte Zeitt,
Da es allenthalben Nah Und weitt
So Jämmerlich im Reich gestanden,
Sam wolltt alls fallen in ein ander,
Vor krieg, Unfridt Unnd gross Unrueb;
Des Papsts gewalltt kam auch dorzuo,
Der wietet sehr Unnd tobet fast
Damitt sein Lehr blib Unverhasst;
In Summa, selbst der Laidig teuffel

Feirete nitt ohn allen Zweiffel,
Damitt er möcht an allen ortth
Enttziehen Unns dz Göttlich wortt. —
Aber der gantz getrewe Gott
Hatt seine kürch errött auss Notth;
Der thett des Papsts Unnd kayssers Handt
Gewallttiglichen Wüderstandt,
Vll Lanndt Unnd Stett noch thutt behietten,
Unnd wann sie noch so graussam wietten. —
In Solcher Notth Unnd gfahr bestundt
Reittlingen ihres glaubens grundt, —
Man da hatt zehlett Ungevahr
Ein taussendt Unnd fünffhundertt Jar
Unnd dreyssig auch, wie erst gemeltt,
Nach Christi geburtt in diese Welltt,
Allss Regiertt koysser Carolus,
Der fünfft diss Namens un Verdruss,
Alls er Ailff Jor war koysser gwesen,
Tratt ein ins dreyssigst Jor seins Lebens, —
Da eben in dem selben Jor
Ein Reichstag z'Augspurg ghalttca war,
Unnd alle Fürsten, Graffen, Herren,
Stett Unnd auch Stendt Von Nah Und feren,
Im Römischen Reich zusamen kamen
Vor Ihrer Mayestet allsamen,
Allso auch Reittlingen zur frist
Dahin beschriben werden ist,
Diewell ein Jor darvor, ich sag,
Zu Speir gehaltten wurd ein tag,
Dorinen decretiert Unnd bschlossen
Un angesehen dz sie seind
Umgeben mitt so mächtig feind,
Unnd dannoch sich so standthafft hielt;
Drauff Doctter Luther nach seinr gütt
Den Aulber Unnd die gantze Statt
Durch seine Schrifften tröstet hatt,
Dz sie bey diser reinen Lehr

So standthafft blelbten, Unnd was mehr
Der Schrifften noch zu finden sind
Die er mitt seiner Eignen Hand
Geschriben Unnd verferttigt batt
Der kürchen Unnd gmain Unser Statt,
Welche man batt vor disem schon
Gfunden beim Schradin Salomon. —
Hernach in Anno Sechsundt dreyssig
Die beide kürchen wurden strelssig,
Sechsisch Unnd Oberlendisch zwar
Mitt Iren Predigern fürwar
Des Nachtmals halben gantz ohneinig,
Wie man dzselb soll Niessen, mein ich,
Deswegen drumm wurd angestellt
Ein tag dz man vergleichen söllt
Die baide kirchen erst gemeltt,
Derzu nitt Wenig wurden bstellt,
Beschriben Unnd erfordert nus,
Der Warheitt ein Beystand zu thon,
Der glehrtsten Männer so man fand
Damal zur selben Zeitt im Lanndt;
Da wurdt auch Unser Aulber schonn
Mitt Herren Schradin Salomon,
Damals Diaconus allhie,
Neben Vil andern Herren die
Von der Statt Reittling ausserbetten,
Auch zu disem Vergleich zu tretten;
Uff welches dann Reittlingen schon
Dz Ibrig auch in Solchem thon,
Unnd sie abgferttigt also bald
Ins Sachsenlandt also der gstallt,
Der kürchen z'gutt, Unnd Gott zu ehr
Befürdern Evangelisch Lehr.
Im Namen Gottes zogen auss,
Herr Aulber Unnd Schradin von Hauss,
Ein feren Weg zu disem Werckh
Hin zogen sie nach Wittenberg

Unnd alda glicklich kamen an
Nitt alls die gringsten dise Man
Noch Unerfarnsten zu der Zeitt,
Sonder alls die gelehrtsten Leitt,
Zu doctor Luthern Gedechtnus würdig
Zu helffen dz man mecht einbirdig
Ein Sach die Gott hatt selbs eingesetzt,
Schrifftmassig bhaltten Unverletzt;
Welicher theiren Männer schon
Lieblich gesprech einr ghörtt sollt han
Von diser Unnd Auch Andrer Sach;
Welches der Aulber Offt betracht
In seinem Leben, auch, sprach er,
Nie dacht dz er Predigen werd
Zu Wüttenberg in Sachsen guott
Ver Lutther dem gelehrten bluott;
Dann alle die da komen an,
Muosten fir sich selbs ein Predig thon
Auss grundt der Schrifft fein klar Und hell,
Von den fürnämbsten Artickheln,
Damitt der Recht Unnd Wahr Consens
Seim Sachsen wirdt gezeigt, vernimb's,
Der Augspurgischen Fession;
Welches dann Aulber auch gethau
Aussfiehrlich Unnd nach Schrifftesgrund,
Wie noch Heittstag dz selb ist kund. —
Auff Solches Unnd nachdem alls er
Wider zu Hauss gelangt von fehr,
Wurd er Uff sein getrewe dienst
Die er der kürchen g'laist mitt Ernnst
Unnd gschickhlicher Suptilitet,
Doctor theologiae erklert,
Creirt mitt grossem Lob Unnd Ruom,
Da man zelt Neinundt dreyssig schon
Der mindern Zal gezelet wurtt
Nach Christi Unsers Herren geburtt
Unnd Seellgmachers in die welltt;

Zu Tübingen geschäh's, wie erst gemeltt,
Bey Löblicher Universitet;
Solch Ehr mit yedem widerfährt
Wie disem wol Verdientten Mann
Umb Gott Unnd seine kürch Voran. —
Alles Nun der Reichstag sich zertrentt,
Alda zu Augspurg sich geendt,
Die Protestierende, ich sag,
Zu Schmalkalden hielten ein tag
Unnd mitt einander sich verbunden
Ein Ander Hilf z'then alle stunden
Wa man wolltt handlon mitt gefehr
Wider die Evangelisch lehr. —
Darauff Reitlingen also bald
Ihre kürchen reformiertt der gstalltt,
Erstlich die kürch zu Unser frawen,
Die Hauptkürch, wie sie noch zu schawen,
Wurdt erstlich ussgeseibert gantz
Von Abergläubischer Substantz,
Unnd Pepstischer Abgötterey,
Die Alltär Nider grissen frey,
Deren es Vil derinen bett,
Die bilder riss man wegk mitt Gspött,
Zerbrach zerschluog sie mitt Unfuog,
War zimmlich frevlich ghandlett gnuog,
Dz hailig Creitz dz brach man wegk,
Welches man also nennen thett,
Unnd hieng ein Solcher herrgott dran
Vil Gröser dann ein Ris Unnd Mann,
Wurdt von Usslendischen bekanndt
Der grosse Hergott z'Reittling gnannt;
Ein theil seins Corpus hab ich gsehen
Hinder vil alltten fassen stehen,
Ganntz alltt, Wurmstichig Überauss,
Dortt hinden in der Spindjhauss; —
In der Palmwoch diss Jers gemeltt
Da man hatt einundtdreissig zehlt,

Brach man Vom grundt wegk gantz Und gar
Die kürch hinder S. Liertt fürwar
Unnd thett die Glockhen heben ab
Uss Sanut Pettern Unnd Paul, ich sag,
Desgleichen Von Sant Niclass kürch,
Sanntt Lienhartt gibt ietzt Ackerfürch;
Unnd hieng dieselben Glockhen zwar,
Wie man Noch sicht, Uff all drey thor. —
Auch liessen Uss den Clöstern recht
Mönch Unnd Nonnen, baiderlay geschlecht,
In Unser Statt herauss ohn Zwanng,
Die Mönch Weiber, die Nonnen Mann
Namen sie da in gleicher gstalltt,
Legten ir Kutten hin gar bald
Unnd tratten willig Uss dem Orden,
Thells froh dz sie enttledigt worden;
Vil zogen auch wegkh auss der Statt
Well ihr schwarm ein endt gnommen hatt,
Legten Vil welltlich klaider an,
Die Mönch Unnd Nonnen baide sam,
Unnd tratten aus fein algemach,
Dieweil ir orden ward veracht;
Unnd dises gschah nitt nur allein
Bey der Statt Reittlingen gemain,
Sonder es volgt durch alle Stendt
So Prottestierendt wurden gnenntt,
Die reformirtten gleicher gstalltt,
Kürchen Unnd klöster also bald. —
Hernach da man zelltt dreyssig Jor
Unnd Achte auch die Jorzal wor,
Hatt man die kürch Uff dem Gotts Ackber
Mitt irem schennen thurn gantz wackher
Abbrochen Unnd gelegt zur Erdt,
Wissendtlich Unnd nitt ungefehrd;
Ein schenne Unnd grosse kürch fürwor,
Dorinnen man Vil grabstain par
Ufhuob Unnd braucht sie Ungefohr

Zum Wasserruass vorm Oberthor;
Doran wirst noch theils schrifften finden,
Welche dir die Worheitt verkünden. —
Desgleichen in zway Jor hernach
Man auch dz Closter hie abbrach
So wardt zu den baarfuossern gnanntt,
In Unser Statt ganntz Wol bekandt,
Die weil die Münch in disen tagen
Ihrn Orden ganntz verlassen haben,
Hinglegt Unnd sich fast alle sampt
Begeben in Wellttlichen stanndt,
Bsonders was Unglehrt gsellen waren;
Doch seinds zum theil auch hingefahren,
Begaben sich an Andere ortth
In irem Orden, zogen fortth,
Dordurch dann Sturm Unnd Lermen ward,
Beim Papst Uand seim Anhang der Fahrtt,
Weil kürchen Unnd Closter gseibertt auss
Unnd's Evangelium gieng auff,
Legten sie sich hefftig dorwider,
Den koysser Unnd des Reichs glider
Thetten hetzen Unnd verbittertt machen
Damitt verhindertt wird die sachen;
Es kam auch zu eim Offnen krieg,
Wie wol der kayssur bhieltt den Sig
Dannoch kundt nitt werden gedempt
Die Reine Lehr so heltt noch zendt
Unnd bliben biss Uff disen tag. —
Nun merckht wie sich der krieg begab,
Will doch denselben nitt beschreiben,
Allein nur den Anzug begreiffen;
Nach dem Vil Unruoh drab enttstand,
Uff beiden seitten Niemandt kundt
Die Sach zur Ainigkeit nitt bringen,
Der Papst denn koysser woltt bezwingen,
Dz wird der Prottestierend hauff
Mitt ihrer Lehr getriben auss,

Welchs der schmalkaldisch Bund nam echt,
Deswegen sie mitt aller Macht
Zusamen thon stanndhafftiglich,
Die Raine Lehr ganntz kräfftiglich
Vertheidingen Unnd zu verfechten,
Weil man sie wider alles Rechten
Mitt gwallt zur Gegenwehr sie zwing. —
Ihr Mayestatt haimliche ding
Hatt fürgenohmen Underm schein
Allss wann er dise gar nit mein,
Sonder des Reichs Unghorsam Leitt
Straffen mitt krieg zu diser Zeitt,
Nam seinen Anfang auch zu Hanndt
s'Concilium zu Trientt genantt,
Dorumb In Hochteittschland die Stettj
In Eil Vil kriegsvolckh werben thetten;
Von Württemberg der Hertzog kam,
Bracht mit im 24 fahn,
Derunder Vil Vom Adel waren
Die Iren Leib nit wollten sparen
Zu Retten teittsche Nation,
Die all gehn Ulm ein kamen schon;
Dorzuo auch Reittlingen die Statt
Ihr Burgerschafft gewehlett hatt,
Die sollten auch Hilff thon erweisen,
Dorumb man noch dz selb thutt Preisen. —
Von Ulm zogen sie erstlich auss
Auff Güntzburg zu, ein grosser hauff,
Den Einundt zwaintzigsten Juny zwor
Der Mindern Zal nach Christ geburtt,
In dz feld man sie fierett furtt. —
Die Obersten Und Hauptleitt keckh
Waren Herr Johann Von Haideckh,
Hauptmann Sebaste Scherttle gnanntt,
Balltas Von Gilltlingen bekanndt,
Matthes Lanngmanttel, Johann Hader,
Jost Rosenberger auch Vom Adel,

Sebastian Besserer kam,
Diss Waren der Obersten Nam;
Fiessen dz Stettlein namen's ein,
Ist des Bischoffs Von Augspurg gsein,
Lag an dem Lech, Wie ich dir sag,
Hauptman Scherttel ir ferer war,
Sampt Schloss Unnd Clauss, hiess Krnberg,
Den zehenden July gschah diss Werckh.
Zog Wider hinder sich zum Heer
Von dem gezogen auss war er,
Welches noch an der Thonaw lag
Unnd in Hohteittschlandt gworben war. —
Der Herr Von Haideckh Mannlich frisch
Feldoberster gewesen ist,
Der name durch ergebung ein
Statt Unnd Schloss Dillingen, ich main,
Hortt Obgemelittem Bischoff zuo;
Von Aystett hatte auch kein Ruob,
Derselb Bischoff Moritz genantt
Schickt seine gsandten hin zu handt
Mitt Bitt sie wollten thon verschonen
Seiner Unnd auch der Underthonen,
Dorzuo so woll er Proviandt
Unnd auch Pass geben durch sein Landt;
Schmalkaldisch Bundt der ruckhet fortt
Auff Donawehrtt, dz selbig ortt
Wurd Uffgefordertt schnell Unnd eben,
Haben abschlegig Annttwortt geben,
Desswegen sie mitt Sturm Unnd gwalt
Die Statt einnamen also bald. —
Alles diss geschah, Wie Jetzt gehörtt,
Worden drauff in die Acht erklertt
Die Durchleichtigen Hochgeboren
Fürsten Und Herren ausserkhoren,
Johann Fridrich Auss Sachsen guott,
Dz Recht fürstlich Unnd Edel bluott,
Für Gottes Wortt so steiff Unnd satt

18 *

Gantz Mannlich er gestritten hatt;
Mitt Im der Edel Landtgraff guott
Auss Hessen, der auch wagen thutt
Fürs Heilig Evangelium
Statt Lanndt Unnd Leitt in einer Summ;
Auch andre Stett Unnd stend so wehrtt
Wurden alls in die Acht erklertt,
In Summa, der Schmalkaldisch bundt
Kein gnad Nirgent mehr finden kundt,
Dann auch Reittlingen mitt Vil sorgen
In disse Acht erklerett worden,
Biss Endtlichen es kam dahin,
Der kaysser den anss Sachsen fieng,
Den Recht Edlen Churfürsten fromm,
Dorzu auch den Landtgraffen, drumm
Sich bald die Sach Anderst verwendt,
Hieltt's dannoch Gott in seiner henndt. —
Kanst abermal erachten nun
In Was gefehr Reittling thett stahn
Unnd was Aulber der fromme Mann
Für Gfahr mitt seinr kürch thett ussstahn;
Dann Neinundt zwaintzig Jor war er
Zu Reittlingen Unser Prediger,
Mitt kampff Unnd streitt biss er sein Lauff
Der feindten Christi, dorzu auch
Sich mitt ihn grissen Unnd gebissen;
Eracht ein yeder bey seim gwissen. —
Dann Unser Statt mitt Nürnberg war
Die aller erst die den abfal
Erregt, Vom Papst sich absentirt,
Von Gott mitt Reiner Lehr wurd ziertt;
Hie bey kanst Wol erachten nun
Wass Doctor Aulber hab gethon
In diser so Ernsthafften Sach;
Dann yedermann noch wore schwach
In glaubens grundt Unnd Reiner Lehr,
Der Papst Unnd kaysser tobten sehr

Unnd woltten mitt gwalltt tilgen auss
Die Evangelischen zu Hauff;
Aber der starckh allmächtig Gutt,
Der alls in seinen Henden hatt,
Der halff seinr kürch, errett sein ehr
Vor schwermerischer ketzer Lehr. —
Allss aber der Allmächtig Gott
Nach seinem allein weissen Ratth
Sein kürche Unnd gmain wollt probiren,
Stett Landt Unnd Leitt Uff d'Prob wollt fieren
Wie bstendig sie bey seinem wortt
Worhafftig woltten bleiben fortth,
Alls Uff den krieg, wie vorgemellt,
Dorin der koysser bhieltt dz feldt,
Ohn all schwerttschleg er sie bezwaung,
Dz der Papst doruff gleich Unlang,
Anno tausentt Unnd Viertzig Jor
Unnd sibene die Jorzal war,
Uff kaysser Korlins Macht Unnd gwalltt
Dz Interim wurdt eingfiehrtt bald
Im gantzen Reich, damitt man köndt
Ausrotten s'Evangelisch gsindt;
Welchs man Reittlingen Unser Statt
Mitt gwalltt auch Uffgetrungen hatt,
Sonderlich docttor Aulber schon
Solchs Ufferlegt Eigner Person,
Dz anzunemen mitt Gepüren,
Dz selbig auch zu Approbieren
Mitt sein Collegia Unbeschwert,
Dz wurdt kurtz umb Unnd rundt begehrtt;
Aber der Aulber mitt beschwer
Kundt drein willigen Nimmermehr
Unverletzt seines gewissens grundt
Dz er von reiner Lehr abstundt,
Solltt leignen thon Was er bisshör
In seiner kürchen hab gelehrtt;
Darumb er dann seins Diensts dissmals

Erlassen wordt in disem fahl,
Wie wol Ungern Von gmainer Statt
Und einem gantz Ersamen Ratth,
Mitt Laid Uund klag, Ja forcht Unnd schreckhen
Dorin gemaine Statt thett steckhen. —
Uff sein Abzug dz Interim
Wurdt gleich doruff eingfuehrtt hierin
Unnd nam Beittlingen wider ann
Dz Laidig Papstumb mitt Bezwanng. —
Hierauff bald doctor Aulber, merckh,
Kam in dz Landt zu Wurttemberg,
Von Hertzog Ulrich gnohmen an
Allss ein standthafften werden Mann,
Unnd gnädiglichen underschlaifft
von Wegen seinr standthafftigkeitt,
In hoch geliebt, dorauff zur frist
Angnommen in die kürch des Stiffts,
In auch gebraucht zum kirchen ratth
Bey disem Ampt fünffzehen Jar,
Weil er ohn dz der Elttest wor
Theologus iu Schwaben gor,
In Summa sich also Verhieltt,
Dordurch Hertzog Christoffs gemiett,
Dem er auch seine Dienst erzaigt,
In grosen gnaden gehn im gnaigt
Von Wegen Alltters Und was mehr
Für trewe Dienst erzeiget er,
Demselben zu vergeltten diss,
Weil er der kürch so fleissiglich
Des Hertzogtumbs zu Württemberg
Hatt beystanndt thon sampt Ihrer Herd;
Solch grosen gscheffts des Fürstenthumbs
Gnädig erlassen word dorumb
Unnd gleich dorauff zum Apt erklertt
Des klosters zu Blawbeiren wehrtt,
Welches Von allem Unflatt gor
Des Papstes Reformiret wor. —

Anno dreyand sechzig man zehlt
Allss er dahin word kiest Unnd gwohlt,
An disses lettst Unnd dritte ortt,
Dorbey er auch sein Leben fortt
Bestendiglich gedacht zuo bschliessen,
Desshalb kein Mieh sich liess verdriessen,
Mitt Lehren Unnd mitt Lesen guott,
Die schuoler hieltt in Zucht Unnd huott;
Also bey disem Ampt Verblib
Biss in der todt dorvon abschid. —
Wann aber der allmächtig Gott
Ein Aug Uff einen Menschen hatt,
Denselben will gebrauchen lang
In schweren Hendlen ohne Zwanng,
So butzt er in zuvor heraus
Mitt Gaaben so gehören drauff,
Unnd gschicklicher Suptilitet
An einem, Wie man's bald versteht;
Dergleich auch diser Aulber nun
Wor ziertt mitt solchen gaaben schon,
Die weil er in wolltt brauchen ye
Zu eim sondern Exempel hie
Unnd Zeigen seines Evangelj;
Drum gab er im auch gaaben, höre,
Die dorzu gschickt Unnd tauglich gsein;
In sonderheit gab er im ein
Unerschrockhnen frewdigen Muotth
In obgeschribnen sachen gutt,
In gfärlich Zeitten allermaist
Geziertt mitt einem Heldengaist
Wider solch Vil Unnd Mechtig feind
Zu kempffen mitt Verwundrung sein,
Macht in auch also Unverdrossen
Mitt Schreiben, Predigen der Massen
Täglichen Unnd Un Underlassen,
Die faulen sollen merckhen dz;
Er gab im auch mitt sondern hail

Ein Langsamm wol bedacht Urthail;
Ein Sonderlichen Candorem
Unnd Redllchkeit hatt er an im,
Kein schalokhsstuckh man an im nit fuud,
Trug's Hertz in seiner stirn Unnd Mund;
Ob er wol ein erfahrner herr
Unnd Vil erlitten hatt bisshör,
Liess er doch Junge Leltt mitt im
Hinkommen eins Uffrechten Sin;
Ob's schon nitt all Weg gleich traff zue
Hieltt's in gedultt ohn Args dorzu;
Hatt ein mittleidig sanfft gemiettb
Mitt yederman in aller gütt
Unnd sonderlich mitt Armen knaben,
Dann er auch Vil Armuott erfahren;
Sonst Waren auch sein Red Und gsprech
Kurtzweilig, Erbar Unnd Uffrecht,
Von gschichten Unnd Exempel ziertt,
In sonderhaitt, Wie sich gepirtt,
Ein sonder gedultt an ihm, ohn schertz,
Truog er Vil Jor an im mitt schmertz
Von wegen aller hanndt Unfahls,
Danckhet er Gott für disses alls,
Unnd sonderlich dz so Vil hunden
Enttrunen er zu allen Stunden,
Die im gemacht so vil Unruoh,
Des dannckhe er Gott immer zu. —
Ist Endtlich diser Docttor fromm
Uff Jesu Christi Gottes Sohn
Tröstlich Verhaissung gschiden ab
Unnd batendig bliben bis ins grab;
Zuo Blawbeiren im kloster, wist,
Sein Leichnam schenn begraben ist,
Alls er nun alltters hett erraicht
Sibentzig Vir Jor, Wie man Waist,
Unnd Anno Sibentzig Vergraben,
An Barbrae Abentt, thutt man sagen,

Doran er auch geboren sey
Vor Hundertt Viertzig Vier Jor frey;
Herr Jesu Christ haltt wol in huott
Sein Liebe Seel, des frommen guott. —
Allso Reittlingen dise Statt
Zum Ersten dz Liecht gsehen hatt
Durch disen Mann Unnd seine gsellen,
Sie wür auch bald beschreiben wöllen. —

Volgen Jetzunder Alle Gaistliche Und Kürchendiener, so Von Aulber an, Und seidthör dz Interim in Unser Kürch eingefiehrt, biss Uff ietzige anwesende kürchendiener Und Seelsorger gelehrt Und gepredigt haben in Unser Statt allhie.

Alls Nun die Statt Reüttlingen schon
Dz Interim muost Nehmen an,
Hatt neben Aulbern auch, wie ghört,
Allhie gepredigt Unnd gelehrtt
In Unser kürchen Unnd Gottshauss,
Die Hailig schrifft thett legen Aus
Barttolomeus Baur genantt,
Zu Reittlingen gor wol bekandt,
Ein frommer kürchendiener war,
Bestendig in seim glauben gar,
Welcher eh wolltt sein Vatterlandt
Reittlingen lassen Von der Haandt
Eh er wolt des Papsts fünsternus
Unnd's Innterim mitt ein Verdruss
Annemen oder Anders lehren,
Thett sich ans Interim nitt kheren,
Freywillig zog Auss seiner Statt,

Ein wissendtlichen Abschidt hatt. —
Damal wor Unfrid Und Unruoh,
Auffruor, Verfolgung gross derzuo,
Dz Interim Vil krieg erweckt,
Vil gutthertzige Leitt erschreckt;
Dorumb der Bartlle Baur gedacht
Sich an ein sicher ortt gemacht,
Gehn Leinsenhoven damals kam,
Der Württemberger in auffnam,
Bies dz er Endtlich da erstarb,
Fürs Zeittlich ein Ewigs erwarb. —
Herr Martin Reiser war dem gleich,
Luegt dz er auch von dannen weich
Eh dz er wollt Päpstische Lehr
Vertheidigen, Haundthaben sehr;
Dieser gehn Urach komen ist,
Ein Pforherr wor zu diser frist
Unnd bstendig biib bis an sein Endt;
Dz Interim sich selber trennt,
Dz er Wider kam in sein Statt,
Zu Reittlingen sein Begrebnus hatt. —
Der Viertte Pforher damal war
Herr Caspar Maler, zierlich gar
In freyen künsten Und Gottes wortt,
Vertretten kundt gar wol sein Ortt,
Aber er gab eine gutte Nacht
Unnd sich auch Uss der kürchen macht,
Doch biib zu Reittlingen dahaim
Unnd bhielt sein glauben in gehaim
Bies Endtlich dz Evangelium
Wider auffkomen Umb Und Umb
Unnd Reittlingen auch Unser Statt
Die kürchendiener beruffen hatt;
Dann Endtlichen dz Interim
Ein gstannckh gelassen hinder im,
Verstertt war, hatt bald auffgehörtt,
Die falsche Lehrer all verstörtt;

Dann dz Concilium von Trient
Wurd Underdes gar bald zertrennt,
Die patres waren selbs verwirrt,
Disser da, der ander dertt geirt,
Dorumb dz Liecht Göttliches Wertts
Wider Uffgieng an allen ertt,
Reittlingen sich wider bekertt
Unnd wider des Liechts hatt begehrtt;
Dann Was die Nottbgetrangte Statt
Biss dahör ausssgestanden hatt
Haben Wür Umbstandtlich vernohmen,
Mitt gwalltt werdt ir diss Uffgetrungen,
So waist man Wol dz zwungen Aidt
Seindt Gott zu wider Und Manchem Laid;
Drumb sagen Wür Gott Lob Und danckh
Dorfür all Unser Leben lang
Dz er angsehen mitt sein gaaben
Zur lettsten Zeitt Unnss Arme schwaben. —
In Unsser Statt hatt auch gelehrtt
Der würdig Unnd des Lobs wol wehrtt
Herr Johann Schradin weit bekandt,
Von Reittlingen seim Vatterlandt,
Mathaeo Aulber war er ehnlich
An sitten künsten Unnd Persönlich,
Mitt disem offt in Sachssenlandt
Verreiset ist gantz Wol bekandt;
Dan wie Landtsknecht zog dahör
Damitt man nitt wüst wer er wer;
Hatt Doctor Lutther visitirt
Unnd mitt im allweg disputirt,
Er batt auch Philiph Melanchton
Offtmals gesehen in Person,
VII Brieff haben sie gschriben z'samen
Die man noch hatt in baider Namen,
Fleissig hatt's Uffghebt Salomon,
Disses Schradini alltter Sohn. —
Darnach Schradinus kemen werdt

Biss in die Graffschafft Mümppelgordt
Des dapffern Fürsten in Württenberg,
Ein Hoffprediger des Graffen Jorg;
Daselbsten blib er ettlich Jor,
Des Fürsten Lieber Diener wor,
Dz er in also underschläufft;
Hatt Hertzog Friderich getaufft,
Da man fünffzehen Hundert Jor
Siebenundtfünffzig zehlen wer,
Den Neintten Augusti geschehen
Da man den Fürsten tauffen sehen;
Dorauff er bald beruoffen wordt
Gehn Reittlingen Von Mümppelgordt,
Von seinem Fürsten wor erbetten,
Thett wider Auff sein kantzel tretten,
Wor Prediger in kurtzer Zeitt,
Starb allhie mitt gross klag Unnd Laid,
Gott im Verleibe frid Unnd Ruoh,
Dz Ewig Leben auch dorzue. —
Ess hatt auch an Reittlinger Statt
Erzeigett auch eine Gutthatt
Doctor Lutherus, selbs geschriben,
Sein Hanndtschrifft ist Unnss Überbliben,
Dz die Statt bleiben soll hanndtvest
Im Glauben starckh Unnd thon dz best
In Liebe Hoffnung Unnd am Wortt,
Soll bstendig sein Unnd rain so fortth
Fahren, so werde sie auch Gott
Erhaltten, schirmen in aller Notth,
Gleich wie an Worms er auch geschriben;
Sein Exemplar ist Überbliben,
Erst Newlich komen an den tag;
Eben hatt diss Schreiben sein Ausschlag
Was Reittlingen bisshör hatt gethan
Und bringt ein sonders Lob dorvon
Wann es württ so verhalltten sich,
In Gotts wortt bleiben bstendiglich,

Den friden lieben wie bisshör,
Einfeltig schlecht sein in der Lehr,
Nicht stoltz Unnd Übermietig sein,
Gott lieben Und im dienen allein,
So wirtt die Statt has glickh Unnd hail,
Erwehlen auch den besten thail,
Wann sie bleibt einfeltig Unnd schlecht,
Wie Davidt war ein Gottesknecht,
Dorumb bisshör VII 1000 seelen
Sein seelig Worden ohne fehlen;
Derhalb Wer Gottes Wortt Lieb hatt,
Der wirtt auch gliebett in der thatt
Bey Christo Ewig Wohnung finden
Unnd Sich seines gwissens trösten kenden. —
Kss hatt nuch in der Statt voran
Gelehrt allhie der berlembte Mann,
Veit Heerman, der gestorben hie,
Den man hatt nooh Vertrauret nie,
Mein Lieber Schwehr, Uffrecht Und fromm,
Sein Name soll Ewig bleiben drum,
Man württ auch sein vergessen nicht
Allweil die Cantzel stett Uffgricht;
Er hatt drey Söhn allhie Verlassen,
Dem Vatter nachgevolgt der Massen,
Durch sie er noch gleich lebig ist
Unnd württ auch leben yeder frist:
Eiseblus Hermann, Prediger,
Der Erst Eyseblus genanntt,
Erstlichs z'Blawbeiren Wei bekandt,
Uff selbigem Diaconat,
Hernoch gor bald befürdert wordt
Vom Hertzogen Von Württemberg
Gehn Genckhingen zum Pforher, merckh;
Alda er Uff der Rawen Alb
Ettlich Jor Prediget, dessbalb
Er darumb besser Premovirtt
Weil er mitt schennen gaaben ziertt,

Wol angesehen werd voran
Bey Württemberg, ein Lieber Man,
Drum nam man wegk von Rawer Alb,
Wurdt Pferrer z'Eningen allsbald,
So aller neobst bey Reittlingen ligt,
Ein gutte Pforr, sehr wol gespickt;
Alda er an dem selben ertt
Vil Jar gepredigt Gottes wortt,
Biss Endtlich allhie in der Statt
Man an Predigern Mangel hatt,
Wurd er Uf Underthönig bitt
Der Statt Reittlingen gnädiglich
Vom Hertzogen Von Württemberg
Erbetten zum Prediger, merckh,
In Unser Statt genohmen an,
Der kürchen Unnd gmain verzustaun. —
Ezechiel der Ander Sohn
Dem fleckhen Gomaringen nun,
Vil Jer er dem Diaconat,
Biss er zu Weil ein Pforherr wordt,
Vergstanden, durch Missgunst zuletst,
Weil man ihm hefftig zugesetzt
Unnd im sitt günett kunst Unnd ehr,
Vom kürchendienst erlassen er,
Nach Reittlingen er zogen frey,
Gebraucht sich Jetzundt der Artzney
Unnd hatt der massen ein Zuganng
Allss kaum ein Docttor in dem Lanndt. —
Der dritt Brueder auch, Veit bekant,
Wie sein Herr Vatter wor genanntt,
Gewest Diaconus allhie,
Wor auch seim Vatterlandt ein Zier,
Hatt Predigt dapffer Gottes wortt,
Starb den Viertten September dortt
Im Jor alls man da zelen wor
Fünffzeh Hundertt Neintzig siben Jer,
Der Liebe Gott im gnedig sey,

Ein frewlich Urstendt verleih. —
Der pfarher damals der Statt war,
Neben Herren die selbige Jar,
Der war Daniel der Maler gnannt,
Zu Reittlingen gor wol erkandt,
Dz Schäfflein Christj waidet wol,
Wie dann ein Pforherr walden soll,
Ein Gottsförchtiger fremmer Mann
Welchen der todt siebrt sanfft hindann
Da man fünffzehen hundertt zehlt
Sibentzig siben Uff der wellit,
Zu welcher Zeitt sein gstorben VII,
Der Burgermaister Rockhenstli,
Der Lateinische Schuolmaister,
Euseblus genantt Beger,
Der Teltsch schuolmaister starb dahin,
Hiess Jonas Knapp, ich brichtett bis;
Also der Würdig Unnd wol gelehrtt
Daniel Maler Unnd sein Herdt,
Vill Hundertt Menschen Jung Und allit,
Starben dissmal in gleicher gstallit,
Gott wöll in allen gnedig sein,
Ein seeligs Enndt Unns geben fein. —
Ein Pforer wor nach dem zu Hanndt,
Word Tobias Kindtsvatter gnandt;
Dann auch bald Prediger ward er,
Wol wirdig dz mau in hob ehrt,
Der Statt ein Zier, solm Vatterlandt
Ein Ruom Unnd Ehr, Giengen genantt;
Diser von Pfulling dahör kam
Da man zu Reittlingen in uff nam;
Dorzu halff herr Vitus Heerman
Dz man in hatt genohmen an;
Er starb zu Reittlingen dabin,
Weil sterben wor sein bester Gwihn,
Da man Seehzehen hundertt zehlt
Unnd sibne hie Uff diser wellit,

War diser Prediger Vergraben,
Gott well mitt frewden in erlaben. —
Jetzt folgt des allten Schradins Sohn,
Der haist mit Namen Salomon,
War auch Pforherr in Unser Statt,
Ein allter Herr, des Lebens satt,
Welcher Vil Aussgstanden allhie,
Sein Lebtag hatt Vil Angst Unnd Mieh,
Seim Vatter trewlich gfolgett nach
In Sitten tugent Unnd auch spraach,
Hatt Lang Prediget Gottes wortt
Auff diser Welltt an Manchem ortt,
Gott wöll im auch in disem Leben
Die Ewig frewd Unnd Ruohe geben;
Starb in dem Jor Christj geburtt
Da Sechzehen Hundertt zelet wurtt
Unnd Achte der Weniger Zal,
Beschloss er disses Jammerthal
Unnd nam ein Seelig Christlich end,
Bevol Christo in Seine Hend
Sein Leib Unnd seel Unnd fuor dahin,
Dann sterben wor sein bester Gwihn. —
Diaconus Herr Caspar gnantt,
Zu Reittlingen gar wol erkandt,
Ein frommer Gottsförchtiger Man,
Welcher allhie zway weiber nam,
Hatt auch lang Predigt Gottes wortt
Unnd sein schefflein gewaidet fortth,
Welche er durch seins Mundtes klingen
Un Zweiffel thett zu Christo bringen
Unnd Christus im dorfür wirtt geben
Für ein zeittlichs dz Ewig leben;
Dz Winsch ich im Von Hertzengrundt
Unnd Wartt dorauff auch alle stundt,
Dann er schon längst gestorben ist
Unnd schlafft ietzund in Jesu Christ,
Starb in dem Jor Christj geburtt,

Da fünffzehen Hundertt zehlett wurdt
Neintzig sibne der Weniger Zal,
Im Junio dz selbig Jar,
Sein Mittherr ist droben bekantt,
Der Jung Vitus Herrmanns gnantt,
Der selbig im bald folget nach,
Dann im entfiele auch die spraach,
Da in ein Pestilentz bin nam
Und also bald Umbs Leben kam. —
Der Jung Casper Lobmiller gnantt
Tratt nach seim Vatter in dz Ampt,
Diaconus an Vatters Statt,
Zu Reittlingen sich Verheirath hatt,
Predigt da selbsten Gottes wortt,
Wurdt Promovirt an andere ortth
Unnd tratt in einen höhern grad,
Zu Gomeringen Pforher word,
Alda er auch gestorben ist
Alls ein bekenner Jesu Christ
Unnd Ruoht daselbsten in seim grab,
Erwortt alda des Jüngsten tag. —
Von Waanckhen gehn Reittlingen kam
M. Georg Wuchter, der gelehrte Man,
War Pforherr daselbst ettlich Jor,
Waidet des Herren Christi schar;
Erstlich Diaconus der Statt
Er ettlich Jor Versehen hatt,
Nach Kindsvatters Predigers sterben
Hatt er sein Ampt bald thon ererben,
Welchs er mitt sonderm Lob versehen
So lanng im Gott verlih dz Leben,
Aber die Pest nam in auch hin
Dann sterben hieltt er für sein gwihn;
Sein Sohn Magister Daniel gnantt,
Disser all hie Wor wol bekanntt
Von wegen seiner Redlichkeitt
Mir ist noch Heittstag Umb in laid,

Diaconus zur selben Zeitt
Da die Pest hinnam gar Vil leitt,
Er lag auch an derselben kranckh,
War im Und den sein befftig Bang,
Dan er Weder sterben noch genesen kundt,
So warttet man auch alle stundt
Wann er wölle sein gaist Uffgeben,
Zu Gott fahren auss disem Leben,
Aber Gott halff im wider auff,
Doch nit ohn schaden nach dem Lauff;
Eifrig dornach versah sein Ampt
In seim Bruoff Unnd geistlichen staandt,
Starb in bliehender Jugendt hin,
Verliess kein kinder hinder im;
Anno 1500 Jar
Unnd siben zehne, dz ist war,
Den sibenden Decemberis
Diss zeittlich Leben er verliess. —
Mitt ime Diaconus war
Maister Matheus Klein diss Jar,
Ein glehrter Unnd noch Junger Herr,
Gott geb im weitter gnad zur Lehr,
Dz er dz Rein Göttliche Wortt
Mitt Nutz Unnd frucht Predige forth,
Zu Lob Und Ehr Gottes Namen fein
Unnd zu erbawung Christlicher gmain,
Dz er allhie Vil seelen gwibnn,
Durch sein Predig zu Christo bring;
Ist still einzogen in seim Ampt
Unnd Unser körchen nichts absumpt,
Gott wöll ein Langes Leben geben,
Zeittlichen Unnd Ewigen seegen. —
Auch War Diaconus der Zeitt
Heinrich Weissskürcher bekant weitt,
Zu Reittlingen eins Burgers Sohn,
Dz Predigampt bracht er dorvon,
Welcher ein Pforer war vor Zeiten

Uff dem Ottenwald bey Edelleitten
Unnd kam dahör ins Vatterlandt,
Zu Reittlingen wurd wol bekandt;
Dornach alliss Herr Schradin gestorben
Hatt er des Pforrers Ampt erworben
Unnd Nach Prediger Wuchters todt,
Der komen ist Auss aller Notth,
Ist kommen er in höchsten Orden,
Zum Prediger angnohmen worden,
Zu Reittlingen in Unser Statt,
Sein Ampt er Wol versehen hatt;
Wor doch ein Podagrienisch Mann,
Dz Wee ihm Vil Laidts hatt gethan
Alls er in zimmlich Alltter kam,
Sein Leben Endtlich ein Enudt nam,
Starb Anno 1600 Jor
Unnd Sechzehne die Jorzal wor. —
Alliss Weysskürcher Prediger worden
Zu Reittling im gaistlichen Orden,
Wurdt Pfarherr Christoff Entzlin haist,
Von Haidnen bürttig, Wie man waist,
Von Sondelfingen kam hörein
Alliss er daselbsten Pforherr gsein;
Ein euffrig Unnd gelehrter Mann,
Sein Stell trefflich Versehen kann,
Hatt Wol gstudiertt, kann disputiren
Unnd kantzel Wol mitt Reden zieren,
Ein Überauss fleissiger Mann,
Dorzu ein gutter Musicamm,
Wellcher auch in Reittlinger Statt
Ein Music angerichtet hatt
Von Burger Unnd Von Handtwerksleitt,
Sie Underrichtet in der Zeitt,
Dz sich dran zu verwuudern ist
Seins fleiss Unnd Eiffers yeder frist;
Ich winsch ym glickh Unnd langes Leben,
Von Gott allzeit sein Reichen seegen,

19 *

Dz er seinr kürch Unnd gmain fürwor
Nutzlich könn vorstahn Lange Jor,
Auch wür durch seine Predig guott
Durch glauben Erlangen dz Ewig guott. —
Es ligt ein Ortt in Unser Statt,
Petter Und Paul den Namen hatt,
Ist Von der Statt nit Weitt hinauss,
Daselbsten steht dz siechenhauss,
Der kürchhoff da Vil gräber hatt
Unnd Manche schönne grabschrifft staht
Fürnähmer ansehlicher Leitt,
Die gstorben sein Vor diser Zeitt;
Es hatt gepredigtt an dem Ortt
Bastian Maurer, der ist fortt
Unnd komen nauss in frembde Lanndt;
Was die Ursach, ist Wol bekanndt,
Ein Andrer Überkam sein stell,
Von Reittlingen ein gutt gesell,
Georg Gertner war der selb genandt,
Ein frommer Mann, war wol bekandt,
Welcher Ettwan war Pforherr auch
Zu Gomeringen nach gebrauch,
Verstorben ist vor Vilen Jor
Dz man sein hatt vergessen gor. —
Nun volget Jetzundt auch hörbey
Herr Ludwig Kleinschmidt also frey
Diaconus der kürch allhie,
Ein Junger Herr der sich kein mich
Betauren last in seinem Ampt,
Getrew Unnd fleissig nichts absampt,
Der hatt sich in sein Jungen Joren
An frembden Ortten Wol erfahren
Biss er befördert worden gantz
Im Vatterland zum kürchenampt;
Ein fein Ausssprechen hatt der Herr,
Gott geb im Weitter gnad zur Lehr. —

Lettstlichen volget auch zum Bschluss
Maister Matheus Reschius,
Ein Jung Unnd wol gstudirtter Herr,
Ist Pforherr, haist zu Santt Petter;
Diser die kantzel zierett wol
Mitt Predigen Wie es sein soll,
Folgt seinem Vatter nach im Ampt,
Reittlingen ist sein Vatterland;
Den Armen spricht er tröstlich zu,
Lehrt und vermant Sie mit Ruh
Zur Liebe und zur Einigkeit,
Wass dann zum Frůden dient allzeitt,
Unnd Prediget auch scharpff dass Gsetz,
Hat sein Studieren wol angelegt;
Wann Ihm der lieb Gott gönt dass Leben
Würd er ein dapffrer Prediger geben,
Darzu wůnsch Ich Ihm Gottes Seegen. —
Also hab ich kůrtzlich erzelt
Wie unser Kůrch sey worden bstelt
Von Anfangs Evangelions
Gleich vor und nach dem Interum. —
Gott in deinem höchsten Thron,
Ich bitt durch Christum deinen Sohn
Du wolst dein Kůrch erhalten lang
Wie bissher von Ihrem Anfang,
Dass darinn dein Göttlichs Wortt rein
Gepredigt werd der gantzen Gmein
Zu Reüttlingen in unser Statt,
Auff dass dein wort find Raum und Platz,
Dass Schul und Disciplin auff Erden
In diser Statt erhalten werden,
Damit wir haben alle Zeit
In unser Kůrchen gierthe Leüth
Die Gottes Wortt könten fůrtragen,
Rein, Lauter, Klar allweg vorsagen,
Damit endlich die Seligkeit

Erlangen wär in Ewigkeit;
Gott wöll die Statt und Kürch bewahren,
Kein Leyd Ihr lassen widerfahren,
Dass Jesus Christ hab Preiss davon,
Hertzlich wünscht's Johann Fitzion.

Druckfehler.

Das Komma oder Kolon zu streichen:

Seite   1. 18 v. o.

—   2, 5 v. o.

—   4. 10 v. u.

—   5, 16 v. u.

—   6, 17 v. o.

—   8, 12 v. o.

—   9, 13 v. o.

— 11, 4 v. o.

— 12, 7 v. o.

— 13, 1 v. o.

— 15, 7 v. o.

— 18, 1 v. o.

— — 4 v. o.

— 21, 10 v. u.

— 34, 5 v. u.

— 105, 16 v. o.

— 121, 16 v. u.   (hinter kampff)

— 123, 18 v. o.

— — 5 v. u.

— 124, 1 v. o.

— 124, 16 v. o.

— 129, 8 v. u.

— 131, 11 v. u.

— 147, 14 (Punkt weg!) v. u.

— 155, 21 v. o.

— 170, 14 v. o.

— 170, 18 v. o. (hinter sein)

Seite 173, 10 v. u.

— 174, 15 v. u.

— 180, 16 v. u.

— 183, 1 v. o. (hinter Weil)

— 184. 3 v. o.

— 193, 4 v. o.

— 209, 17 v. o.

— 233, 7 v. o.

— 279, 2 v. o.

Komma am Ende der Zeile zu setzen:

Seite 16, 4 v. o.

— 56, 2 v. u.

— 94, 15 v. o.

— 118, 10 v. o.

— 129, 1 v. u.

— 172, 16 v. u.

— 192, 16 v. u.

— 193, 14 v. o.

— 217, 5 v. u.

Kolon zu setzen:

Seite   1, 11 v. u.

—   2, 9 v. o.

—   2, 11 v. u.

—   2, 7 v. u.

— 15, 6 v. o.